中国帝王后妃陵墓之谜

张剑光　邹国慰　周志明·编著

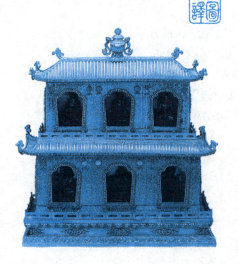

陕西新华出版　三秦出版社

图书在版编目（CIP）数据

中国帝王后妃陵墓之谜 / 张剑光，邹国慰，周志明
编著． -- 西安：三秦出版社，2008.04（2024.1 重印）
（国学百部文库）
ISBN 978-7-80736-368-2

Ⅰ．①中… Ⅱ．①张… ②邹… ③周… Ⅲ．①陵墓－
简介－中国－古代 Ⅳ．① K928.76

中国版本图书馆 CIP 数据核字 (2008) 第 027083 号

书　　名	中国帝王后妃陵墓之谜	
作　　者	张剑光 邹国慰 周志明　编著	
责　　编	鱼治文	
封面设计	新华智品	

出版发行	三秦出版社
社　　址	西安市雁塔区曲江新区登高路 1388 号
电　　话	（029）81205236
邮政编码	710061
印　　刷	北京一鑫印务有限责任公司
开　　本	680×1020　1/16
印　　张	9
字　　数	190 千字
版　　次	2008 年 4 月第 2 版
印　　次	2024 年 1 月第 2 次印刷
标准书号	ISBN 978-7-80736-368-2

定　　价	39.80 元
网　　址	http://www.sqcbs.cn

前　言

　　远古时期，人类处于蒙昧状态，并不懂得人死后要建造坟墓来安葬。这时的人们还没有鬼魂观念，对死者遗体的处理与对待野兽尸骨一样，并没有特别尊重。然而当人类意识到自身作为一个活物而存在的时候，必定同时会意识到自身存在会有终止的一天。死亡来临时，人们产生了要处理遗体的意识，开始区别于其他动物。

　　至迟从旧石器时代中期起，人类就已经有了灵魂观念。因为关心灵魂，想使灵魂得到安息，古代人对死亡看得很重，于是人们在行动上就表现出过分重丧重葬。

　　我国古代帝王的坟墓，首推华夏民族的始祖黄帝的陵墓。黄帝死了以后，他的尸体也有可能埋到了地下。今天在河南、陕西等地能见到他的陵墓，虽然不可能全是真的，主要是具有象征意义，作为祭祀用的。但可以肯定，后人是想让黄帝睡在地下，让他的灵魂守护我们的大地。

　　文献记载上说，大禹陵是我国最早的王陵。禹在会稽大会诸侯时，得了重病，最后死在那里。传说当时的群臣遵从禹节俭治丧的遗命，只用衣衾三领、薄棺三寸，将他下葬了。

　　自从进入阶级社会以后，人类"事死如事生"的观念十分浓烈，有钱人的丧葬渐渐进入奢侈。居于社会之巅的帝王们，他们对于丧葬自然是比一般百姓更加看重。这些身为天下至尊的帝王们，没有一个不想长生不老，他们延续现世生活的欲望是十分强烈的。于是很多人在生前，凭借着手中至高无上的权力和巨大的财富，营建他们的万年寿域，希望生前享受到人间的荣华富贵，到了阴间仍能继续。于是一座座帝王陵寝被建在壮丽辉煌的风水宝地上，留给后人一部部遐想万千的史话。

　　编者于 1984 年第一次到西安，当见到秦始皇陵、汉武帝茂陵、唐太宗昭陵、唐高宗武则天乾陵时，彻底地被这些规模宏大的古陵园遗址、精美绝伦的大型石雕、斑驳陆离的镇墓兽俑和艳丽夺目的墓室壁画所镇服，惊叹祖国的文化艺术竟是如此的宏大丰富，从此对帝王陵园充满着兴趣。这些年来，编者搜集了相当数量的古人和今人关于陵墓的资料，爬了众多的帝陵，虽然没有具体撰写研究帝王陵墓的文章，但一直觉得应该写点什么，要把恢宏的帝陵向世人展现出来，把今人的许多研究成果推介给广大读者。

　　基于此，我们编写了这部《中国帝王后妃陵墓之谜》，本书以文献资料为依据，以考古发现的实物史料为佐证，综合前人研究，对历代帝王陵墓的体制特点及其发生、发展和盛衰演变过程中的一些问题进行介绍，力图将本书写成融学术性、知识性于一体的历史知识读本。我们希望通过本书，能拓展读者的知识面，提高对历史的兴趣，关心历史人物，以提高一定的文化素养。

编　者

2008 年 8 月

目　录

秦始皇陵之谜

秦始皇陵是动用了浩大的人力、物力，竭天下之用修筑而成的，历经了2000多年的风风雨雨，任世人艳羡、鄙夷、惊叹、痛骂，逝去已久的人、事、物，有谁能说清它的种种过去。

中国人历来有希望长寿的心态，古代的帝王尤其如此。传说秦始皇曾派人去寻长生不老之药，遗憾的是并没有人能够找到。在寻找长生不老药的同时，秦始皇还动用全国的财力物力，征发民工70万，修建自己死后的陵墓。从公元前247年秦始皇即位后就开始修建，直至公元前210年秦始皇死为止，长达36年之久。

始皇陵规模宏大，背靠骊山，面临渭水，形势异常雄伟。陵墓地面原有内外两城，内外城之间有角楼、寝殿、便殿。封土堆现有高度76米，底部南北长350米，东西345米，是一个夯土陵丘。今日的陵墓上栽满了石榴树和柿树，四周环绕着两重白杨林带，景色优美。

秦始皇为什么将自己的归宿地选在骊山？ 一些专家认为，北魏郦道元在《水经注》中说："秦始皇大兴厚葬，营建冢圹于骊戎之山，一名蓝田，其阴多金，其阳多玉。始皇贪其美名，因而葬焉。"民间传说也认为，秦始皇是葬在"枕金蹬银"的风水宝地，而骊山的确符合依山傍水"乘风气"的风水观念。此外，秦始皇陵选在这里还与秦始皇先祖及太后的陵园葬在临潼以西的芷阳一带有关，作为晚辈的秦始皇陵园选择只能在芷阳以东，这样葬在骊山之旁也就恪守了古人晚辈居东的礼制。

不过也有人指出，将陵址选在骊山北麓恐怕不是秦始皇自己的主意，因为选定陵址时秦始皇才13岁，不太可能是他拿定的主意，这应该是太后与吕不韦的意思。

《史记·秦始皇本纪》记载："九月，葬始皇骊山。始皇初即位，穿治骊山，及并天下，天下徒送诣七十余万人，穿三泉，下铜而致椁，宫观百官奇器珍怪，徙藏满之。令匠作机弩矢，有所穿近者辄射之。以水银为百川江河大海，机相灌输，上具天文，下具地理。以人鱼膏为烛，度不灭者久之。二世曰：'先帝后宫非有子者，出焉不宜。'皆令从死，死者甚众。葬既已下，或言工匠为贡藏皆知之，

秦始皇

藏重即泄。大事毕，已藏，闭中羡，下外羡门，尽闭工匠藏者，无复出者，树草木以象山。"修筑这样一个大型的工程，所需役力人数是巨大的，有人说他们全是秦国的刑徒，显然人数是不够的，除此之外，还应有农民、少量的军功地主、以劳役抵债的奴婢及其他不明身份的人。这是十分奢华的陵墓，在中国历史上是绝无仅有的。

修筑秦始皇陵在当时是一个非常大的工程，材料要由四川、湖北等地运输。骊山的河渠本由南向北，为防止河水冲击，保障陵墓安全，需大量的劳役改变河道，使其向东西流，同时骊山上石料缺乏，大量石料需由渭北诸山采运，当时有歌谣："运石甘泉口，渭水不敢流，千人一唱，万人相钩。"其工程之大可以想象。

根据目前考古调查发掘，秦始皇陵园的布局结构有下列七个特点：一、陵墓有内外两重城垣，呈南北狭长的"回"字形；陵墓近于方形覆斗式，坐落在内城的南半部。二、在陵墓西边墓道的一个配房中，埋有成组的车马，既有髹漆木车，又有彩绘的铜御手和铜车马。三、在陵墓西北角的内外城之间，发现有左右饲官的建筑遗址，饲官是陵寝中供给饮食的官。四、内城中心有宏伟壮观的寝殿建筑。五、内城的东北部有一长方形区域，向北有门可以通向外城，向南有门可以通向陵寝，可能是管理陵园的官吏和供奉陵寝的宫女居住的。六、在陵墓内外城的南部以东，有一长条南北向的陪葬墓区，当是一些亲属和大臣的葬地。七、在陵墓东边外城以东1000米处，正当东门大道的北侧，有3个兵马俑从葬坑，组成了面向东方的庞大军阵。

关于秦始皇陵，尚有许多问题我们至今仍不能明白，如秦始皇陵的朝向为什么是正东方？秦始皇陵是否被盗？秦始皇陵的兵马俑到底是什么性质？等等。

后代的帝王大都以面南为尊，而秦始皇陵是坐西向东。为什么会这样？

著名学者杨宽认为："陵园整个朝向东方，在东方正中设有大道和东门阙，因为按照礼制是以东向为尊的。陵园的东门大道，相当于后世陵园的'神道'，是整个陵园的主要通道。""秦始皇创设第一个皇帝的陵园，并不是凭空设计的。他有战国时代各国君王的陵寝作为蓝图"，也是"按当时国都咸阳设计的"。始皇陵的布局"对西汉诸帝陵园发生了直接的影响。西汉陵园的布局有许多方面是沿袭秦的礼制的"。赞同这种说法者都认为，秦汉之际的礼俗决定了陵墓的朝向。《礼仪·士冠礼》云"主人东面答拜，乃宿宾"。《史记·项羽本纪》记载，鸿门宴时，"项王、项伯东向坐，亚父南向坐，沛公北向坐，张良西向侍"。这都说明，战国到秦汉时期，主人是朝东坐的。秦始皇生前是天下共主，死后的陵墓便理所当然要坐西向东。

有人认为，秦国本偏西隅，建陵向东的目的是为了表示自己征服东方六国的决心。全国统一后，陵还在继续修，但布局朝向没有改变，这主要是为了使自己死后仍能注视着原来的东方六国之地，以防有人东山再起。照笔者看来，这种说法多少有点牵强。

另有一种说法认为，秦始皇除了要显示雄踞天下的威风之外，也可能因为他仍然在祈求生死轮回，寻求神仙境界。生前无法觅到不死的秘方，死后也要在地下瞻瞩东溟，以求神仙引渡天国。秦始皇为长生不老，出巡到琅琊，命方士求仙取药，派徐福带童男童女数千人，入海求仙，并多次亲自出巡，东临碣石，南达会稽，在琅琊、芝罘一带停留，虽多次东巡，仍无法到达日夜思念的仙境。万岁的天子不长寿，结果照样不能违背生老病死的客观规律，还是得病而死。徐福没有回来，仙药也没有求到，秦始皇感到十分遗憾，死后他要面朝东方，求神仙把他引导进天国。

有人发现不仅仅是秦始皇陵，秦国其他墓葬大多也是坐西向东的。考古发掘证实，越是秦国早期的墓葬，几乎全是朝东方向。有学者认为，秦人的祖先来自东方，他们对自己曾经劳动和生活过的地方怀有特殊的感情。然而路途遥远，中间相隔了许多敌对的国家，他们很难回到自己原来的家园，只能死后以这种方式来表达自己叶落归根的感情。

部分人对秦人的祖先来自东方不以为然，认为秦人的祖先来自西方，他们之所以采用头朝西方的葬俗，主要是寓意他们的祖先是从那儿过来的。

也有人认为，甘肃地区曾流行过屈肢葬，这与当地的古文化和某种原始宗教信仰有关。秦人西首向东的葬法，应该与他们的民族特性相关。

地宫是秦始皇陵墓建筑最核心的部分，是放置秦始皇棺椁和随葬器物的地方。2000多年来，由于深藏地下，后人对这个神秘的地宫一直缺乏直观的认识、了解，使之成了先秦文化最大的谜团之一。关于秦始皇陵地宫的建造及相关情况，最早的历史文献是司马迁在《史记》中的记录，此后如《汉书·刘向传》等从司马迁处进行了演化："秦始皇帝葬于骊山之阿，下锢三泉，上崇山坟，其高五十余丈，周回五里有余，石椁为游馆，人膏为灯烛，水银为江海，黄金为凫雁……项籍燔其宫室营宇，往者咸见发掘。"在《贾山传》中又说："死葬乎骊山，吏徒数十万人，旷日十年，下彻三泉。合采金石，冶铜锢其内，漆涂其外。被以珠玉，饰以翡翠。中成观游，上成山林。"此后《水经》《三秦记》《三辅故事》等书均有记载。

地宫的核心部分叫玄宫，是存放秦始皇尸体的棺椁所在处，也叫椁室。一些学者认为，秦始皇陵的玄宫是一个巨型的石砌周壁的竖穴墓圹，附设有一些回环相连的隧道式别室和墓道耳室。这是一个内部结构由石、砖、木料组成的多级桁架式穹隆顶的群体建筑，与一般陵墓相差不多。地宫大致分为墓室、别室、墓道三个部分，根据探测，秦始皇陵地宫上口范围很大，南北长515米，东西宽485米，面积达25万平方米。

关于地宫，谜团重重，众说纷纭。其中地宫的深度是研究者争议最大的问题。司马迁在《史记》中谈到了地宫的深度："穿三泉，下铜而致椁。"在《汉旧仪》一书中也有关于秦始皇陵地宫深度的介绍：公元前210年，即秦始皇50岁生日时，丞相李斯向他报告："我带了72万人修筑骊山陵墓，已经挖得很深了，连火也点不着了，凿时只听见空空的声音，好像到了地底一样。"秦始皇听后，下令"再旁行三百丈乃至"。

当代最大胆的推断出自欧洲核子研究中心的研究人员，他们推断地宫的深度约在500~1500米之间。大多数中国学者认为，这个数字难以置信，有人推断地宫的深度至少在50米以上。著名的秦陵考古专家袁仲一先生根据发掘的一口秦代水井，发现当时地下水位距地表深度为16米，而水井处平面较地宫中心部位低约7米，因此他认为，地宫部位的地下水位距离地表应当在23米左右。相邻地区也有相似的数字可供参考，如1976年至1986年之间，考古工作者发掘了陕西咸阳凤翔县附近的秦景公陵墓，这个陵墓的发掘对研究秦始皇陵起到重要的作用。经勘测，秦公大墓深度为24米。

秦始皇陵考古队曾经有一个重要的发现，在陵墓地宫的东、南、西方向都有厚厚的夯土建筑，夯土建筑最深处位于陵墓的南端，达39.4米，最窄处深度在陵西，为23米。考古专家认为，这是地宫的防水大坝。秦陵地宫南、西、东三面较高，从而推断地宫的深度将低于30米，否则地下水将从高处渗入地宫。秦俑坑的发掘者、考古专家王学理先生在研究始皇陵后得出地宫深度是33.18米，他认为这是高精度的探测结果，应该是可信的。钻探人员曾经在地宫之上进行钻探，深至27米仍然属于当初回填的熟土。

秦始皇陵地宫结构尽管至今仍无法确切地了解，但考古专家们进行了认真的推断。他们认为，竖穴石圹的墓室，其跨度和进深肯定是超巨型的。王学理先生认为墓室底部面积达1.92万平方米，地宫的主体建筑顶部作穹庐形，覆盖在椁室之上，呈天圆地方的格局。

司马迁对地宫的文献记录中，唯一可验证、且已经验证的就是关于水银的记载。上世纪80年代以后，考古工作者曾对秦始皇陵先后进行了两次测试，他们在陵墓封土之上钻眼取土作为地质样品，发现汞含量较高，认为始皇陵地下埋有大量的水银。封土中的汞异常是地宫大量存在的水银挥发造成的，其分布呈有规律的几何形，这证明了司马迁所记载的地宫中"以水银为百川江河大海，机相灌输"内容属实。其实，以水银为江河大海的目的，不单是营造恢弘的自然景观，在地宫中弥漫的汞气体，还可以使入葬的尸体和随葬品保持长久不腐烂。汞还是剧毒物质，一旦吸入一定浓度的汞气，即可导致死亡，因此地宫中的水银还可以毒死胆敢闯入的盗墓者。

如果打开秦陵地宫，《史记》中记载的弩弓是否还能发挥作用，这也是人们特别感兴趣的一个话题。地宫内安装的弩弓到底是怎样的一种机关，现在人们并不能确定，但就目前秦俑坑出土的弩弓来看，其弓干和弩臂均较长，材质可能是南山的山桑。

秦始皇陵直接影响了后来封建帝王陵园规划和建筑的模式，这种厚葬的习俗，历代封建帝王无不尊崇。那么，建造如此大规模的工程需要花费多少时间？需要多少人力呢？根据《史记》记载，秦始皇"使丞相李斯将天下刑人徒隶七十二万人作陵……"1979年，在秦陵封土西部1600米的赵背户村，发掘出当年服役人合葬墓104座，这里的村民都知道当年发掘的情况，他们说挖出的都是堆堆白骨。从赵背户村出土的瓦文可以知道，这些来自山东、河南、江苏、河北的修陵人，就是当年72万人中的一部分。

秦始皇陵以其宏伟的规模、大量价值连城的陪葬品而闻名遐迩，秦始皇陵有没有被盗？地宫有没有被破坏呢？

项 羽

一些人认为，这座精心建造的帝陵并不能使秦始皇在死后仍与生前一样过上帝王生活，反而使帝陵成为贪婪者的目标，历史上曾遭受过多次破坏，其中较大规模的破坏有三次：一次是公元前206年，项羽入关中后，曾掘其陵墓，燔烧宫观，30日运物不绝，这是最大的一次破坏。据《晋书》记载，后赵国君石虎时，又一次盗掘了秦陵。到唐朝末年黄巢起义时，又经过一次大规模的破坏。所以清代文学家袁枚曾说："生则张良之锥荆轲刀，死则黄巢掘之项羽烧，居然一坏尚在临潼郊，隆然黄土浮而高……"国民党统治时期，从陵底到陵顶，遍修战沟，有几处挖得特别深，陵顶上还挖了一个很大的坑。

另有一些人认为，秦始皇陵并未被毁，被毁的只是陵园的附属建筑，秦陵地宫并未被盗，它仍在现存的秦始皇陵封土下、兵马俑坑身后一千多米处。这种说法的主要依据是：根据陵区周围的含汞量分析，发现地宫中心有大量集中汞的成分，而且分布具有一定规则，这从化学成分分析印证了《史记》中关于墓内以水银为"江河大海"的描述。通过对地宫周围水银含量的勘测，考古人员断定地宫依然完好，地宫表面检测出的大片强汞区，成为秦陵地宫尚未被盗的有力证据，如果秦陵有通往地宫的盗洞，水银早已顺盗洞挥发掉。《史记》中明确记载了地宫中有防盗的"机弩矢"，并且能做到"有所穿近者辄射之"，如果秦陵被盗，必然有盗墓者被机弩所伤，但历史文献和民间传说对此都没有任何记载。再通过对秦陵封土堆的全面探测，只发现有一个盗洞，而且深不到9米，未能接近地宫，整个封土的土层为秦时的原状。总之，地宫的宫墙没有被破坏痕迹，地宫中水银分布有规律，可见秦陵未被盗毁。考古专家的分析给我们带来了一线希望，或许秦始皇仍安然无恙地躺在巨大的棺椁中。如果有朝一日秦陵被发掘，那么，人们就会发现一座灿烂文化艺术宝库，到那时，关于秦始皇陵的所有谜底都将会大白于天下。

兵马俑被毁之谜

　　当你参观兵马俑时，可以见到这支地下大军有无数将士倒卧在泥土中，有的四肢分离，有的粉身碎骨，有的脑壳迸裂，其状惨不忍睹。那用夯土筑成的土隔梁上，到处遍布着一堆堆木炭遗迹，表明俑坑曾遭到大火的焚烧。是谁下了如此毒手？项羽还是刘邦？

　　今天我们参观兵马俑坑时，可以看到俑坑塌陷的土方压着破碎的陶俑残片，土隔梁上还有一堆堆木炭遗迹。

　　如一号坑本是土木结构建筑，露在外边的立柱、棚木、枋木、封门木等全被烧成炭迹或灰迹，棚木上的泥土被烧成坚硬的土块，陶俑和陶马身上的颜色经火烧部分全部脱落，个别陶俑经火焚后烧成硫渣状，有的原来青灰色的陶质经火烧的部分已变成红色。俑坑经火烧后全部塌陷，陶俑和陶马被砸，有的断成数段，有的成为碎片。二号坑也是火烧后棚木塌陷。这一切说明，秦俑坑建成后不久曾遭人为焚烧破坏。望着一堆堆破碎的陶俑、陶马，人们不禁要问：是谁掘开了俑坑，砸碎陶俑，夺去兵器又焚毁了俑坑？

　　一种观点认为，兵马俑坑存在着自然和人为的两种破坏。一号坑的自然破坏是坑内多次进水，水的来源可能是山洪暴发。在一号坑砖铺地面上，堆积了厚约10厘米至40厘米的淤泥，许多成束的铜镞、弓等兵器及车马附件多出于淤泥中。由于水的浸泡，俑坑内的土隔梁下沉，陶俑、陶马因此而倾倒，大部分被压碎。这显然是自然破坏造成的。考古专家们发现，有的兵马俑出现了移位、不全和被打碎的情况，如有的地方没有战车却出现车的铜构件，有的铜剑只有鞘首而无剑身，长兵器中有柄无首、有镦无首的情况较多。这说明在兵马俑被焚烧前已经受到了人为的破坏。如三号坑在自然塌陷前也曾遭到人为的破坏，且破坏情况严重，出土的车迹十分零乱，好像车子是被人砸成碎片，车前的四匹驾马已成一片瓦碴，车后的陶俑有一件首足倒置靠在墙角，坑内的俑大部分无头，兵器和车马器出土数量很少。

　　一种观点认为，兵马俑坑是项羽入关后焚毁的，这是目前流行最广的观点。从秦俑坑被焚毁的时间来看，应在秦末汉初。考古中发现，俑坑底部普遍覆盖10多层厚淤泥，说明俑坑在建成后不久即被焚毁。而且在俑坑上发现了西汉中期和东汉时期的墓葬，这些墓葬在开挖时，掘走

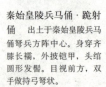

秦始皇陵兵马俑·跪射俑　出土于秦始皇陵兵马俑弩兵方阵中心。身穿齐膝长襦，外披铠甲，头绾圆形发髻。目视前方，双手做持弓弩状。

了棚木炭迹，打破了俑坑土层关系，这说明当时人们已不知道此地是被焚毁的兵马俑坑所在地，焚毁必在西汉中期之前。西汉时，刘邦曾派20户人家守护秦陵，以后历代大多派人守陵，因而没有可能发生这样大的焚毁事件，所以焚烧必在秦末汉初。

从发掘来看，焚毁是大兵团作战，绝非少数人所为，而且这次火烧不是一般的掠夺财宝，而是有目的有选择的拿取，具有复仇性质。掠走大量的实用兵器和车马器，显然是由一支军队干的。从史书记载来看，项羽到过秦始皇陵并进行了破坏焚烧，秦始皇陵园的寝殿、便殿、角楼等建筑就是他烧掉的，至今仍可看到陵园建筑遗址内堆积很厚的残砖残瓦、烧红的土块等。秦末动乱中，秦二世曾派章邯把修建秦陵的数十万刑徒和奴隶编成军队去迎战陈胜的起义军，这支部队后为项羽打败并收编。项羽入关后，对秦在关中的建筑、陵墓进行了肆无忌惮的破坏，加上他收编了章邯的部队，这些人对秦陵建筑了如指掌。毁坏秦陵和兵马俑坑是其报复的最好对象，在复仇心理驱使下，这些人可能是最早发现和破坏秦俑坑的人。至于三号坑没有被焚烧，可能是当时没有找到。著名的秦俑考古专家袁仲一就持此说。他认为在发掘过程中发现有一些不正常现象，如文物的移位、不全等，说明坑内文物被人移动和拿走过。一号坑的底部普遍盖有厚达10厘米至40厘米的淤泥，一般厚约20厘米，而二号坑的淤泥仅2厘米至5厘米，同时在一号坑东端的长廊部分，曾发现用极薄的竹皮织成筛眼形的编织物炭迹一处，这些现象可进一步说明，俑坑是在建后不久就被焚的。

另一位秦俑考古专家王学理认为，项羽的破坏主要在三个方面，一是烧毁了地面建筑，二是掘毁了地下的从葬设施，三是劫取了陵园的财物。

反对者认为，项羽入关时，兵马坑已完成3年，这时的木结构早应腐烂，留下的也绝不可能有较为完整的木构榫铆或架设接茬的关系。项羽焚毁陵园的目的在于报仇和盗取财物。从已经探明清理的有关陪葬坑乃至陵寝地宫扰乱迹象、盗洞的大小分析，可以断定不是大的兵燹盗窃。史书说"项羽焚其宫室营宇"的记载，应是指楚兵在陵园地面建筑内先掠夺财物，后纵火焚毁。他在关中住了很短的一段时间，在这样短的时间内，不可能挖开秦陵地宫和地下陪葬坑来盗取财物，再纵火烧毁。

另外一些反对者说，俑坑底部普遍存有10层至14层的淤泥，这说明俑坑的焚毁是秦亡后相当一段时间的事。因为棚木一旦烧毁，几米厚的土层就会立即塌陷，不会再出现淤泥现象。14层淤泥只能是在较长时间内地表发生变化的情况下发生，否则在两三年内是不会产生14层淤泥的。因此秦俑坑不是公元前207年项羽入关时军队焚毁的。

也有人认为这是沼气自燃造成的。反对者认为这种观点根本没有注意到秦俑坑内没有产生沼气的条件。当初发掘时，坑内没有发现堆积大量腐殖质的迹象，坑内虽有淤泥，但泥质比较纯净，里面含有大量细泥，因此俑坑内不具备产生沼气的条件。

有人提出秦始皇下葬时，火烧其实是一种自焚的葬仪形式。1977年，在秦陵西侧的内外城垣间发现一座曲尺形的马厩坑。局部清理时，在坑的门道端底层有用细绳绞砖坯砌成的长140厘米、宽90厘米、高60厘米的引火底坑，坑道口施棚木处又留有入风空隙，坑底西部和炉的前边有一段不长的空间，堆放着大量被烧的灰烬，这明显是俑坑建成后为葬仪需要所焚毁的铁证。从陪葬坑焚毁与未焚毁的情况来看，焚毁的陪葬坑一般为大中型，建筑结构为多斜坡道，坡道对边的坑壁也见竖穴小道口。坑内有用夯土筑起的隔梁，将坑分成若干过洞或长廊，过洞与长廊或径直或萦环曲绕，但能互相串通，这些形式结构，颇似烧窑一样易于燃烧。

秦民族自西向东发展，接受中原文化，已是无可争议的事实。秦始皇统一中国后，将自己比作上天的儿子，因此在死后下葬时被认为是天子归天，回到他的母体中去，经过孕育再度降生人世。由于这种思想的指导与驱使，采用历史上祭天燔柴的形式，将埋葬的祭品，采取火烧的葬仪，使这些东西都随着主人升入天国。

反对者认为，这种观点没有注意到秦俑坑的建筑特点及三个俑坑和秦陵陪葬坑中有的被焚，有的未焚这一实实在在的事实，因此是不可信的。且不谈战国时期的秦国有没有这种仪式的存在，据目前探测的资料，秦陵周围的陪葬物不只兵马俑一处，以前发现的马厩坑、珍兽坑等，大量的马匹是被活埋的，珍禽异兽也看不出是杀死后入棺的迹象。史料记载，秦始皇的宫女都是被活埋的，为什么会单独发生三个俑坑自我焚毁的仪式呢？兵马俑的质地是陶质，胎厚而用土细腻，焙烧温度都在1000度左右，十分坚硬，很明显主要是为了能长久地保存下来。如果当时用来自焚的，干吗要用这样的材质？今天见到的一些西汉兵马俑，除了比秦俑小外，其他方面均是相似的，出土时大多数完好无损，并没有在入葬时被自焚。再则，秦兵马俑的兵器绝大部分被人捡走了，如是自焚，土层立即塌陷，这些兵器怎会不胫而走？

一种观点认为，焚毁兵马俑坑的是个放羊娃。随着秦王朝的灭亡和秦陵被毁，秦始皇陵园失去了它昔日的风采，变成野草、榛莽丛生的荒野，偶尔出没其间的就是樵夫和牧童了。秦俑坑上有西汉晚期墓，可以断定秦俑坑焚毁的时间应在秦亡至西汉晚期之前。成书于东汉初年的《汉书》讲述了这则故事：有个牧童丢了羊，"羊入其凿，牧者持火照求羊，失火烧其椁樟"。而在它之前的《史记》却不曾有半字记载，由此推断作者大体是根据民间流传所记。考古人员在秦陵做了精密的钻探和考察后认为，秦陵封土没有发现盗洞，地宫并未被盗。既然没有盗洞，羊怎能入其凿？这个"凿"很明显就是距地表不深，处于荒芜中的秦俑坑洞口。秦俑坑是陵园的组成部分，当年项羽军队虽然破坏了秦俑坑，但并未放火烧毁，这从三号坑无焚烧痕迹可以得到证实。原因是项羽部队是前来复仇的，面对比豪华壮丽的陵园要简陋得多的秦俑坑，没有引起焚烧的念头。如果这时焚烧，就不会有俑坑底部的14层淤泥了。

当日的情景，有可能是牧童赶着羊群来到秦俑坑区域时，当年项羽军队所挖掘的进入俑坑的洞窟，多已被荒草和尘土掩盖。羊群只顾吃青草，并未注意脚下的地形，遂纷纷坠入一号和二号坑中。牧童不慎失火后，有可能被误传为秦陵失火，再讹传为地宫失火，烧毁棺椁等情节。

反对这种意见者认为，一个小小牧童能将俑坑烧得如此彻底？这个牧童共有几只羊掉入俑坑？如果是一只，他只能烧毁一个俑坑。如果是多只分别掉入两个俑坑，说明俑坑已千疮百孔，棚木等自然不会相连，如果有火燃起也难以全部烧尽，总有一些断裂处免遭焚烧留于后世。更何况坑内多次进水，潮湿的棚木能否点燃是一个令人难以作答的问题。

针对上面几种说法，有考古专家认为不能一锤定音。项羽焚烧说最为流行，但最流行的说法不一定就是最正确的。项羽对秦始皇陵园的地面建筑进行了大规模的破坏和焚烧，对于地下的埋藏并没有盗掘和破坏，所以埋藏于地下的秦俑坑理应是免于项羽大军的浩劫。项羽焚烧说法的致命弱点是至今没有找到这支军队进入俑坑的入口。考古发现，一个个门道封门木完好无损，坑顶的棚木也没有发现移位或缺木情况，不知破坏者是从哪里下去的？既然进不了坑，火也就放不成了。再说，既然烧了一号坑，为何不烧二、三号坑？持这种观点者同意牧羊人入坑放火的意见，但又提出一个牧羊童所持的一把寻羊之火，之所以会把一号俑坑烧得如此彻底，显然应与坑内存有可燃气体有关。虽然坑内少量的沼气达不到自燃的程度，但空气中的沼气浓度达到5%至16%时，遇明火源是可能引起火灾甚至爆炸的。牧童持火，沼气助燃，火势蔓延，加之俑坑中又有几千立方米的木材相连，秦俑一号坑燃烧得非常彻底是可以理解的。这种观点实际上是把沼气说和牧羊人说结合在一起。

还有一种观点认为，焚坑者是一支大集团军。在试掘中，封土顶部的踩踏面比较厚，证明铠甲坑是建成相当长的一段时间后才被焚毁坍塌的。另一方面，如果时间过长，棚木就会受压变形，坑顶逐渐下陷，坑内缺乏空间和通气条件，也就不会被焚烧得如此严重，所以铠甲坑是建成数年后才被焚毁的，不可能是出于礼制在坑建成后即有意对其焚烧，也不可能是沼气说。种种迹象表明，秦俑坑在焚毁前遭到大规模盗劫，只留下没有实用价值和不被当时人们视为文物的石甲胄之类的物品。这种大规模的盗劫应与大的社会和政治变故有关，有可能是周文的百万之师，或是项羽的部下，也有可能是刘邦的各路军马，但均无确凿证据。但相对来说，项羽焚毁的可能性较大，项羽来过的证据更可靠一些。

上述各种说法，大多出自于秦陵的考古专家们，各有一定的道理，但又不能令人完全折服。辉煌的文明是如何遭受劫难的，依然是个谜团，等待着专家们继续去探索。

兵马俑三号坑之谜

　　兵马俑三号坑面积只有520平方米，虽然比一、二号俑坑要小得多，但形象地展示了古代军事指挥部的实况。既然是个指挥机关，那么三号坑的统帅是谁？为什么没有在三号俑坑发现这位统帅，是当时造俑坑的人疏忽了吗？

　　三号坑与一、二号坑相比，虽然较小，但可能是一个军事指挥部。俑坑呈比较奇怪的凹字形平面布局，分为车马房和南北厢房。在三号坑内，仅出土彩绘战车一乘，陶质武士俑68件，其中南厢房42件，北厢房22件，青铜兵器35件。三号俑坑内出土的步兵铠甲俑不作战斗队形排列，而是仪卫的列队，两两相对，夹道式排列，这很可能是保卫室内统帅的一支部队。三号坑出土的30件兵器是古代一种无刃礼器，称为殳。一些专家认为，三号俑坑内武士俑是保卫将领的仪仗队，也称殳仗队。

　　三号坑北厢正厅内发现残鹿角一件，南厢房内发现动物朽骨一堆，这在一、二号坑内都没有发现过。那么这些动物的朽骨到底说明什么问题？有专家认为，这是古代战前举行的卜战仪式，也就是说，三号坑北厢房是用于战前卜战的场所，而南厢房动物朽骨的发现表明，这里可能是将领们讨论制定军事计划的谋划厅。一些考古学者认为，三号坑和一、二号坑是同时修筑的，相互之间应该是一个有机联系的整体。但三号坑面积较小，形制特殊，坑内武士相向夹道排列，与战斗队形不同，武士俑手里的兵器是礼仪性质的，这一系列情况表明，三号坑是一个具有特殊性质的俑坑。他们得出结论，认为三号坑是一个指挥部，统率一、二号坑，具有古代军幕的特征，也称为幕府。

　　不过也有学者不同意，认为三号坑是古代军祭的社宗，是用来进行军祭的场所。古人打仗前都要祈祷，希望自己的祖先和神灵帮助他们打胜仗，所以这里是祈祷的场所。这种祈祷也叫战祷，要用牛羊来祭祀，所以有了动物的朽骨。

　　三号坑的车马房为一东西向的长方形，东与门道相对，北与北厢房相连，南与南厢房相通。出土的一乘彩绘木质战车就是在这里发现的。车舆不仅彩绘着华丽而鲜艳的纹饰，同时于车左侧还发现一个直径42厘米的彩绘花盖。一号俑坑出土的战车上往往只有3个陶俑，而三号俑坑的这乘战车上有4件陶俑，中间的御手俑和军吏俑一前一后排列，其余两件车士俑位于左右两侧。那么三号坑的战车为何要特别地配以4个军士？专家们发现，春秋时期就有一种乘坐4人的指挥车。袁仲一先生认为，三号坑的战车位于队列的最前端，似为前驱车，又名先驱车，行军时导行在先，作战时挑战敌方先驱，即在战前向敌军致战，表示必战的决心，然后两军交锋。

南厢房出土的42位甲武士俑，分别排列在前廊、过厅、前室和后室。在南厢房还发现过帐钩等饰件，前后室之间当时悬挂着帷幕，将前后室隔开。从这些方面来判断，南厢房当是供军事将领议事和休息的场所，前室是军事将领研究和制定作战方案的合谋厅，后室为军事将领休息的寝室。

三号坑是一个军事指挥部的观点，得到了大多数人的赞同。从理论上讲，这里应该出土一位高级统帅，他是整个兵马俑坑的领导者，但遗憾的是并没有发现。在驷乘车后发现过一件军吏俑，估计是三号俑坑内的最高指挥者，但从着装看不及一、二号坑中出土的中级军吏俑的地位。那么，这支秦军的统帅到底在何处？

关于兵马俑的统帅，学术界是这样解释的。

秦俑坑考古队的《秦始皇陵东侧第三号兵马俑坑清理简报》指出，在三号坑西侧约150米处，发现了一个大型甲字形古墓葬，墓室面积为300平方米，深12米。由于它距三号坑较近，因而人们怀疑可能与三号坑是一组建筑，人们俗称此墓为"将军墓"，墓主人可能就是秦兵马俑军阵的统帅。这种观点受到了一些人的怀疑，因为墓还没有发掘，墓主是男是女还未可知，根本不能断定与三号坑有必然的关系。这座墓的墓道在北，墓室在南，与秦陵兵马俑坑的东西向不一致，很难认为与兵马俑坑有必然的有机联系。

一种观点认为，三号俑坑受到了秦末项羽火烧，当时是把三号坑中的统帅当作主要攻击目标，因此三号坑破坏最为严重。从今天发现的陶俑来看，坑内的68件陶俑绝大多数被砍头，只有六七人未受到这种待遇，但俑身均发生移位，这种景象与一、二号坑完全不一样。人们推测在破坏三号坑时，破坏者把俑头作为战利品拿走了，作为三号坑的统帅自然是最大的战利品，当然受到了破坏。考古人员在三号俑坑的北厢房内，发现一束20件的铜殳，可能是破坏者故意所为，意为对秦人进行了缴械。殳作为仪仗，本应都是握在秦俑的手里，但被捆在一起扔在一边，其意思是十分明了的。因此作为三军统帅的将领，自然今天是无法寻到了。

还有人认为，秦始皇开始了高度的中央集权，他自己本身就是这支军队的最高统帅。在兵马俑西边3里外的秦陵地宫中，秦始皇亲自指挥着这支庞大的军队，三号坑内根本就不可能出现秦军最高统帅。

一些专家通过对史书的考证，也提出了新颖的观点。他们认为，秦朝军队是牢牢地控制在秦王手里的。作战前，秦王以虎符作为发兵的信物。平时，朝廷和驻守各地的将领各执虎符的一半。如果需要调动兵马，使者必须持朝廷的一半来到大将处，与大将的另一半相匹配者，大将才接受调兵的命令。回过头来看看一、二号坑，都是军阵的性质，是屯驻的坐阵，不是出征作战的战阵，也许军幕已张，而将帅秦始皇还没有正式指派呢。

秦始皇陵兵马俑·将军俑　秦，1974年出土于陕西西安市临潼区秦始皇陵兵马俑坑一号坑。通高196厘米，现藏于秦始皇陵兵马俑博物馆。

刘邦长陵之谜

　　叱咤风云的西汉开国皇帝刘邦死后葬到了生前早已修建好的安息地长陵中。长陵陵园中有两个封土堆，几乎是相同大小，哪个是刘邦的，哪个是吕后的？ 长陵的名称是如何来的？ 今日的长陵只是一个土堆，当年的长陵是怎样的？

　　公元前202年，刘邦建立汉朝，史称汉高祖。刘邦做皇帝的第二年就开始给自己修建坟墓。有人推测，长陵的工程设计和施工主持者可能是萧何与阳成延。公元前195年，刘邦病死于长乐宫，葬于长陵。长陵位于今咸阳市秦都区窑店乡三义村附近。

　　长陵东西并列着两座陵墓，应该是汉高祖和吕后的陵墓。不过两个高高的封土堆哪个是刘邦的呢？ 清代陕西巡抚毕沅曾为长陵树了两通碑石，把东边陵墓作为高祖的长陵，西边的那个陵墓作为吕后陵。然而刘宋时期的裴骃为《史记》作《集解》，在《外戚世家》中引《关中记》说："高祖陵在西，吕后陵在东。汉帝后同茔则为合葬，不合陵也。"《三辅黄图校证》也说："吕后陵在高祖陵东。"1967年，在长陵以东的地方出土了一方玉印，其文为"皇后之玺"，可能是吕后之物。因此，很多专家认为毕沅是把两座陵墓弄颠倒了，长陵在吕后陵的西面。

　　长陵的名称是怎样来的？ 有人认为，长陵因地域而得名。长陵又称长山、长陵山。《水经注》记载成国故渠"东迳长陵南，亦曰长山"。长陵所处的地方在古代称长平或长平阪，有可能是以地名为陵名的。不过有学者认为，长陵是取西汉都城长安的第一字而来的。因为长陵的陵园呈方形，是仿照西汉都城长安建造的，只是规模略小些。两种说法其实都是猜测，至于当年是怎样取名的，已成为千年之谜随刘邦一起埋入地下了。

　　长陵陵园模仿了朝廷而建，《汉书》记载城周七里百八十步，折合成今天的长度为3150米。而考古实测长陵陵园平面呈方形，边长780米，周长约3120米。令人感到吃惊和费解的是陵园四面围墙的厚度，东、西、南三面墙厚在7米至9米之间，而北墙厚约15米以上。为什么要建这么厚的围墙？是为了应付盗墓还是有其他的原因，今人已完全无法知道了。四面围墙的中间各开一门，估计当年门外

汉高祖刘邦

还有对应的两座门阙，像一座小城堡一样。陵园的四角也有建筑，估计就如今天所见的角楼差不多。

陵园内建有许多礼制建筑，主要有寝殿、便殿等。寝殿是陵园中的正殿，按当时的礼制，寝殿里陈设高祖生前用的衣物，有宫人按时铺床叠被，准备洗漱用水和每天4次进食，打扫卫生，像皇帝活着一样侍候。

汉制皇帝和皇后同茔不同穴，高祖陵和吕后陵相距300米，但在一个陵城内。长陵在陵园的偏西处，是夯土叠筑而成的。史书记载说，长陵陵墓东西长120步，高13丈，经过2000多年的风雨剥蚀，现在的长陵陵墓底部东西长153米，南北长135米，顶部东西长55米，南北长35米，封土高为33米，状如覆斗。长陵内部结构如何，因没有发掘，后人无法知道具体的情况。不过陵墓既然是刘邦生前所建，所以应该是符合汉代的礼仪制度的。《汉旧仪》说到汉代诸帝陵墓的地宫："内梓棺，柏黄肠题凑，以次百官藏毕，其设四通羡门，容六车六马，皆藏之。四方外陛，东石外方立，先闭剑户，户设夜龙、莫邪剑，伏弩，设伏火。"长陵也当是按着这样的标准来建造的。

在西汉帝陵中，陪葬墓最多的是长陵。在长陵以东，现存陪葬墓有60多座，大都是当年追随刘邦出生入死，为西汉政权建立做出巨大贡献的元勋功臣及刘邦的嫔妃、关东大族等。见之于文献的主要有萧何、曹参、周勃、周亚夫、王陵、张耳、纪信、戚夫人、田胜等人。唐朝末年，诗人刘彦谦在《长陵诗》中说："长陵高阙此安刘，附葬累累尽列侯。"这些高大的陪葬墓，分布于长陵以东司马门外的神道两侧，南北向排列，一组一组的，位次排列十分有序，犹如诸侯大臣朝谒天子时的阵容。

1965年，在长陵陪葬区的咸阳杨家湾，在一座陪葬墓附近发现了大量陪葬坑，出土了3000多件彩绘陶俑、陶马。根据《水经注》的记载，墓可能是刘邦时的太尉周勃或其子景帝时平定七国之乱的周亚夫。墓是两座南北并列的夫妻合葬墓，边上有十几个陪葬坑。墓内出土骑兵俑583件，各种人俑965件。骑兵俑的马俑有黑、红、紫、白四种颜色。马的姿态生动，或静或动。骑兵俑身着红、白、绿、紫等颜色的服装，上面有彩绘图案纹饰，大多身披黑色铠甲。步兵俑一般以站立为主，右手握长兵器或盾牌，左手握拳，衣着红、绿、黄、白等颜色的服装，身上也披各式黑色铠甲，腰部系带，足着革履。从这些兵马俑的排列来看，大概是为死者送葬的军队。这批彩绘兵马俑的出土是考古史上的重大发现，是中国古代雕塑艺术的杰作。

长陵南临渭水，北依九嵕山，南与长安城遥相对峙，南北相距27里。晴天丽日，站在西汉未央宫前殿的遗址上远望长陵，如山丘般隆起，威武壮观。

汉惠帝安陵之谜

　　汉惠帝忠厚懦弱，其生母吕雉以皇太后的身份代理朝政，执掌实权。惠帝死后，葬于安陵，而他的外甥女、也是他妻子的皇后张嫣可能也葬在同一陵园中。那么，哪一座坟墓是张嫣的墓呢？安陵的北面有个安陵邑，长期以来，人们认为其形状是长方形的，真是如此吗？

　　汉惠帝刘盈是西汉的第二个皇帝，汉高祖刘邦与吕雉的儿子。

　　吕后生刘盈及鲁元公主。刘盈被立为太子后，刘邦嫌他太柔弱，一度曾打算别立宠姬戚夫人之子赵王如意为太子。刘邦死后，17岁的刘盈即位，是为汉惠帝。吕后以皇太后的身份代理朝政，掌握实权，遂对她的情敌戚夫人及其子刘如意进行了惨无人道的报复。她先将戚夫人囚于永巷，罚她舂米，再将12岁的赵王如意从封地召回，图谋加害于他。刘盈年纪轻轻，但看出了母亲的用心，亲自将刘如意接到宫中，与他一起生活，百般呵护。有一天，刘盈晨起习射，见刘如意正熟睡，就没有叫醒他一起去。吕后见了，马上派人携毒酒将赵如意毒死。接着，她又对戚夫人下毒手，砍去她的四肢，挖去眼珠，熏聋双耳，药哑喉咙后，扔进厕所，时人称为"人彘"，让其备受折磨而死。吕后还让刘盈前去观看，本想让刘盈培养一点心狠手辣的素质，想不到刘盈见到父亲昔日漂亮的爱妃竟是如此结局，悲痛哭泣不止，染成重病。刘盈派人对吕后说："这种事非人所为。我是太后之子，太后所为如此，我以后怎样来治理天下？"他觉得自己对眼前的事情无可奈何，从此不问政事，最后抑郁而死，死时仅23岁，葬于安陵。

　　惠帝的皇后张嫣是其外甥女，鲁元公主的女儿。这场甥舅婚姻是吕后一手操办的，一场十足的政治婚姻，结婚时刘盈20岁，张皇后还不到10岁。惠帝死后，吕太后临朝称制。吕太后驾崩，诸吕被翦灭，张皇后也受牵连，"废处北宫"。公元前163年，张皇后去世，葬于安陵。

　　安陵在刘邦的长陵东面还是西面？一直以来，人们认为安陵在长陵的东面，其西面是景帝的阳陵，陵墓的南面有清代毕沅书写的"汉惠帝安陵"碑石可以为证。然而一些学者认为，西汉帝王陵的分布是有规律可寻的，惠帝安陵应在长陵之右，景帝阳陵应在长陵之左，安陵不应在长陵之东。西汉的帝王陵是同茔不同穴的，毕沅指的那个惠帝陵和景帝阳陵之间东西相距仅450米，似乎不太可能。因此有专家认为，毕沅指称的惠帝陵其实是景帝的孝景王皇后陵。真正的安陵应当在长陵之西。这种观点也有史料可以证实。如《水经注》记载成国故渠东迳安陵南，又东迳渭城北，再东迳长陵南。渭城即秦咸阳城，附近有一座大墓应为惠帝安陵。在此墓的南邻还发现了唐代的《四皓庙碑》，宋代文献记载安陵附近有四皓庙，显然安陵是处于长陵西面的一座大墓。

安陵名字的来源，有人认为与高祖长陵一样，因京师"长安"二字得名。惠帝安陵位于今咸阳市秦都区韩家湾乡白庙村。陵墓封土底部和顶部均为长方形。底部东西长170米，南北长140米，顶部东西长65米，南北长40米。封土高25米。

长期以来，人们认为孝惠皇后张嫣的陵墓在安陵西北270米处，但没有专家予以确认，因而成为一个历史疑点。吕氏失败后，张皇后退处北宫，但皇后的名号并没有废掉，因此她死后能合葬安陵。然而她毕竟不同于汉代其他的皇后，所以虽合葬安陵却不起坟。现在地面上的坟堆是后代堆起来的，墓冢规模比惠帝陵要小得多，但仍是覆斗形的，墓冢高为12米。近年来，陕西省考古研究所的专家们对安陵进行了重新调查，发现并解决了这个历史疑案。专家们认为，安陵陵园西北的这个陵只能是孝惠皇后张嫣的，不可能是别人的。

传统的说法认为，西汉帝陵是帝西后东，但人们惊奇地发现安陵是个例外，孝惠皇后张嫣陵墓在惠帝安陵西北。人们不禁要问，为什么皇后张嫣之陵不在安陵之东呢？有关专家解说原因有三。其一、孝惠皇后张嫣系鲁元公主之女，吕后外孙女，诸吕被翦，张皇后受株连被迫退居北宫，皇后之名虽未被废，死后亦合葬安陵，但不起坟丘，可知并未完全按照皇后礼制给予安葬。按其礼节似比一般的皇后要低一档次。其二、张嫣死时，惠帝早已安葬，整个安陵的布局早已定位，惠帝的陵墓距陵园东墙仅有287米。由于间距太小，东墓道是安陵主墓道，不可能将皇后陵埋在皇帝陵墓道上。皇帝与皇后共用一个陵园，陵园与陵邑共用一墙（陵园北墙亦为陵邑南墙）。陵园位置恰在陵邑南部正中，如将张嫣陵墓改在惠帝陵东，不在东墓道上，就出陵园范围，这就破坏了安陵的原有布局。其三、安陵的陪葬墓在安陵的东面，离安陵最近亦是最大的陪葬墓是鲁元公主墓。汉代皇后墓应在陵园内而不应在陵园外，更不能在陪葬区内，加之鲁元公主为张嫣的母亲，已先入陪葬区占据最近位置，因此皇后张嫣只有埋在帝陵之西才是合理的，而陵园内西边空地较大，也许这样的位置是提前安排好的。

一些史学工作者认为，汉初陵园建制布局受长安城形制影响，皇宫移至未央宫，吕后仍居长乐宫，未央宫在西，长乐宫在东，这样形成了帝西后东。张嫣死时，安陵整体布局已经形成，陵园以东埋不成，只好埋在陵园西边，但不起墓丘，以让尊位。

但也有人提出看法，认为既然有帝西后东的习惯，那么安陵建造时为什么不替张嫣预先在东

西汉彩绘陶骑马武士俑　高65厘米。
1965年出土于陕西咸阳杨家湾汉墓。

每个皇帝都有皇后，为百年之后预留位子是十分正常的，总不至于弄到陵园东面要么是没有地方葬，要么是葬入陪葬区的局面。因此最起码可以这样说，帝西后东的习俗当时不一定非要认真执行的。

安陵是有陵园的。从长陵开始，汉代的帝陵一般都是有陵园的，但安陵的陵园从未见记载。过去，人们一直不敢肯定惠帝的陵园形制究竟如何，张皇后的坟墓是否与惠帝在同一陵园中。近年来的考古发现安陵不但有陵园，而且是西汉十一陵中最大的一个，东西长940米、南北长840米、周长3560米。同时安陵是皇帝皇后共用一个陵园，这一点和长陵刘邦、吕后共用一个陵园是相同的。安陵陵园四墙中，南墙墙体宽于东、西、北三墙，这是因为受地形影响所致，安陵的地形南高北低，西高东低，陵园南墙建在最高处，再往南落差大，坡陡，加宽墙体以固墙身是主要原因。

汉惠帝时还设置了安陵邑，过去人们在初步调查后认为，安陵邑位于安陵以北900米处，陵邑城址平面为长方形，东西长1548米，南北长445米。东墙和北墙现仍可辨，墙宽9米，残高2米至3.6米，在东墙和北墙的中央辟有城门。然而最新的发现认为，安陵邑为不规则形，东西长1586米，南北长约750米。陵邑的东墙是四墙中地表暴露遗迹最多、保存最为完整的一面墙，以前资料中公布的安陵陵邑东墙南北长445米，而最新测量为东墙长500米，500米与445米差距不大，然而陵邑东墙500米后拐向西边的一段长290米，以前的资料中未见提起。西拐的这一段地表迹象明显，夯层清晰可辨，西拐后再向南拐时与东墙南段的墙在地表上层有明显的夯层连在一起，是当时同期建造的整体。陵邑东墙西拐290米后，墙体似乎还在向西延伸，距离约为100多米，上部为水渠。

安陵邑邑平面为何呈不规则形而非长方形，是否受长安城形制影响？一般认为没有。那么是否受地形影响呢？一些专家认为这是有可能的。安陵总体南高北低，西高东低。陵邑北墙地势低，但地表起伏变化不大。陵邑南墙地表变化亦不大，虽西高东低，但坡甚缓。陵邑东墙墙内高于墙外，南段高于北段，起伏变化较南北两墙稍大。陵邑西墙北段地势低平，但300米后高差就很明显，并且越往南变化越大，而东西也出现起伏。可是顺着陵园西墙朝北，地形变化小些，极有可能受地形影响，西墙往东拐，为求平衡东墙也就往西拐，这种对称布局在古代建筑中是很常见的，这样陵邑平面就形成了两个长方形合为一体的平面形式。

汉武帝茂陵之谜

西汉帝陵中规模最大的是茂陵，象征着汉武帝时期的强盛国力和汉武帝好大喜功的本性。高大的封土下，埋藏了无数汉代人民创造的金银财宝。茂陵边上的陪葬墓，外形如祁连山的霍去病墓最为著名，墓前以"马踏匈奴"为代表的16件石刻是我国早期石雕艺术的代表作，被鲁迅先生称为"气魄深沉雄大"。

汉武帝刘彻是汉景帝的第九子，西汉王朝的第五代皇帝。他是中国历史上一位声名显赫的帝王，在他统治期间，西汉的政治稳定，经济繁荣，力量强大。汉武帝一方面加强中央集权统治，另一方面不断加强国防建设，北征匈奴，出兵两广和西南少数民族地区，开创了西汉帝国的繁荣昌盛局面。

汉武帝茂陵是西汉帝陵中最高最大的一座。位于西汉长安城未央宫前殿遗址以西53里，是咸阳原上西汉帝陵中最西面的一座。西汉时，此地为槐里县之茂乡，武帝在这里营建寿陵，故称茂陵。由于武帝墓在其合葬的李夫人墓之东，所以又称"东陵"。

茂陵是西汉帝王陵墓中修建时间最长的一座，汉武帝执政54年，茂陵修了53年，每天在墓地上工作的工匠有3000多人。当汉武帝入葬时，封土上的树木已经可以合抱了。《太平御览》引《关中记》记载："汉诸陵高十二丈，方百二十步，惟茂陵十四丈，方百四十步。"考古实测茂陵封土的底部和顶部平面均为方形，底部边长达230米，顶部边长约40米，封土高46.5米，形如覆斗，高大巍峨，远远超过了西汉其他帝陵。西汉帝陵一般高在30米左右，只有汉武帝的茂陵超出了当时的礼制规定。

地宫是陵园的主要建筑。据《汉旧仪》记载，地宫占地一顷，深13丈，墓室高1丈7尺，四边各长2丈，墓室四面都设有能通过六马车的墓道，各墓道门都安装有伏弩、暗箭等机关，防止盗墓贼进入墓室中。茂陵的地宫内葬入了大量的财宝。《汉书·贡禹传》记载，武帝"及弃天下，昭帝幼弱，霍光专事，不知礼正，妄多藏金钱财物，鸟兽鱼鳖牛马虎豹牲禽，凡百九十物，尽瘗藏之"。据说茂陵营造的时间太长了，武帝不断地放东西进去，到他死时，墓室里的陪葬品已多得放不下去了。

茂陵的地宫是否受到破坏？据说武帝入葬4年后，就有人在陕西扶风的市场上出售茂陵地宫内随葬的玉箱、玉杖等珍宝，有可能茂陵这时已经被盗。《汉武帝内传》记载，汉武帝崩时，遗诏以经常阅读的《杂经》30余卷随葬入墓，汉宣帝时，经书以及盛装经书的金箱不知何故流落到了民间。相传西汉末年赤

汉武帝刘彻

眉军曾经打开了茂陵的羡门，搬了几十天也没有将陪葬品搬完。直到西晋时还有人在说："赤眉取陵中物，不能减半，于今犹有朽帛委积，珠玉未尽。"茂陵地宫估计受到了破坏，但大概不会十分严重。

有一则故事说，汉武帝在入葬不久就显圣了。一次，他对守卫茂陵的茂陵令薛平说："我虽然已经死了，但还是你们的皇上，你为什么让你的士兵在我的坟上磨刀啊？"薛平一听吓得浑身发抖，再看看四周，哪里有武帝的影子。薛平向左右侍从讲了武帝显灵的故事，并问陵前是否有大方石，众人说有。再问有没有士兵在上面磨刀，一查，果真有几个不知轻重的士兵磨过，薛平只得下令把几个士兵斩首。故事的真实性当然是值得怀疑的，既然武帝能显灵，那么他为什么连自己的墓室也照看不好？

茂陵封土周围尚存夯土城遗迹。考古查明陵园平面几乎为方形，东西长430米，南北宽414米。陵园四面中央各辟有一门，各门距陵墓封土均为百米左右。门外置双阙，每对门阙间距为12米至16米。陵园附近修建了寝园，构成富丽堂皇的庙堂宫殿。1975年，陕西考古人员在陵墓四周发掘出大量西汉时期的建筑材料，其中有虎纹和玄武纹条砖，丹凤纹和龙骨纹空心画像砖，大型青玉兽纹辅首和琉璃壁等，还出土了一块刻有12个字的完整瓦当。经考古学家分析判断，发现建筑材料之处就是当年的寝殿和便殿的所在地。

茂陵东南350米处有白鹤馆遗址，是供汉武帝游乐用的，属于寝殿的附属建筑物。现存一个东西长53米，南北长40米，高5米的大土台，当地百姓称为白鹤冢，可能是建筑的台基。

在陵园的东南还建有汉武帝的陵庙龙渊宫。在寝殿和陵庙之间筑有一条规整的通道，为衣冠所出之道，就是说，在祭祀时把汉武帝的衣冠从寝殿中请出来，经此道送进庙里，接受百官祭拜。礼仪结束后，再经此道将衣冠送回寝殿供奉。

茂陵的陪葬墓现在已经确认的有12座，其中汉武帝的宠姬李夫人墓在茂陵西北500米处。李夫人梨园世家出身，父母兄弟都以音乐为生。去世后，汉武帝对她十分思念，命画家绘制了她的画像，还作赋哀悼，亲选莹地，以皇后礼仪下葬。现在看到的李夫人墓呈长方形覆斗状封土坟丘，坟丘中间向内平收形成二层台。墓底部封土东西长90米，南北长120米，名英陵。

在茂陵以东，还有卫青、平阳公主、霍去病、霍光等人的陪葬墓。汉武帝为了表彰卫青和霍去病抗击匈奴的赫赫战功，卫青墓起冢像庐山，霍去病墓起冢像祁连山，二墓相邻为伴。

12座陪葬墓中，规模最大、建筑最豪华的当推霍去病墓。

霍去病是卫青的外甥，西汉著名的青年军事家。从18岁开始随卫青出征疆场，先后6次出塞与匈奴作战。元狩三年（前120），他曾统帅汉军越过居延泽，在祁连山与入侵的匈奴展开殊死大战，大获全胜，深受汉武帝的赏识，封他为骠骑大将军。元狩六年（前117），他因病去世，年仅24岁。英年早逝，汉武帝十分悲痛，为他举行了隆重的葬礼，安葬在自己的陵墓旁。

霍去病墓位于茂陵东500米处，墓前有清朝陕西巡抚毕沅立的"霍去病墓"石碑一块。霍去病墓是用岩石垒砌的，南北较长，冢高15.5米。为表彰他在祁连山立下的赫赫战功，特在墓上竖巨石，构成祁连山的形状，并在墓前竖石铭功。霍去病陵墓前现存大型石雕16件，气势宏伟，风格豪放，造型浑厚古朴，表现了西汉时借石拟形的独特石雕艺术。今天能见到最早的陵墓前石雕像就是西汉时期的。这16件石雕像有跃马、卧马、卧虎、卧象、牯牛、石人、石猪、石熊、石鱼、石蛙、石蟾等。这些石雕都是用整块巨石按其自然形状顺势雕琢而成的，刀法含蓄简洁，线条清晰，寓意深刻。有的注意形式，有的突出表象，形态生动活泼。其中最负盛名的是"马踏匈奴"石雕，一匹姿态威武的战马，象征西汉王朝的军事实力，马腹下仰卧手持弓箭的匈奴，须发蓬乱，双足上曲，作狼狈挣扎状。突出表现了霍去病在抗击匈奴战争中的英雄形象，也是对他驰骋疆场、战斗一生的最好评价。这件雕刻中，马高168厘米，与真马大小相仿佛，比例准确，雕琢手法简练传神，精雕骏马，粗雕匈奴，精粗有别，主次分明，从而更加突出主题，是西汉时期不可多得的石雕艺术珍品。其他"力士抱熊""猛兽食羊""跃马"等石雕，展示了祁连山的农牧风光，烘托山深林密的原野气氛，是我国西汉时期石雕艺术的瑰宝。

秦汉帝陵前没有发现过一件石雕，但霍去病墓前却有了，原因是什么？有关专家发现，从西汉中期开始，在少数达官贵族的墓前出现了列置石雕的现象，如张骞墓前也有，考古中也发现一些汉墓前有石虎、石人等，因此贵族墓上的石雕出现得比帝陵要早。但霍去病和张骞墓前列置石雕的原因是什么？

一些人认为这是有历史背景的。霍去病是征战西域的将军，张骞是出使西域的外交家，两人的活动都与西域有关。考古发现，在北疆草原地区的一些秦汉墓葬中，墓前有石人立像或立石。霍去病墓上的巨石和墓前的石人等，很可能是作为西域文化中的杀人石而设立的。在西域，一些墓前立有石人或巨石，它们往往表示战场的俘虏，以其装饰坟墓，让其服侍死者，霍去病墓石刻中的主像就含有类似的意义。笔者认为，这种解释有一定的道理，但是否还有其他原因，尚需史学界进一步探索。

茂陵霍去病墓的石刻对后世影响较大，如石虎在魏晋时代就成了陵墓前的辟邪物，石马、石人、石象等后代都有仿效。

西汉中山靖王刘胜陵墓之谜

1968年5月，在河北省满城县的陵山上，当解放军某部正在秘密进行国防施工时，无意间发现一座西汉古墓。考古工作者根据墓中出土的文物，推断墓主人是西汉中山靖王刘胜。人们在墓中发现了一件用金丝穿缀玉片，类似铠甲的东西，这难道就是史书中记载的金缕玉衣吗？

1968年5月，河北省满城县西南1.5公里处的陵山，解放军某部正在这里进行一项国防工程项目的建设。谁也没有想到，就是这次施工，无意间揭开了一个千古之谜，因为在这里发现了一座古墓。从陆续出土的文物中，人们发现许多铜器都刻有"中山内府"字样的铭文。中山指的是中山国，历史上曾经出现过两个中山国，一个是春秋战国时代的鲜虞中山国，另一个是西汉时期的中山国。战国时期的中山国文字是金文，而铜器上的这种文字接近汉隶。另外，墓里出土的铜器也和战国中山国的出土文物完全不一样，属于西汉风格，所以确定这座墓室是西汉时期的中山国，而不是战国时期的中山国。考古工作者称这座墓为"满城汉墓1号墓"。随着勘查清理工作的逐步深入，1号墓的整体形制也渐渐清晰。墓室由墓道、甬道、南耳室、北耳室、中室和后室六部分组成，如果俯看整座墓室，犹如一个"古"字。

秦汉以前，墓葬形制一般模仿地上建筑的模式，这是为了把生前的一切都象征性地搬入地下，所谓事死如事生。到了汉代，根据墓主人身份的不同，墓室分别采用宫殿或者房屋的建筑样式。满城汉墓1号墓的墓室是依山开凿的巨大洞穴，考古学家把这种墓室称为崖墓。西汉的11个皇帝中，只有汉文帝的"霸陵"也是采用这一形式。由于霸陵至今没有发掘，而满城汉墓使人们第一次看到了崖墓中的墓室结构。

考古工作者在仔细清理中室文物的过程中，发现了十几盏造型各异的铜灯，其中一盏铜灯吸引了专家的目光。这盏灯的底座是个匈奴人的形象，根据铜灯上的铭文，知道这件铜灯叫"当户灯"。"当户"是当时匈奴的一种官职名称。据考古专家推测，这件当户灯制作于汉朝和匈奴矛盾异常尖锐的时期，用匈奴人形象作灯的底座，显然是对匈奴人的一种蔑视。墓中的这位中山王，很可能就生活在与匈奴频繁开战的那个时期，甚至是汉朝抵御匈奴入侵的重要将领之一。

一件刻有"中山内府铜钫一，卅四年"字样的青铜酒器，透露了墓主人的身份。"三十四"年，应是这位诸侯王在位的年数，在中山国10位王中，第一代王刘胜在位时间最长，有42年之久，其余均不到30年，因此专家确定，这座墓室的主人就是中山国第一代王刘胜。

刘胜是汉景帝刘启的庶子，汉武帝刘彻的异母兄长。公元前154年，汉景帝封刘胜为第一代中山靖王。据史书记载，刘胜"乐酒好内"，"子女百二十余人"，北耳室出土的十几个大酒缸成了刘胜"乐酒"的最好佐证。据估算，这些酒缸总共可储存几千斤酒。看来，刘胜不仅乐酒，而且很可能还是海量，难怪整个墓室中出土最多的就是酒器。

在中室中，除了发掘出大量的青铜酒具，还发现一些残破的玉器和玉饰品，这引起了人们极大的兴趣。玉在中国已有近万年的历史，到了汉代，人们不仅把玉作为财富和权力的象征，还坚信以玉护身能使尸体保持不腐烂。汉代的君王以及贵族死后，不光口含宝珠，下枕玉璧，还用玉片和金丝连缀成葬服从头包到脚，这就是人们所说的金缕玉衣，史书中也叫"金缕玉柙"。玉衣又称为玉匣、玉柙，是汉代皇帝和高级贵族死后穿用的殓服。

据文献记载，西汉末年赤眉军掘开吕后陵，发现吕后以玉柙入殓。如果这个记载是真实的话，西汉初年就已经开始使用玉衣了。早期的玉衣可能比较简陋，如西汉早期临沂刘疵墓中出土的玉衣，只有头罩、手套和鞋子，没有上衣和裤子。这大概是早期的玉衣形式，也有可能是因为刘疵的规格不够，只能穿用这种比较简单的玉衣。

鼎盛时期的西汉玉衣做得比较精致，形式较为繁复。《西京杂记》记载，汉武帝送葬时用了珠襦玉匣。匣形如铠甲，连以金缕。武帝的玉衣上"皆缕为蛟龙鸾凤龟麟之象，世谓为蛟龙玉匣"，应该是在玉衣玉片上雕刻有各种动物的纹饰。

在汉代史书中，玉衣出现的次数最为频繁。1959年，河北定县北庄汉墓出土了带穿孔的玉片4000多片；在徐州出土的西汉早期墓葬中，也发现了玉衣的散片，可惜出土的玉衣都不完整。满城汉墓的主人是诸侯王，这也是目前汉代考古发现中身份最高的一位墓主人。那么这座汉墓中会不会出现金缕玉衣呢？在发掘时，当把堆积在上面的朽木灰和金属饰件全部清理完后，一件用金丝连缀着玉片的铠甲状的东西出现在人们眼前。这难道就是"金缕玉衣"吗？在考古现场，郭沫若和专家们经过分析，最终认定出土的这件文物，应该是迄今为止人们发现的保存最完整的金缕玉衣。玉衣由头罩、上衣、裤筒、手套和鞋五部分组成。头罩由脸盖和头套组成。脸盖上刻制出眼睛、鼻、嘴的部位。上衣由前片、后片和左右袖筒组成，前片制出宽阔的胸部和鼓起的腹部，后片的下端做成人体臀部的形状。裤筒、手套和鞋都有左右。玉衣各部分是把许多四角有孔的玉片用细金丝编缀而成的，全长1.88米，由2498片玉片组成，所用金丝1100克。

金缕玉衣里面并没有刘胜的尸体，那么刘胜的尸体葬到哪里去了？郭沫若认为，可能在附近还有一个墓，那是真正埋葬刘胜的陵墓。

果然，在1号墓的北边，第二座陵墓出现了，这就是"满城汉墓2号墓"。2号墓的墓室结构与1号墓大体相同，可以明显地看出是在吸取1号墓经验的基础上开凿而成的。刘胜的尸骨很可能在这座墓中。然而出土的许多物品都是当时女性的用品，另外这里还陪葬了不少武器。种种迹象表明，这里埋葬的应该是一位女性。考古学家们断定，此墓主人应该是刘胜之妻窦绾。墓内也有一盏铜灯，和刘胜墓中的"当户"灯不同，宫灯底座是一个"宫女"的形象。这座宫灯设计十分精巧，能根据需要调节光亮的大小和照射方向，烛火的烟灰可以通过"宫女"的右臂进入身体当中，使烟灰停在灯身中，以保持室内的清洁。尤其重要的是，灯座底部刻有"长信尚浴，今内者卧"的铭文，"长信"指的是长信宫。汉文帝时期，长信宫的主人是汉文帝的皇后窦氏，而她正是中山靖王刘胜的祖母。后来考古工作者给这件铜灯命名为长信宫灯。

2号墓中也发现了一件金缕玉衣。玉衣由五大部分组成，每一部分都可以彼此分离，这件玉衣比刘胜墓出土的玉衣略小，玉衣胸部的玉片不是用金丝编缀，而是用丝织物编结而成，由于年代久远，织物早已腐烂，又受玉璧及棺椁朽木灰所叠压，部分玉片已经散乱。窦绾的玉衣比较瘦小，头部除在脸盖上刻制眼、鼻和嘴外，还在头罩两侧造出两个圆形的耳罩。上衣的前、后片没有按人体形状制作，而是做成衣服的样子，所用玉片一般较大，玉片之间不是以金丝编缀，而是以织物、丝带粘贴编织而成。玉衣全长1.72米，由2160片玉片组成，所用金丝重700克。

考古工作者在清理满城2号墓玉衣时，发现玉衣里面有墓主人的颈脊椎骨和四条肋骨以及三颗牙齿，看来2号墓的主人是穿着玉衣入葬的。这更加重了人们的疑问：为什么1号墓里没有刘胜的尸骨呢？

专家们试着打开刘胜的玉衣，发现里面有一些枣泥灰样的东西和一些牙齿，他们推断，刘胜的尸骨就在玉衣里面，只不过已经腐烂成灰。原来，刘胜墓随葬品非常丰富，大量的动物残骸和陪葬用酒增加了墓室中的有机物，导致尸体容易腐烂。另外，洞中潮湿的环境也加速了这一过程。

在研究玉衣的过程中，考古工作者发现，玉衣的结构很像古代战争中士兵所穿的铠甲。玉衣的制作过程中，难度最大的要数玉衣的手套部分，它也是玉衣中最为精巧的部分。玉衣所用的金丝一般长4～5厘米，最细的金丝直径只有0.08毫米，只相当于一根头发丝的细度，分布在手套各处。按照现在的工艺水平推算，西汉时代制作这样一件玉衣，一名熟练的玉器工人大概要耗费10余年的时间才能完成。1991年，历经数载，考古人员终于复制成功了第一件现代金缕玉衣。由于是复制品，只能用细小的铜丝来代替金丝，而在汉代，对玉衣用什么样的金属丝都有严格的规定。

汉代人认为，玉能保持尸体不腐烂，而满城汉墓1号墓和2号墓中结果却恰恰相反。而且玉衣价值连城，反而容易招来众多的盗墓贼。由于玉衣制作要耗费大量的人力、财力，到了东汉，金缕玉衣只能由皇帝穿用，诸

长信宫灯

侯王、贵人、公主只能穿用银缕玉衣，大贵人、长公主等只能用铜缕玉衣。至魏文帝时，下令禁止使用金缕玉衣。与此相印证，从魏晋以后的陵墓中再也没有发现金缕玉衣了。

此外，在刘胜墓中出土了几根金针和银针，是针灸九针中的几种。它们是我国目前见到最早的古代金属医针，可见汉时的针灸水平是相当高的。在陵山上，除了刘胜夫妇的1号墓和2号墓，还有18座暴露在外面的小墓，分别是刘胜妻妾或者子孙的附葬墓。有专家推测，在这些附葬墓的不远处，很可能还有一座隐藏在山岩中较大的墓室，因为陵山某些地段的地貌特征与1号墓和2号墓极为相似。也就是说，陵山上或许还有一座神秘的3号墓。

魏武帝曹操高陵之谜

魏武帝曹操在历史上是个颇有争议的人物，死后他的高陵位置也成了大家讨论不休的话题。建安二十五年正月，曹操病逝于洛阳，终年66岁。二月，其长子魏文帝曹丕遵照曹操生前遗嘱，将其遗体运回邺地安葬。自宋朝以来，曹操的墓不见了踪影，之后一种又一种说法出现了。

曹操是东汉末年至三国前期的杰出政治家和军事家，是一位集奸诈狡猾和大智大勇于一身的乱世奸雄。不过这位一代枭雄却是薄葬的忠实提倡者。

建安十年（205），曹操平定冀州后，突然颁布禁止厚葬的命令。建安二十三年，曹操提出古人葬所一般是挑选十分瘠薄的地方，他为自己选定了寿陵，考虑的主要因素是"因高为基，不封不树"。他还确定了自己下葬时的一些原则，说只要送终衣服四箧，"题识其上，春秋冬夏，日有不讳，随时以敛"。又说金珥珠玉铜铁之物，一件也不要。曹操死前，还遗令天下在其葬毕后，全部脱下丧服，大家还是各司其职，不要离开自己原来工作的场所，该干什么还是干什么，坟墓里也不要埋藏金玉珍宝。魏文帝曹丕听从了他的嘱咐，全部照办。曹操提出薄葬，有人认为原因是多方面的，但"天下尚未安定，未得遵古也"大概是主要的。如果天下安定，国富民实，想必他也不会主动提倡薄葬的。不过对厚葬的悲剧，即陵墓被盗的恐惧大概是薄葬的一个最重要原因。

建安二十五年（220）正月，曹操病逝于洛阳，一个月后，魏文帝曹丕遵嘱将遗体运回邺地安葬。曹操被葬到哪里去了？《魏书·武帝纪》记载，曹操在其生前就已筹建陵墓了，其位置大约在西门豹祠的西面，周围有公卿大臣的陪葬墓。不过邺地西门豹祠实在太多，周围几州都有西门豹祠，要想找到确切的曹操墓显然是有困难的。

曹操

后世有人依据晋朝陆机《吊魏武帝文》引的曹操"遗令""葬于邺之西岗上，与西门豹祠相近"一语，认为曹操墓就在今临漳县西面的丰乐镇西门豹祠一带。而事实上丰乐镇的西门豹祠建于北齐天保年间，陆机指的肯定不是这里，说不定当时就在附近不远处还有一所西门豹祠。也有人认为陆机引的"遗令"有可能是假的，并不可信。

由于找不到曹操的墓，人们就浮想联翩了，各种各样的猜测冒了出来。后代《舆图备考》《方舆纪要》等认为，曹操死后害怕后人发掘其陵墓，设立72疑冢，使人真伪难辨，疑冢从临漳县的讲武城起，直至磁州为止，一座座如小山布列。他们强调72座墓中，必有一座埋葬着曹操的尸体。有关专家认为，这种说法的出现大概是从宋代开始的。因为自唐之后，曹操墓园逐渐荒废，陵上没有任何标志，人们只见农田一片，而不知陵墓的真实位置。宋代以后，曹操在人们心目中渐渐成了奸臣的形象，大家都想到了他狡诈的一面，遂有了72疑冢的说法。范成大、俞应符、京镗等人都写有"疑冢诗"。如范成大说疑冢在讲武城外，"一棺何用冢如林，谁复如公负此心。闻说群胡为封土，世间随事有知音"。俞应符说："生前欺天绝汉统，死后欺人设疑冢。人生用智死即休，何用余机到丘垄。"丑化曹操的倾向愈浓烈，72疑冢就更成了他奸诈欺世的罪证。

建国以后，考古专家对这些疑冢进行了调查，发现从晚清以来被老百姓盗掘的这些墓葬，大部分是北魏、北齐时代的王公要人墓，里面皆有尸骨，有的甚至有二至三具。曹操设疑冢的目的是怕后人盗墓，不可能每个墓内都有尸骨。这些墓大多是有墓志的，志石大小虽然不同，但个个都详细介绍了墓主人的姓名、性别、籍贯、年龄、官职、业绩、死亡时间、下葬地点等，其中有齐献武帝第八子淯、第十一子湜、安丰王妃冯氏、魏兰陵郡开国吴郡王云州刺史景公等。一些史学家推测，72疑冢可能是曹操生前所设，主要是为了迷惑后人，而北朝的这些王公命妇是"坐享其成"。但也有专家认为，曹操的疑冢其实是宋元人的不经之谈，是值得怀疑的。1988年3月，国家有关部门正式作出结论，长期以来在民间传说是曹操72疑冢的河北磁县古墓群，已查明是北朝的大型古墓群，确切数字是134座，已被国务院列为第三批全国重点文物保护单位。

也有人认为，以曹操的智慧，既然能弄出72疑冢迷惑世人，使人不知其葬处，其真墓必定不在其中，而是在另一个人所不知的地方。那么，这第73座墓究竟在何方？有人认为曹操的墓不在地上，而是在漳河的河底。魏文帝颁布过《止临淄侯植求祭先王诏》，内中说："欲祭先王于河上，览省上下，悲伤感切。"既然祭于河上，就有可能墓在河底了。这种说法到了清代就被演绎开了。一本叫《坚瓠续集》的书和蒲松龄的《聊斋志异》均说，在河底发现了曹操冢，不过地点不同，前者说在临漳，后者说在许昌。《坚瓠续集》把此事说得有鼻子有眼："顺治初，漳河水涸。有捕鱼者见河中有大石板，旁有一隙，窥之黢然，疑其中多鱼，乃由隙入。数十步得一石门，心怪之，出招诸捕鱼者入。初启门，见其中尽美女，或坐或倚或卧，分列两行，有顷俱化为灰委地。内有石床，床上卧一人，冠服，俨如王者，中立一碑，渔人中有识字者就之，则曹操也。众人因跪而斩之，磔裂其尸。诸美人盖生而殉葬者，地气凝结，故如生人，既而漏泄其气，故遽成灰，独操以水银殓，其肌肤尚未朽腐也。"明眼人一看就知道这是一个演义故事，信不信由读者自己决定了。

一种观点认为，唐代以前曹操高陵的具体方位人们是熟知的，根本不是什么历史之谜。宋代郭茂倩《乐府诗集》中，收有南朝至唐代内容涉及高陵的诗歌29首，均未谈及墓的真伪问题。1998年，在河南省安阳县安丰乡西高穴村发现了后赵建武十一年（345）鲁潜墓志一方，上有文字云："墓在高决桥陌西行一千四百廿步，南下去陌一百七十步，故魏武帝陵西北角西行四十三步，北回至墓明堂二百五十步。"从这块墓志来看，后赵建武年间高陵在地表还有墓园，不然怎么会有"西北角"？ 曹操虽曾说不封不树，但看上去没有得到彻底的执行。

曹操葬高陵后，有关部门根据汉制在陵上设祭殿。文帝黄初三年（222）的诏书说"高陵上殿屋皆毁坏，车马还厩，及服藏府"。曹丕还约见于禁，派他先北诣邺谒高陵。还让人在陵屋内绘上关羽战败于禁的图画，于禁一见，发怒而病死了。这些事例可知，高陵上确有殿堂，不过不久就被毁坏了，但陵园似乎存在了很长时间，至少当时还有一片树林。《乐府诗集》中所收吟咏高陵的诗歌几乎都写到它的树林。唐太宗也曾在贞观十九年（645）率军征高丽途经邺地，"自为文祭魏太祖"。至少到这个时候，曹操的墓还是人所周知的。《通鉴》胡三省注谈到曹操的高陵在邺城西，并引曹操遗令说："汝等时时登铜雀台，望吾西陵墓田。"唐《元和郡县图志》"相州邺县"条说，魏武帝的西陵在"县西三十里"。元代纳新的《河朔访古记》等说在邺县"西南三十里"。

这种观点认为，曹操的高陵位于邺城西南约30里处，西门豹祠西原上。西门豹祠在安阳县丰乐镇一里处，遗址中有很多汉砖汉瓦当，据考证在曹魏时就已存在，当是曹操所指的西门豹祠。如此，高陵应当在安阳县安丰乡高穴至渔洋一带，高穴村的村名或即因高陵而来，高穴也许是高陵的隐语别名。鲁潜墓北临漳河，其南面不远处即魏武帝陵。这里是一片广阔的农田，正东十四五里处是西门豹祠，此处应是曹操的长眠之地。

有人认为，曹操自己就参加了盗掘东汉帝王陵墓的行动，对前代帝王陵墓种种惨不忍睹的结局不可能不有所惧怕，他在无奈之下做出了薄葬的决定。由于实行简葬，加之陵墓不封不树，又临近漳河，而漳河历史上多次改道，曹操陵墓很有可能被大水冲毁而不知具体位置了。

近年来，有学者根据《邺乘》《述异记》《彰德府志》等书，结合1975年在临漳习文村发现的东汉晚期墓葬实物，得出曹操陵墓位于今河南安阳灵芝村与河北临漳习文村一带的结论。这种观点认为，今灵芝村、习文村一带，恰好在仁寿里西门豹祠之西六七里，周围都是平原，与曹操当年的遗令吻合。灵芝村、习文村一带是当年邺的中心地区，曹操为自己选墓地，不可能选择邺的边远地区。今距习文村北4里、灵芝村西北约6里处有东太平村，原名驼村，是铜驼村的简称。史载曹操陵墓有铜驼，驼村大概就是因此而得名的。

关于曹操陵墓还有一种说法，在曹操的故乡今安徽亳州城南，有一处庞大的曹氏宗族墓群，人称"曹四孤堆"。有关专家认为，这里很有可能是曹操归葬亳州的墓地。

据《亳州志》和《魏书》记载，曹操死的那年，魏文帝曹丕没有去邺城，而是返故里"亲祠谯陵"。这座"谯陵"建在据说是曹操31岁时称疾返里时筑的精舍处。人们猜测，曹操为人奸诈多疑，既为精舍，又称谯陵，很可能是曹操的真实墓葬。这座陵墓在郦道元的《水经注》里也有记述，说当时还残存有庙堂、柱础、碑碣以及对峙的石阙、石马等。

笔者推测，这座陵墓很可能是曹操的家族墓地，由于后人飞黄腾达，在此进行了重新建造，陵墓地下和地上想必都会建有殿堂，摆放许多石刻。至于曹操是否埋在里面，恐怕可能性不大。当然最终结果还需待考古发掘后才能揭晓。

曹操墓究竟在哪里？今天我们仍无法揭开这个谜底。

隋文帝泰陵之谜

隋朝建立了大一统的中国，对皇陵建筑开始重视起来，从文帝泰陵宏大的规模可以想象帝王们的用心。泰陵是隋文帝生前就开始营建的，因而在建筑上尽善尽美，绝不会草草了事。然而今日之泰陵仅残存一个覆斗形的土堆和一些砖瓦碎片，它们默默地昭示着逝去的伟岸，让后人去追忆那些谜一般的历史烟云。

隋文帝杨坚是华阴（今陕西华阴市）人。北周时承袭父爵，当上了隋国公。他的女儿是北周宣帝的皇后。北周静帝年幼即位后，他任丞相，于是总揽朝政，被封为隋王。后来他废静帝自立，建立了隋朝，年号开皇。他用9年时间统一中国，结束了南北分裂的局面，为中国封建文化奠定了基础，同时也为陵寝制度的复兴与发展提供了物质条件。隋文帝在位20多年，开基立业，政治上有所作为，历史上称他在位的这段时间为"开皇之治"。他推行均田制，创立科举制度，建立了一套比较完善的中央集权制度，为以后唐代政治和经济的发展奠定了基础。

文帝善于治国，但在立继承人的问题上一错再错。开皇后期，他猜忌大臣，将太子杨勇废为庶人，立善于伪饰的晋王杨广为太子，直接导致了自己的悲剧命运。仁寿四年（604）四月，隋文帝得病，七月病重。据史书记载，隋文帝杨坚病重期间，尚书仆射杨素、兵部尚书柳述等入宫侍奉，太子杨广也住进宫中的大兴殿。杨广见文帝病情危在旦夕，就写信给杨素，让杨素密切注意文帝的情况，并询问今后该怎么办。不料杨素的回信被宫人误送到文帝处，文帝看后非常震怒。

隋文帝杨坚

独孤皇后死后，文帝最宠幸的是宣华夫人和容华夫人。宣华夫人陈氏是南朝陈后主的妹妹，人长得很漂亮，号称"江南第一美人"，杨广对她的美貌垂涎已久。此时，文帝刚病重，杨广就欲对陈夫人无礼，被陈夫人奋力挣脱。文帝气愤异常，要重立杨勇为太子，废黜杨广。杨广假传圣旨，命亲信左庶子张衡入大宝殿侍候文帝。张衡进入大宝殿，就把宫人和卫士全都赶出殿外。不一会儿，张衡出殿宣布文帝已经驾崩。一时间，朝野上下议论纷纷，认为是张衡杀死了文帝。至于张衡是如何杀死文帝的，史书记载有较大出入，《大业略记》记载张衡以毒药害死文帝，而《通历》记载张衡"拉帝，血溅屏风，冤痛之声闻于外，崩"。

文帝死后，被葬于泰陵。泰陵，大约在今天陕西省扶风县城东南五泉乡王上村。早在文帝死前两年，已经兴筑建造。由于独孤皇后病逝，文帝亲自挑选了吉地，在今扶风县东南10公里的三畤原上营建陵墓。文帝死后，与独孤皇后合葬泰陵，同坟异穴。站在泰陵前，你的目光越过渭河，可以看到巍峨的终南山。静观泰陵，你可以发现，经过了1000多年的风风雨雨，它益发显得古老而沧桑。泰陵坐北朝南，封土为陵，顶部是平坦的长方形，东西长48米，南北宽38米，整个陵高达27.4米。夯筑而成的陵冢底部已经被挖去了很多，想来是历代盗墓者所为，现存陵冢东西长166米，南北宽160米。陵园的建筑早被毁废，地面遗存物已经难以找到了。陵冢周围原筑有夯土城垣，现已基本毁坏，唯北城尚有残墙，长约130米，最高处1.2米，残存宽5.5米。夯层清晰，夯窝明显。陵垣东西长756米，南北宽652米。垣墙的四角及中部都发现有大量的砖瓦残片，大概是当时建有高耸阙楼和城门的残迹遗存。

从陵冢往南是一座清代石碑，大约高3.5米，碑上刻着"隋文帝泰陵"五个清晰的大字，是清代乾隆年间陕西巡抚毕沅所书。

在离陵东南和陵东不远的两块高地上，还有当年隋文帝庙的遗迹，今天俗称"祭祀坛"。泰陵祀庙垣墙建筑早已经毁掉，现在只能看到残砖碎瓦了，但我们仍不难想象，当初祀庙的规模是多么宏大，据专家考证，原祀庙建筑大约有15万平方米，足够令后人大吃一惊的。

就在这些残砖碎瓦中，人们发现了带有浓厚佛教色彩的纹饰和形制，比较多的是莲花状方砖。方砖中央是浮雕莲花图案，角边饰以蔓草，四周刻着连珠纹，非常美观大方。尤令人称奇的是，在这里还发现了一枚残破的以菩萨形象为纹饰的瓦当。它的正面用弦纹和连珠纹组成一个心形，中心端坐着一尊双手合十结迦趺坐的菩萨。据说这种直接以菩萨为纹饰的瓦当在国内是非常罕见的。为什么在文帝墓中出现菩萨形象的瓦当，这样的历史谜题恐怕历史学家们也很难回答清楚。

自泰陵开始，隋朝已经恢复了秦汉时期"封土为陵"的建陵原则。看来隋文帝的泰陵在中国陵寝史上具有承前启后的地位，为以后唐宋陵寝建制奠定了基础。

唐高祖献陵之谜

李渊是唐朝的开国皇帝，635年病故于长安宫中，葬献陵。献陵是唐朝开国第一陵，陵墓的规制对后代帝陵产生了较大的影响。献陵既继承了汉魏旧制，又具有典型的唐代帝陵风格，如陪葬的李凤墓的斜坡墓道带过洞、多天井、一室或二室墓葬，在以后唐人墓葬中十分普遍。

唐代开国皇帝唐高祖李渊献陵，位于陕西省三原县东北坦荡如坻的徐木原上。

献陵的陵墓规制是怎样决定的？ 贞观九年（635），70岁的李渊走完了他的一生。临终前，李渊遗诏要求丧葬俭约。他说："既殡之后，皇帝宜于别所视军国大事。其服轻重，悉从汉制，以日易月。陵园制度，务从俭约，斟酌汉魏，以为规矩。"之后唐太宗李世民与大臣们议论陵制，以期建立唐代的帝陵制度，开始营建帝陵。《通鉴纲目》记载，开始时太宗下诏说，依汉高祖刘邦的长陵故事规划，不久，大臣虞世南两次上奏说："霸陵因山不起坟，自然高显。今所卜地势即平，宜依周制为三仞之坟，明器一不得用金银铜铁，事讫刻石陵左，以明示大小高下之式，一藏宗庙，为子孙万世法，岂不美乎！"又说："汉天子登上皇位就营建山陵，用了50余年的时间，现在想用数月时间建成汉代做了几十年的工程，于人力是大大不够的。"长陵是堆土为陵，整个陵冢呈梯形体，底部东西长46丈，南北宽40丈，封土高9丈，工程量十分浩大。对虞世南的建议，唐太宗没有明确表态，但内心已有了明确的想法，他让房玄龄等大臣集体讨论，因为这时陵址已经选定，有关诏书已经下达，他不能马上否定自己前面的决定。宰相房玄龄等以为汉长陵高9丈，东汉光武帝刘秀的原陵高6丈，如果按长陵的9丈就显得太高，

唐高祖李渊

如按3丈之制建陵则太矮，就请以原陵的制度来建造。唐太宗听从了他们的折衷建议，将建造规格作了调整，献陵按着原陵来具体规划，仍旧采用平地起坟的方式，历时4个月大功告成。

现存献陵为覆斗型，东西长约139米，南北长110米，高19米。献陵是夯土建筑，层次明显，每层一般在15厘米左右。陵冢四周筑有墙垣，略呈方形，东西长467米，南北长470米。城墙墙基宽约2米至2.5米。四面城墙各开一门，南门和北门均距陵冢180米，东面的青龙门距陵冢130米，西面的白虎门距陵冢稍远，约198米。20世纪30年代，东、西、北三门均有阙址存在，今已夷为平地。

陵园四角有角阙设置，西南角阙与东北角阙尚有残迹存在。南门外为神道，神道东西两侧有大型石刻。神道南按后来形成的唐代陵寝制度应有乳台、鹊台设置，但献陵没有发现类似的遗迹存在。南门内约10米处就是献殿，其范围大约东西长20米，南北宽8米，遗址上砖瓦残块及石灰渣粒、红烧土块堆积相当集中。寝殿位于献殿之后，地表遗有大量砖瓦残块。下宫位于陵园西南5里的唐村北100米处，现存面积南北长100米，东西长120米。从今存的砖瓦残块数量来看，当时的宫殿建筑十分巍峨。

陵园四神门外各有石虎一对，身躯高大，姿态凝重，大小形制略同。南门外的石虎长2.75米，通高1.8米，虎足与石座连为一体，用一块整石透雕而成。南门外神道两侧有石刻列置，从南向北计有华表1对、犀牛1对。原尚排列有石人3尊，均属东列，皆面西，高2米多，身着长袍，双手持笏，文官模样，惜今已不存。按石刻分析，西侧当初也应有石人3尊。献陵石刻从总体上说浑厚质朴，造型刚毅，粗犷健壮。献陵华表与六朝陵墓神道柱之间，有明显的承续关系，可见其承前启后的过程。犀牛产于我国西南地区，它是作为域外贡品进献朝廷的。用犀牛作神道石刻形象，在历代皇陵中是罕见的。

献陵是模仿了汉陵修建的，其地宫构筑可能与汉陵类似。真实情况究竟如何，尚待将来地宫打开之后才有定论。

献陵陪葬墓集中分布于献陵的东和东北方向，陪葬墓区的范围东西4000米，南北1500米。据考古调查，陪葬墓共有30座，文献记载为25座，而根据最新的一份调查说有52座，疑其中有子孙附葬于此的。从陪葬者的身份来看，有宗亲和大臣，以宗亲为多。陪葬墓的封土大部分为圆形，只有一座是覆斗形，墓主是李凤，这是献陵众多陪葬墓中唯一被发掘的。李凤是高祖的第15子，墓葬形制由斜坡墓道、4个过洞、3个天井、甬道、8龛和墓室组成，墓内有星象图、建筑图、侍女图、牵驼图等。献陵的陪葬墓大体上继承了汉魏以来的制度，陪葬墓在封土形式和位置上与汉代相同。由于献陵是唐帝陵陪葬制度的开创时期，奠定了唐代陪陵制度的基础，之后的昭陵使这一制度更加完善和发展。

一些专门研究唐代陵墓的专家认为，唐高祖献陵为关中唐十八陵之首，其陵园建筑的规模，神道列置石仪的基调和设置陪葬墓的制度、形式，奠定了以后唐帝王陵园的营筑风格，特别对唐代堆土为陵的几个陵墓影响更大。

唐太宗昭陵之谜

西安城西北面的礼泉县，有一座突兀的山峰叫九嵕山，唐太宗李世民的昭陵就在这座山上。李世民是位杰出的政治家，他口口声声说要薄葬，难道是为了薄葬而将玄宫搬上了山？有人说因山为陵比堆土为陵更壮观，有人说葬在山中还可以防止盗掘。不管是什么原因，昭陵开辟了唐代帝王墓葬的一种新形式。

唐太宗李世民是唐高祖李渊的第二子，他为建立统一强大的唐王朝跃马征战，屡建战功。后来他发动"玄武门之变"，用武力逼迫高祖退位，自己当上了皇帝。李世民是一个比较有作为的帝王，在他当政期间，出现了历史上著名的"贞观之治"，为盛唐经济、文化的高度发展奠定了基础。

贞观九年安葬唐高祖后，唐太宗身患重病，累年不愈，长孙皇后虽"素有气疾"，还亲自侍奉陪伴，这时两人时常讨论死后的归宿问题。时过不久，唐太宗恢复健康而长孙皇后却每况愈下，她一再向太宗请求："妾生无益于人，不可以死害人，愿勿以丘垄劳费天下，但因山为坟，器用瓦木而已。"唐太宗为了满足她的要求，同时派出两路人马专卜山陵。一路由李淳风带领，另一路由魏徵带领，他们分头出发，各行其是，彼此不得交换意见。两路人马在关中各山峰间转悠，分别选出最佳的地方，暗自留下记号，回到京城。当长孙无忌前去查验时，两路人马均带了他来到九嵕山的山顶。长孙无忌吩咐取出各自留下的记号，发现魏徵插下的那根针恰恰插在李淳风埋下的那枚铜钱的方孔之中，于是九嵕山成了长孙皇后的墓地。贞观十年六月，长孙皇后病逝，唐太宗下令加紧建陵。同年十一月，长孙皇后正式葬于昭陵。

也有人认为，选择九嵕山作为陵址，与唐太宗个人爱好有关。唐王朝建国初期，李世民经常率军出征，他曾多次路过九嵕山，唐的统一大业完成后，他又经常在九嵕山一带畋猎，对这里的山川地貌不但熟悉，而且喜欢上了九嵕山。所以，当长孙皇后死后，他就下诏营建昭陵。

昭陵是选取九嵕山的峻峰凿山建陵，由此开创了唐代帝王"因山为陵"的先例。一些人认为这是李世民为了节俭，想薄葬。因为历代王朝厚葬之风甚盛，唐初也不例外，秘书监虞世南列举因山起坟的故事，劝谏唐太宗葬仪"务以俭约"。《唐会要》记述虞世南的上书说："自古及今，未有不亡之国，是无不掘之墓。变乱以来，汉氏诸陵，无不发掘，乃烧取玉柙金镂，骸骨并尽，岂不重痛哉！"这些劝谏引起了朝廷的注意。文德皇后临死时，曾遗言太宗，请"因山而葬"，"俭薄送终"。

也有人不同意这种观点，他们认为因山为陵主要是为了利用山岳雄伟形势。贞观十年（636）长孙皇后死后，唐太宗就开始营建昭陵，当时选取九嵕山险峰造陵，从山下到山腰的墓室之门，要经由"悬绝百仞"的栈道上才能到达，造成之后拆去栈道，显得孤耸回绝，雄浑巍然，更显帝王气魄，并且可以防止盗掘。事实上，昭陵建筑并非俭约，而是十分奢华。整个陵园方圆几十公里，气势壮观雄伟，是以往帝王陵园所无法比拟的。

唐太宗李世民

有人认为因山为陵的初衷主要是考虑死后的安全。中国古代人为了防盗想出了各种各样的墓葬方式，以山为陵从春秋时就已出现，只不过在唐代是普遍采用罢了。昭陵的形式改成因山为陵，无非是由于陵中随葬品丰厚，为防止有朝一日暴尸野外而采取的一种办法。太宗为文德皇后撰写的墓碑上是这样说的："王者以天下为家，何必物在陵中，乃为己有。今因九嵕山为陵，不藏金玉人马、器皿，皆用土木形具而已。"当时他极力宣扬薄葬，说薄葬可以使"奸盗息心，存没无累"，免得像汉朝诸陵一样被偷盗后尸骨无存，真实的目的一看就知道是为了防盗。

昭陵名称怎样来的？关于这个问题，文献上从未有过记载。有人根据古人死后给谥的原则进行分析，认为古代谥法中释"昭"字说："圣文周达曰昭，明德有功曰昭。"他们认为唐王朝是当时世界上政治、经济、文化最发达的国家，唐太宗是当时世界各国统治者中最富有生气和创见的政治家、军事家，没有人像他那样在各个方面树起辉煌和不朽的丰碑，所以唐太宗陵名是选择了一个歌功颂德寓意美好的字眼。

昭陵位于陕西省礼泉县东北22.5公里的九嵕山上，从贞观十年（636）开始营建，至贞观二十三年（649）李世民入葬方完成，历时13年，花费的人力、财力可想而知。

昭陵"因山为陵"，陵寝位于九嵕山南面山腰，居于整座陵园北部最高处，陪葬墓多集于山陵之南的辽阔地带。九嵕山是属于石灰岩质的石山，山势突兀，海拔1188米，南临关中平原，与太白、终南山诸峰遥相对峙。正南面和东西侧层峦起伏，沟壑纵横，愈加衬托出陵山主峰的孤耸回绝。加上泾水环绕其后，渭水映带其前，显得气势十分雄伟。陵墓的营造工程浩大，布置精心，建筑辉煌。唐代著名画家阎立本兄弟参与了墓室的设计。《唐会要》说，昭陵"因九嵕层峰，凿山南面，深七十五丈，为玄宫。缘山傍岩，架梁为栈道，悬绝百仞，绕山二百三十步，始达远宫门。顶上亦起游殿"。据文献记载，昭陵因山凿石为玄宫，从埏道至墓室深230米，前后安置了五道石门，规模宏大。墓道用3000多块大石块砌成，每块石头有两吨重，石与石之间相互铆住。五代时军阀温韬进入昭陵玄宫，说玄宫里"宫室制度闳丽，不异人间"。中间是停放棺椁的寝宫，东西两厢排列着石床，床上放着许多石函，里面装着殉葬品。其中的一个铁匣中，"悉藏前世图书、锺王笔迹，纸墨如新。韬悉取之，遂传人间"。昭陵地宫被盗的情况究竟何如，建国后政府曾进行过考查，但没有查到被盗的痕迹。看来昭陵玄宫还会留给人们一个不小的谜团，只有等到陵墓被发掘的那一天，才能最后见分晓。

整座陵园周长60公里，占地面积约200平方公里。陵寝四周城垣围绕，残存少量夯土地段。地面建筑分布在陵山的周围，北面有祭坛和玄武门，正南面有朱雀门和献殿，西南面有下宫。祭坛南高北低，南北长86.5米，东西宽53.5米，由5层台阶地组成，平面略呈梯形，墙基层台阶尚可辨认。由南往北，在南边3个台阶上，有寝殿、阁楼、东西庑、大门等建筑，中间司马道直通寝殿。在第四、第五个台阶地面上，除第五个台地尚存门阙遗址外，其余可能原来是空旷的场地。献殿残存面积约40平方米，殿址上曾出土1件鸱尾，高1.5米，底长1米，重150公斤，由此可推测献殿之高大。下宫遗址在陵西南，平面呈矩形，遗址面积东西宽237米，南北长334米，四周有墙基，墙基厚约3.5米。南墙和北墙中间有门址相对。垣墙内是一片平坦的夯层，厚3米至5米，建筑物比较集中，均已不存。

在昭陵的玄武门外有一个梯形的祭坛，祭坛陈列着14个少数民族酋长的石像，祭坛的东西庑殿中陈列着世界闻名的浮雕石刻六骏。唐太宗生前平定突厥，与吐蕃和亲，为中华民族的发展做出了贡献，深得各族人民的拥护。太宗死时，突厥阿史那社尔请求殉葬，于是高宗派人打制了这14个栩栩如生的少数民族酋长的石像，立在昭陵前。这14尊雕像是唐太宗时期良好民族关系的写照，可惜它们在清代乾隆以后大多被毁了。

"昭陵六骏"是驰名中外的浮雕艺术品，它们是李世民当年统一全国南征北战驰骋战场所骑的六匹战马，李世民为了纪念它们，将其雕刻在石屏之上。相传六骏的图形出自唐代著名画家阎立本之手，工匠们运用高超的技艺逼真地雕刻了这些形象。石屏的角上题有太宗的赞美诗，是由欧阳询书写的。石刻六骏原列置在玄武门内东西两庑殿内，骏马姿态神情各异，线条简洁有力，手法浑厚。"飒露紫"和"拳毛䯄"现存美国费城宾夕法尼亚大学博物馆，其余四骏保存在陕西省博物馆石刻艺术馆内。

唐代诗人杜甫曾经作诗描述了昭陵辉煌壮丽的景象，他的《重经昭陵》说："灵寝盘空曲，熊罴守翠微。再窥松柏路，还见五云飞。"形象地概括了昭陵雄伟的构建形式。

现存昭陵博物馆的昭陵碑碣有40余通，墓志20余合。这批碑刻以楷书居多，也有隶书、篆书和行草。欧阳询所书温彦博碑，褚遂良所书房玄龄碑，王知敬所书李靖碑，尉迟敬德墓志盖的飞白书等，其书法艺术早已蜚声中外。然而这些本该展示初唐书法艺术高水平的碑刻，却被破坏得很厉害，刻字的地方被砸成一个个坑，几乎没有一块碑文是完整的，这是为什么呢？

一些学者指出，这种破坏主要来自于清朝末年和民国初年的一些书商。据说当时一些有钱的书商勾结地方官府，拓了碑文，一张拓片能卖到两千两银子。为了抬高拓片的价格，他们拓过之后，把石碑上关键的字，如年月日、人名、地名等砸成坑，让后来的人再也拓不出完整的碑文。后来的书商再拓碑文，拓过之后，进一步破坏碑文上的字。这样，一批批的书商不断地拓碑文，碑文就遭到一次次的破坏，有的碑还被砸成几段，有的碑被砸倒在地，年长日久就被土埋没了。

　　唐陵陪葬墓以昭陵最多，现存167座。由于唐太宗开始营建昭陵时就定下了陪葬制度，允许大臣申请陪葬，而且这些大臣的子孙也可以随父、祖葬于昭陵。这样，以昭陵为中心，形成了一个庞大的陪葬墓群，向南辐射成扇面形状，列侍两侧。昭陵居高临下，陪葬墓左右分布，其中公主妃子的墓多数在山上。陪葬的有皇子、公主、名臣、名将、文人学士和兄弟民族将领，如魏徵、房玄龄、温彦博等。

　　昭陵的陪葬墓有4种类型。第一类是依山为墓，如魏徵墓和新城公主墓；第二类是覆斗形墓，如长乐公主和城阳公主墓等，墓前均存有石人、石羊、石虎、石望柱；第三类是圆锥形墓葬，此类陪葬墓所占比例最大，文武大臣们的陪葬墓大多是这种形制；第四类是像山形，如李靖墓和李勣墓等。李勣墓象征阴山、铁山、乌德鞬山，同样在墓前有石人、石虎、石羊、石碑，这种特殊形状的墓葬封土，是对有特殊功勋重臣的特殊奖赏。

　　昭陵陪葬墓已清理发掘的有李勣、张士贵、郑仁泰、阿史那忠、尉迟敬德、越王李贞、临川公主、长乐公主等10多座。张士贵墓等出土的彩绘陶俑群色彩鲜艳，姿态各异。郑仁泰墓出土的载运丝绸的驼俑，栩栩如生。昭陵陪葬墓中的壁画着色绚丽，布局谨严，以表现贵族生活的人物画为主，技法以线条与着色并重，在中国绘画史上占有重要地位。

唐高宗、武则天乾陵之谜

　　唐高宗和武则天的合葬墓乾陵是迄今保存得最完整的一座唐代帝王陵墓，因为墓室从没有被盗挖过，所以人们对其中可能出土大量精美的文物抱有极大的希望。乾陵前面的61尊少数民族和外国使者石像的身份到底是什么？石像的头是什么时候被砸掉的？

　　乾陵为关中十八陵中最有代表性的一座陵墓，是唐高宗李治和武则天的合葬墓，在西安市往西不到100公里的梁山北峰上。梁山位于陕西省乾县城北6公里，海拔1049米。

　　唐朝第三代皇帝高宗李治是唐太宗的儿子，晚年多病，风眩头重，目不能视，政事多出于皇后武则天。李治在位34年，死于弘道元年（683）十二月，

武则天

光宅元年（684）葬于乾陵。武则天在唐高宗后期就掌握了政权，高宗死后，她突破了太后临朝称制的惯例，先后废中宗、睿宗，登上了皇帝宝座，改国号为"周"，成为中国历史上第一个女皇帝。武则天死于神龙元年（705），次年五月葬于乾陵。从这里可以推测，乾陵的营建最晚是唐高宗死的那一年，即弘道元年，或者在更早的时间就已经开始了，至神龙元年基本完成建造工程。可以这样说，乾陵的建造至少经过了20多年的时间。

乾陵是陕西关中地区唐代帝王十八陵中保存得比较完整的一座，也是唐陵中具有代表性的皇陵。乾陵以山为陵，气势雄伟，规模宏大。两位皇帝的墓穴在北峰南麓穿山开凿而成，陵墓本来是一个圆锥形石灰质的山峰，蔚为壮观。梁山三峰耸立，最高的北峰为陵墓的主体，南面二峰较低，东西对峙，形成乾陵的天然门户。据说，在晴朗的天气，在此居高临下，能够望见古都长安。

乾陵陵址是武则天选择的，那么她选梁山的原因是什么？梁山是一座自然的山峰，究竟有哪些魅力吸引了武则天要把自己的丈夫葬在这里？一些人认为，这主要与梁山一带的优越自然条件和丰富的人文景观有关。古人十分重视丧葬，尤其重视陵墓位置和墓地布局，把陵区放在国都附近的北部或西北部便于当朝皇帝祭祀祖宗，也是为了祖宗的墓地更加安全可靠。武则天选择梁山，符合传统的丧葬观念，也符合唐太宗制定的因山为陵思想。其二，梁山优越的自然环境为营建乾陵提供了良好的客观条件。梁山一带自然环境优美，植被很多，森林茂密，景色宜人，土壤疏松，大部分是山坡地带，面南向阳，日照充足。其三，深厚的文化积淀，为梁山作为乾陵陵地营造了良好的文化氛围，组成了浓郁的区域文化，与自然景观和谐统一，相得益彰，坚定了武则天修建陵寝的决心。

乾陵的名字是怎样得来的？据史书说，683年12月，高宗李治死于洛阳的贞观殿，次年5月灵驾西返长安，8月葬于梁山，当时称为乾陵。因此乾陵之称最早出现于唐代，大概在684年武则天为高宗营建葬地时就确定了。一些人认为，乾陵的由来可能是因为高宗李治生前尊号称"天皇""天皇大帝""天皇大圣皇帝"，而《易经·说传》上称："乾，天也。"皇帝有天子之贵，所以埋葬天皇大帝的陵地自然就称天陵了。《八卦》有"乾为天，坤为地"的说法，即乾是天的雅称，所以乾陵就是天陵。也有人指出，这座陵园恰好地处长安的西北隅，如以长安为中心，这里正好是八卦的乾方位，故曰乾陵。而不同意者认为，这其实是一种方位上的偶合，不足为凭。他们指出，长安西北至东北方向还有17座唐陵，却再未见用八卦中的坎、艮、震等命名的情况。我国古代数百座皇帝陵，也均未有以八卦方位命名的例子，相反，以吉祥字眼命名的皇帝陵历代都有。

乾陵整座陵园"因山为陵"，占地面积约20余万亩。陵园原筑的宫殿、城墙早已不存在，但从地面遗物看，它们的轮廓还在。寝宫位于内城正中北部梁山山腰上，陵前建献殿。陵园设内城和外城，内城周围有城墙，西、北墙基各长1450米，东墙基长1582米，南墙基长1438米，总面积约230万平方米。墙基夯筑，宽2.1米至2.5米，四面各开一门。门址宽约27米。门前有2土阙，上存残木柱和柱眼，周围堆积大量瓦片、砖块、红烧土、石炭渣。从残存遗址看，门楼为三出阙土木结构，楼基和墩台均系夯筑，外用砖包砌，墩台上面建楼。城墙四角周围残存唐代瓦当、瓦片、砖块、石渣，西北城角和东北城角地基用条石砌筑，推测当年可能有角楼。神道在一条南北走向的岭脊上，北高南低，自岭下第一对土阙起至墓道入口长约4公里。唐德宗贞元十四年(798)整修乾陵时，曾建造房屋378间，可见当日乾陵的规模。

根据考古学家的勘察，乾陵墓道在陵墓的正南方，呈斜坡形，全长63.10米，宽3.9米。传说武后诏令凿山穿石营建玄宫时，工程虽然艰巨浩大，但唐国力强盛，只用了8个多月的时间，这座山洞式的玄宫便告落成。当高宗灵柩和各种礼仪祭器安放完毕后，墓道全部用巨型石条填砌，层叠于墓道口到墓门。石条是交错砌压的，石条之间平面用铁栓固定，又浇上铁汁，填石中不少刻有石匠姓名。武则天下葬时重新开启，但闭合时又是石填铁固。

乾陵墓葬究竟如何？因墓室至今未发掘，无法预见，但根据《七节碑》的记载，高宗临终时遗言，要把他生前所喜爱的书籍、书法墨宝等，都埋进墓中，这与唐昭陵相似。一些专家初步鉴定，乾陵没有被盗贼偷窃发掘过。唐末军阀温韬当时曾打算挖掘乾陵，据说因风雨太大，没有挖开。一些专家断言，就是现在要进行发掘，困难也是比较大的，因为石条之间十分紧密牢固，必须利用机械和热能，先将铁卡、铁杆、铁汁软化，才能顺利地将条桌面大的长方形石条完整地取出。可以这样说，等到将来乾陵地宫开启时，我们就会看到盛唐时期的许多珍贵的艺术品。

乾陵地面上保存着一批精美的大型石刻，它是唐代石刻艺术的精华。整个陵园现有石刻124件，除内城4门前各有1对石狮和北门有1对石马(原有3对)外，其余均集中在陵前神道两侧，由南而北，依山势对称排列：八棱柱华表1对，翼马1对，鸵鸟1对，石马5对，牵马石人3对，石人10对，石碑2座，少数民族和外国使臣60尊(原61尊，现缺1尊)。乾陵石刻在数量和题材上都是过去帝王陵墓所少见的，整个组合气魄雄伟。雕刻用线雕、半浮雕和浮雕相结合的传统手法，吸收西亚、希腊的艺术风格加以创作而成。

乾陵61尊石像分东西两组，西侧为32尊，东侧为29尊，石人与真人一样大小。他们有的穿紧袖衣服，有的腰束宽带，有的披发左衽，足蹬皮靴，两手前拱似祈祷，整齐排列在陵前，既是对唐朝皇帝恭谨称臣的反映，也是他们归命中央、侍卫宫阙的缩影。这些石人的头部绝大多数早已被毁，现只有西列两尊有头，高鼻深目，显然系西域或中亚细亚人，有的石人背部还刻有国名、官职和姓名。

对这61尊石像，人们有不同的看法。

问题之一，这些石像的原型是什么人？一般人认为，这些石像反映了唐朝国力强盛，与边疆各族和中亚细亚各国友好往来十分频繁。武则天将参加唐高宗葬礼的少数民族首领和外国特使们，刻成这61尊王宾石人像列于陵前。也有人进行了考证，认为这种说法是误解，不符合当年立这批石像的历史背景和石像自身的文字记载。这批石像大约建成于武则天去世前后，初建时，每个石像背部均镌刻有姓氏、职官、族别和属国等文字，表明他们是来自不同民族、不同地区。但这些文字经过一千多年的风雨侵蚀！大都漫灭不清了，只有7尊石像上有残存文字，还可以识读。宋朝时有一位叫游师雄的官员，他曾经考察过这些石像背部的文字并做了记录，其中有35尊石像可以弄清他们的身份。这些人按所属国别和地区，可分为6类，如唐安北都护府下的回纥诸部都督；来自安西都护府属下葱岭以东的各族首领、都督；来自唐北庭大都护府属下西突厥地区的都护、都督和吐谷浑的首领等。他们中真正的客使和侨居长安的王宾不过五六人，绝大多数是唐王朝属下的各族官员或质居长安的诸属国国王、王子，其中又大多是唐朝的大将军、十二卫将军，同时受命兼任唐边疆地区的地方行政长官，官品一般都在三品以上，有的甚至官居一品。弄清这些石像的身份，可以说破译了一个千古疑谜，说明唐王朝的辖地在北面到达了叶尼什湖与额尔齐斯河流域，西到碎叶河以西的千泉、康、石诸国。

一些学者指出，高宗、武后朝的民族关系、边疆开拓的新发展，开始于唐太宗统治时期。贞观年间，唐朝廷就与东西突厥、回纥、吐谷浑、西域各族保持着紧密的联系，而将这种联系发展为行政上的全面隶属关系则是在高宗、武后时期。所以，唐太宗的昭陵只立了14尊蕃臣像，而乾陵则立了61尊。这些石人是唐朝多民族国家形成的一个历史见证。

也有人认为，从乾陵石人紧袖阔裾、束腰着靴的服饰和双足并立、两手前拱的姿态来看，他们直接效法于唐太宗昭陵。高宗死后，武则天也仿昭陵制度，在陵园朱雀门前东、西两侧，树立为高宗、武则天朝侍立过"轩禁"的诸蕃臣酋长石像61尊，并背刻其官职姓名，明显地表示侍卫宫阙，如生前之仪卫的性质，很明显乾陵石人像有着向后世夸耀，以宣扬高宗、武则天朝国威之意。61位石人中，现能考出衔名的只有36人。从36人的衔名来看，这些石人并非参加高宗葬礼者，而是唐王朝属下的各族官员，或是边境地方官员和少数民族首领。在36个衔名中，约有十余个开头冠有"故"字，说明他们在立像乾陵时已经亡故，他们不可能来参加高宗或武则天入葬仪式的。

问题之二，石人的头什么时候被砸掉的？营建乾陵时，石像肯定是完整无缺的，从石像的脖子上也可以看出头被砸掉的痕迹。但直到现在，也无人能说清是什么人、在什么年代、为什么将石像的头颅砸掉。有人认为是八国联军侵华时，见唐陵前立有外国使臣，感到有辱洋人的脸面，所以把石人头全部砍掉了。但实际上八国联军侵华时并未到过陵地，这种说法有待商榷。有人认为砸头是在明朝末年，当时瘟疫袭击乾县，病死的百姓不计其数。当地老百姓认为，瘟疫的来源可能是乾陵中的这些少数民族首领和洋人在作怪，因而群起将这些石像的头都搬了家。明朝人李梦阳在关于乾陵的一首诗中则是另一种说法。他认为陵旁的石人在没有太阳的时候变成妖怪出外作怪，路上行人吓得没有了人影。妖怪践踏田禾，吃掉牲口，老百姓用锄头将这些石人头全部砸掉。这一说法虽然也不可信，但至少说明这些头在明代以前就已经没有。

石人像之后有石碑两通，东面是武则天为自己立的无字碑。为什么要立无字碑，也是乾陵一个大疑谜。有人说，这是武则天认为自己功高德天，难以用文字表示。也有人说，武则天遗言，功过由后人评说，因而一字不刻。宋金以后，一些游人在上面题字，当初的无字碑变成了有字碑。可惜，刻满字的碑竟因千年风霜雪雨侵蚀，字迹已难辨认。唯有金代天会年间，用女真文刻的《大金皇帝都统经略郎君行纪》，旁边附有汉字译文，尚可以辨认。女真文现在已绝迹，这些文字是研究女真文和中国少数民族文化的珍贵资料。有人赞叹说："没字碑头镌字满，谁人能识古坤元？"

西边为述圣记碑，碑共七节，所以又称七节碑。碑高6.3米，宽1.86米。碑文为武则天撰写，唐中宗李显书，主要内容是歌颂唐高宗的文治武功，共计约8000余字，上面填以金屑，当年的陵园可谓金光闪闪。据说这样做目的是为了光耀千秋。一些专家指出，唐高宗李治在政治上不过是个守成的平庸皇帝，他在位34年，并无特别的光辉政绩可言。他统治前期，承袭了太宗朝的国威，基本上维持着"贞观之治"开创的安定局面。在他统治的后25年，由于头风病时发，委政于武后，因此述圣记碑上免不了有许多溢美之辞。

乾陵周围约80华里，分布着许多陪葬墓，集中在陵园东南的陪葬墓有17座，已发掘的有永泰公主、章怀太子、懿德太子、薛元超、李谨行等5座。这几座墓的内部结构基本相同。地面建有覆斗形坟丘、方形围墙、土阙，前有神道及石刻遗物。地下由墓道、过洞天井、前后甬道、前后室等组成，石棺椁位于后室。墓道过洞为土构，甬道和墓室为砖构。墓壁满绘壁画，墓道绘出行图，墓室绘宫廷生活图，墓顶绘天象图。图画线条流畅，形象生动。棺椁形制相同，系用青石板组成房屋式样，椁内外均雕人物、动植物线刻图。

这几座墓虽然都被盗过，但仍然出土有大量的三彩陶俑，有武士、文臣、男女侍从、伎乐、骑马、牵马、马、骆驼俑及镇墓兽等，还有各种用器和家禽模型。人俑神态、披戴各不相同，有的吹笛，有的纵马扬鞭。出土的三彩俑光泽如新，造型精致，纹饰奇特。

乾陵无论是地面的建筑石刻，还是地下墓穴施工以及整个陵园规划设想，都充分显示出中国古代劳动人民的聪明才智，雕刻艺术的精湛技巧，代表了唐代高度的文化与科学技术水平。墓室内的文物珍宝肯定异常丰富，一旦发掘出来，必将大开人们的眼界。

乾陵无字碑之谜

武则天死后，葬在唐高宗的乾陵中。这位中国唯一的女皇帝，死后也要表示出自己高人一等的智慧，在墓前立了一块"无字碑"，留给后人无限的想象空间。武则天为什么要这样做，其真实的原因是什么？

神龙元年（705）十一月，中国历史上唯一的女皇武则天在洛阳上阳宫凄凉地死去。第二年，她的灵柩被运到长安西80公里的梁山，和唐高宗合葬在一起。

乾陵以山为陵，将整座梁山建成了一个巨大的陵园。梁山三峰耸立，就好像武则天仰卧于大地，北峰为其头，南面双峰峰顶因为有15米高的土阙，远远望去恰似乳房。有人认为，只要一看到梁山三峰，就会使人感受到武则天的威严和非凡无处不在。置身于三峰之间，你仿佛就面对着这位刚烈女性，被她张扬的性格和媚丽的姿色包围，对她既萌生出肃然起敬的感觉，又产生无限的联想。传说武则天希望自己死后能头枕梁山，脚蹬渭河，卧望长安，看来她的选择是很有眼光的。

梁山三峰由一条南北走向的高岭相连，高岭之巅便是长长的墓道。墓道两旁，124件石刻对称排列，以其独特精美的造型，点缀着陵园的自然风光，与山陵默契相合，创造出一种神圣、庄严、肃穆的气氛，给人以心灵上的震撼。在朱雀门阙楼遗址南边的地势宽阔处，墓道西侧矗立着武则天追记高宗文治武功的纪念碑——述圣记碑。全碑七节，高6米多，全文8000多字，武后撰文，中宗书写，字面填以金屑，光泽艳丽。墓道东侧的无字碑是武则天的纪念碑，碑高与述圣记碑相同，整石雕成，重量达100吨。碑头九条蟠龙盘绕，两侧线刻云龙纹。碑座的正面是一幅狮马图，马屈蹄俯首，雄狮威严挺立，雕刻之精细，为历代墓碑罕见。

令人感到奇怪的是，这块碑上只字未刻，这在中国历代是十分少见的，有人称为是千年难解之谜。今天，我们在乾陵参观时看到碑上隐约可见的文字，是宋金以后游人在上面的题识，使无字碑成了有字碑。那么，武则天在立碑时为什么一反传统不刻一字，其用意是什么？

有人指出，武则天自认为她在位时，扶植寒弱，打击豪门，发展科举，奖励农桑，继贞观之治，启开元全盛，政绩斐然，彪炳史册。碑上不刻一字，是为了夸耀自己功德高大，不能用文字来表达，这主要是取《论语》"民无

乾陵无字碑

德而称焉"之意。武则天从655年被册立为皇后，660年高宗将政事让给她裁决，直至705年中宗复位，前后掌握国家大权几十年。她突破太后临朝称制的惯例，称孤道寡，主宰天下。由于她的非凡才能，唐太宗开创的贞观之治得以延续。她坚持中央集权，继续推行法治，开创殿试制度，加强和改善与边疆各少数民族的关系，发展农业生产，维护了唐王朝的统一和强盛。武则天维持了贞观以来国家经济向前发展的态势，为唐玄宗开元之治打下了十分重要的基础。这样说来，武则天的确是功高德大，不是很容易能用文字表达清楚的。所以一些人认为武则天以女子称帝，创前代未有之奇局，可与秦始皇相匹敌。秦始皇曾造无字碑以颂其德，武则天仿而效之，故有此碑。

反对者认为，武则天既然给自己的丈夫唐高宗立碑作传，歌颂他的政绩，轮到自己却不是这样做，显然很不符合她的风格。她是个敢做敢讲、好大喜功的人，不可能不用文字宣传自己的政绩。她在暮年就为自己立过"大周万国颂德天枢"碑来歌颂自己，为何在临终前认为自己功高莫名，非文字可述？也有人说，武则天仿秦始皇立无字碑，那她应该像秦始皇一样将碑立到泰山而不应树诸墓地。何况武则天葬乾陵是她死后才决定的，她怎么会将自己的功德碑提前立于乾陵的观阙前？

与上述相近的一种观点认为，无字碑不可能是武则天生前为自己立的。乾陵开始就是为唐高宗修建的，而不是营造的合葬墓。683年，唐高宗崩于洛阳，是葬于洛阳还是长安，曾发生了一场争论。最后武则天认为，李唐祖陵在关中，埋在洛阳不妥，决定埋在乾县西北的梁山，然后用了不到12个月建成。武则天崩时，是否合葬也发生了争论，有人主张合葬，有人坚决反对。这说明武则天生前并不知道她死后会合葬，她怎么会为自己立无字碑于乾陵？据宋敏求《长安图志》说，无字碑是于阗国所进，清王昶《金石萃编》也两次谈到这块碑是于阗国所进。于阗国离长安数千里，所进碑当然不可能从于阗运来，而是就地取材凿成。碑上为何无字，大概当时感到皇帝至尊，德高功大，非一般人用文字所能写尽的。

还有一种观点认为，碑不是立于武氏生前，而是她死后合葬乾陵时立的，其用意是歌颂武氏而暗示诛贬。武则天是否合葬乾陵，朝中大臣们有不同看法，但李唐皇室认为还是以合葬为好，说明李唐皇室对武氏的尊崇和爱护，李唐皇室是不会树碑贬武的，他们当时不可能一方面坚持将武则天合葬乾陵，另一方面又为她树立一块暗含贬意或隐示其"千秋功罪留待后人评说"的无字碑。中宗之后，睿宗、玄宗、肃宗等相继代立，他们都是武氏的直系子孙，也不可能这样做。所以，这块与《述圣纪碑》相对而立的无字碑，是为武则天歌功颂德而立的。武则天与唐高宗并称"二圣"，死后谥为"大圣则天皇后"，这个尊号把她推崇到登峰造极的地位。在李唐皇室看来，武氏媲美唐尧，允称则天，当其合葬时，当然要为之歌功颂德，因为找不到恰当的词语来赞美，于是只好为她树立一块周围雕刻有十分精美的龙纹图案的无字碑。

另有一种说法认为，武则天之所以立无字碑，是因为她知道自己执政时篡权改制，滥杀无辜，荒淫无道，罪孽深重，无颜为自己立传，感到还是不写文字为好，以免落个话柄在后人手里。持这种观点的学者有岑仲勉、吕思勉等隋唐史专家。他们根据宋代著名学者朱熹的《通鉴纲目》和欧阳修的《新唐书》等史籍，认为武则天"即使撇去私德不论，总观其在位廿一年实际，无丝毫政绩可记"，对武则天执政时期的政策基本上全部予以否定。他们认为，武则天以非常手段骗得高宗信任，从才人爬上皇后高位，最后窃取皇位，无论是唐朝人还是后代人，这都是无法接受的。掌握政权后，武则天培养自己的党羽，任用酷吏，实行告密和滥杀政策，大量铲除异己。吕思勉在其两卷本《隋唐五代史》中，把武则天说成是"暴君"，说她"使滥刑，任酷吏"，所谓"识人才"也是她拉帮结伙，结党营私而已。在武则天当政时期，唐朝的社会经济并不见得有什么发展，实际上当时是处在一个马鞍形曲线的底部。就在武则天期间，安西四镇一度不保被夺，危害了国家的统一。因此武则天是无法为自己立传的，她只能以无字碑为后世定基调。不过这种说法有很多人并不赞同，他们认为如果武则天无颜为自己立传，那么她干脆不立碑岂不是更好。

反对者认为，史书上有关武则天晚年的材料很多，但没有临终前她自己觉得难为情的记录。武则天生前为自己的父母和自己都曾立过碑，她不会到了临终前突然改变风格。武则天为李治立了述圣记碑，并且亲自撰文称颂他的功绩，如果无字碑一立却感到无颜为自己立传，那她不是在贬低高宗吗？

还有一种说法认为，武则天是个聪明过人的女人，她既不想自吹自擂，但又不甘心无声无息，她立了无字碑，想让自己的功过由后人去评述，据说这也是武则天临死前的遗言。这种说法郭沫若首先提出。持这种说法的学者，在前人研究的基础上，有的从解放后乾陵发掘的义物中考证究源。他们认为武则天执政时期有骄人的成绩，不但经济上承继了唐太宗时的发展趋势，而且在用人上不拘一格，为后人赞叹不已。另一方面，她为了巩固自己的地位，滥杀无辜、崇信佛教、奢侈浪费，形成了以自己为中心的一个统治集团。武则天后期，随着年龄的增大，她被迫还政于唐中宗。武则天是个聪明人，立无字碑立得聪明，功过是非，让后人去评论，这是最好的办法。自知死后人们对她会有各种各样的评价，碑文写好写坏都是件很难的事情，干脆就立一块无字碑，留给后人去评说自己。学者胡戟在《我国历史上惟一的女皇帝武则天》一文中指出："这座闻名于世的无字碑栉风沐雨，千余年来，昂然挺立，它似乎象征着武则天对自己一生事业的信心，是有意留下空白，任凭世人评说吧！"

此外一部分学者认为，碑是唐中宗李显所立，但撰写碑语时犯了难，称武则天是"皇帝""母后"好，还是称"大圣则天皇后"好，群臣意见也不统一，所以最后只好不了了之。不过也有人认为这种观点仅是猜测而已。武则天死后中宗就谥号"大圣则天皇后"，唐中宗如果用此称号写碑文可谓名正言顺，有什么不好称呼的？

有少数人认为，武则天才智过人，很喜欢标新立异，她造怪字，信佛教，宠幸男人，她做的往往都是历史上少见的事情。死后，她也要标新立异，立一块无字碑让后人摸不着头脑，以显示她过人一等的智慧。

有人提出，立无字碑其实是武则天寄残梦于黄泉。她登上皇帝位后，一直在想大周帝世如何能保得住、传下去，遂决意立武姓子侄为太子，先想立武承嗣，后想立武三思。张柬之等发动政变，把她拉下马而拥戴中宗李显后，天下又归李姓，而武则天内心不服输。此时她如果回心转意与旧我决裂，应该去帝号为李家妇，就不会去立一块什么碑。可武则天偏偏留下了一块无字碑，这表露出她遗恨人间死不瞑目的无奈心态，等待着一旦武三思夺权成功，无字碑刻上大周开国皇帝武则天的字样，为她的一生画上一个完美无憾的句号。无字碑表明她走向黄泉时依然做着皇权残梦。

还有一种观点说，无字碑是对清高者的美誉，这在唐代是一种风尚。唐代士大夫普遍崇尚清介，被看作是人的一种美德。由于世人重无字碑，所以武则天借此自喻，这不仅符合唐代崇尚清介的风尚，同时也与武则天标新立异的性格相吻合。

有人认为，乾陵无字碑不是武则天预先为自己准备的功德碑，各种关于无字碑的猜测都是没有根据的。唐代帝陵没有为帝、后立碑之礼，乾陵的《无字碑》及其西侧的述圣记碑都不是碑。无字碑是"祖"，述圣记碑是"社"。无字碑是唐朝皇帝的祖宗牌位，祖代表宗庙，当然不写文字。由于无字碑在左，述圣记碑在右，与古代的"左祖右社"相类似。反对者认为"左祖右社"并非陵墓碑石，持此说者是误解了"左祖右社"的含义。而且唐代有帝陵立碑的制度，唐十八陵中有三陵立碑，昭陵之前就有唐太宗为文德皇后所立的昭陵刻石。述圣记碑的内容完全是为高宗歌功颂德的，没有一点关于社坛的内容。如果一定要说述圣记碑是"右社"，那么唐中宗定陵的无字碑在神道的右边，不是占了"社"的位置吗？而又不见"社"，这作何解释呢？

有人认为，无字碑无字可能是中宗感到为难，或与当时局势动荡有关。武则天生前已为自己立了"大周万国颂德天枢"碑，绝不可能再为自己树碑立传，这块碑是武则天死后由嗣皇帝立的，中宗亲眼目睹了武后一朝的严酷现象，对自己母亲的所作所为该怎样评价？"颂德"吧，无德可颂；"述恶"吧，与孝道不合，这让中宗太为难了。况且当时朝中武则天的党羽为数不少，中宗还得考虑个人的安危和政权的巩固，立碑而不铭一字，恐怕是中宗左右为难的一个万全之策了。武则天死后，李唐皇室争斗频繁激烈，在7年的内争中，也有可能将撰写碑文、刻碑之事搁置一旁无暇顾及，或因中宗的早死，睿宗的昏庸而无能为文之故。因此无字碑的出现恐怕与动荡的局势，中宗、睿宗的修养、态度及别的一些个人因素有关。但也有人反对这种观点，认为既然如此，中宗为何不将此碑撤去，而让一块尚待刻字的碑长树陵前，惹人讥笑，这对李唐皇室的子孙们并没有什么光彩。

有人认为碑文藏于地宫里。依据是无字碑的阳面，从上到下布满了4×5厘米见方的格子。这些格子绝对不是后人刻上去的，只有一种可能，那就是当初立碑时准备往上面刻字，而且已经写好了碑文。根据留在碑面上的格子计算，碑文约3300字。至于没有刻字的原因，主要和当时的形势有关。中宗李显虽是武则天的亲生儿子，却长期在武则天的淫威下惶恐度日，重登皇位后虽然不能公开发泄对母亲的憎恨，但实在也讲不出对她歌功颂德的好话，只好干脆不说不刻，为武则天留下一块无字碑。武则天在世时撰写的碑文极有可能埋藏在乾陵的地宫里。反对者认为述圣记碑刻有8000多字，同为帝后，左右相望，字数差一半左右，显然是讲不通的。

此外，还有人说无字碑是陵墓的装饰之物。

以上这些观点，究竟哪一个更符合当时的实际？这真是一个难题。女皇陵前的一块无字碑，留给后人无限的想象。

唐中宗定陵之谜

定陵是中宗李显的陵墓，位于751米高的凤凰山上。这是一座独立的山体，以北部半圆形山顶为中心，向东西两侧和南边伸出5条放射状的山梁。隆起的中梁形似凤头，其东西两翼双梁对峙，两条山梁恰成陵园东西墙垣的天然基座，展现出浑然天成的凝聚之气和昂扬之势，这与乾陵的卜陵堪舆旨趣有着明显的不同。

定陵是中宗李显的陵墓，位于陕西省富平县宫里乡狮子窝村北，南距县城13公里，在关中唐十八陵序列中居第四位。李显是武则天第三子，显庆元年（656）被封为太子。唐高宗死，李显即位，仅仅55天就被武则天赶下了台，封为庐陵王。继而武则天第四子李旦上台，当了5年多的傀儡皇帝，就把皇位拱手交给了武则天。武则天晚年，李显奉诏回东都洛阳，复立为太子。神龙元年（705），武则天病重，宰相张柬之等拥立李显复位。李显回到长安，复国号为唐，但他懦弱无能，专宠皇后韦氏，再度造成皇后干政的现象。710年，韦后与武氏势力相勾结，中宗被韦后毒死，李旦再次上台。这年9月，百官给已故皇帝李显谥号曰"孝和皇帝"。当年11月2日，经过不满5个月的紧张施工兴建，陵墓大体完成，李显正式下葬定陵，庙号"中宗"。早年被幽闭致死的赵妃，因初葬地难寻，追谥和思皇后，此时行招魂祔葬之礼，与中宗合葬于定陵。被诛杀的韦后因为不宜与中宗一起葬入定陵，另择地安葬。

定陵位于751米高的凤凰山上。凤凰山由3个黛色石岩山峰连缀而成，在山峰的后面围绕着一道半圆形山梁，东西两端各连一峰，中峰恰巧从山梁正中伸出，像一只飞翔的凤凰，山因此而得名。定陵坐北朝南，居高临下，玄宫凿建于山的南麓。陵园以一周顺山势起伏的土质夯筑城垣围成，平面近似方形，东西长1500米，南北长约1750米。四面中部各辟一门，以四神命名，门外各置石狮1对，筑阙台1对。城垣四角各建角楼一座，东南和西南角楼基址至今仍在，残高1.5米。地宫羡道开凿于东西神门连线和南北神门连线的交叉点附近的地面上，羡道用青石条叠砌封闭，石条之间使用铁栓板套接，而且用铅水灌缝。

定陵朱雀门石狮

南门外是神道，共长623米，其南端筑乳台1对，再往南约2240米处筑鹊台1对。神道自南至北依次排列华表、翼马各1对，仗马3对，翁仲10对，蕃民石像及立狮各1对、无字碑一通。整个陵区石刻在20世纪60年代初还存近40多件，但在六七十年代都被毁，现仅存南门外石狮1件，石人1对，北神门外存石狮1件，另在门阙址北数十米处，有残仗马2件，东神门外有残石狮1件。

定陵的下宫位于陵园南偏东2公里处的杜家村一带，地面建筑均成废墟。通常唐陵下宫多位于陵山脚下西南处，而定陵下宫位置偏东南，有关专家推测，可能与避定陵西南方的北周文帝成陵有关，是否确切，尚待深入探讨。

关于定陵的陵山选择，有学者认为与乾陵一样是因山为陵，但发生了较大的不同。定陵所在的凤凰山，是一座独立的山体，以北部半圆形山顶为中心，向东西两侧和南边伸出5条放射状的山梁，其中向南伸出的左、中、右3条梁大体平行南延，隆起的中梁形似凤头，其东西两翼双梁对峙，两条山梁恰成陵园东西墙垣的天然基座，展现出浑然天成的凝聚之气和昂扬之势，这与乾陵的卜陵堪舆旨趣有着明显的不同。

定陵以前的因山为陵，一般是利用相对独立的孤山山体的自然形势，以主峰为屏蔽，于山腰南侧的斜面上开凿羡道和玄宫，居高临下，南面山脚下为一望无际的平川沃野。如乾陵选择陵址时，肯定是根据了《天元房录葬法》之类的葬书，极为讲究风水和葬法。乾陵的陵园玄宫由所在的主峰和南侧双乳峰构成，中间由一条马鞍形山梁连接，以此作为神道，双乳峰恰好成为陵园主体南部的天然门阙。这样的依山为陵，主要讲求周边环境俯瞰八极的开放性，孤耸的陵山还寻求一种南面可作呼应的天然门阙。而定陵就不同了，表现出一种选择陵址的新旨趣，即玄宫所在的山峰后部沿左右两侧向南伸出岔梁，直至陵园南神墙两端附近，使陵园形成一种天然的闭锁性空间。也就是说，左右山势连贯，有辅翼环抱之势，在周边环境上与乾陵一样追求一种可远眺终南，俯视川原的开放性景观，而山陵陵体自身则又寻求一种具有自然屏蔽和两翼环抱效果的封闭性和神秘性空间。

为什么会出现这样一种情况，今人不得而知。有人认为与南朝陵墓的山陵形态有一定的渊源关系，也有人认为与李唐复祚后的心态转换有关。不过自定陵选择陵址的模式出现后，唐代以山为陵的各陵大都遵循了这种方式，形成了十分明确制度化的堪舆准则。

定陵的陪葬墓分布于陵东南几公里一带，原有封土15座，大部分为圆丘形和覆斗形两种，个别为双连冢，现尚存10座，可确定身份者仅中宗第三子李重俊一座。定陵到底有多少陪葬墓，各书记载不一。根据《旧唐书》记载，陪葬者主要有王妃赵氏、节愍太子李重俊、宜城公主、长宁公主、成安公主、定安公主、永寿公主、驸马韦铍和驸马王同皎等人，这些人都是中宗的子女和女婿等皇族成员。与之前帝陵不同的是，昭、乾陵陪葬墓中有许多是功臣密戚，而定陵中连功臣的影子也不见了，全是皇家人员。《旧唐书》卷92记载中宗宠臣魏元忠死后陪葬定陵，这是一个特例，但不知15座封土中哪一座是他的。

相对唐代前期的几座帝陵来说，定陵多少带来了一丝新的气象，并对以后的唐陵产生了一定的影响。

唐玄宗泰陵之谜

迤逦起伏的金粟山是唐玄宗泰陵所在地，神异的翼马和石刻群向世人夸示威烈，仪卫亡灵，气势宏大、庄严、冷峻，给人以无情震慑。然而石刻群冷峻的背后又透出墓主人无奈的悲凉，泰陵只有一个老宦官忠实地相陪。与自己的祖宗相比，唐玄宗只能伤感地躺在冰冷的地下玄宫中。

李隆基是睿宗的第三个儿子、唐太宗李世民的重孙，因为在"韦后之乱"中拥睿宗复位有功，被封为太子。后来又逼迫睿宗禅位，登上了皇帝的宝座。玄宗即位之初，太平公主把持朝政，他为了加强皇权，先发制人，杀死太平公主，结束了武则天以来的一连串宫廷政变。从28岁登位开始，在位共44年。在他统治期间，推行了一系列政治改革，任贤纳谏，励精图治，唐朝政治、经济有了空前的发展，出现了"开元盛世"的局面。后期朝政日趋腐败，他整日迷恋声色犬马，穷奢极欲，任用奸臣，终于酿成了"安史之乱"。潼关失守后，他仓皇逃蜀。次年，太子在灵武即位，他被尊为太上皇。宝应元年（762），78岁的玄宗死于长安神龙殿，第二年葬在泰陵。

唐代帝王中，生前为自己选择陵址的仅有二人，一位是唐太宗，另一位就是唐明皇李隆基。生前为自己定下陵址，肯定是看到了好地方。据两《唐书》记载，开元十七年（729），唐玄宗去拜谒睿宗桥陵，远望东北天空中白雾冲天，似有一条巨龙正在腾飞，他内心十分高兴，随即一路往前走到巨龙腾飞的地方。至金粟山，目睹岗峦像龙盘凤翔的模样，便对左右侍臣说："朕千秋后，宜葬此地。"开元十八年，正式动工建陵，至广德元年（763）竣工，

唐玄宗李隆基

长达33年之久。

泰陵位于陕西省蒲城县东北约15公里处的金粟山上。金粟山，海拔819米，系青石结构山脉。山上峰峦奇特，远望如巨龙蜿蜒，近看像凤凰展翅。泰陵包括整座金粟山，因为建陵时是开元盛世，唐朝国力很强，因而规模很大，整个陵园周围达38公里。

陵园建筑大体与乾陵相同，只是规模不如乾陵宏大。泰陵以山为陵，在山腹开凿了地下玄宫，整座金粟山就是陵墓，高大雄伟，气势辉煌。以玄宫为中心，在山的四周筑了三重城墙，从里至外依次为皇城、内城和外城。每城四面各开一门，每门两侧皆有门阙和石雕。陵园内松柏苍翠，幽雅恬静。地面建筑主要有享殿、献殿、下宫、行宫、钟鼓楼和城阙楼等，依次沿山坡而下，衬托出泰陵的雄姿。

泰陵地宫情况至今仍是一个谜。有关专家从一些史书简略的记载中推测，泰陵地宫墓道呈斜坡形，由数千块石条堵塞并灌以铁水，卡以铁拴板，坚不可摧。玄宫内宏丽不异人间，上有日月星辰，下有山川河流。玄宫内除梓宫外，还有王缙为李隆基撰写的哀册、文碑以及名家墨迹、金银饰品、珠宝明器和唐明皇的120套玉匣等大量珍贵的陪葬品。杜甫有一首《洞房》诗，对唐明皇泰陵玄宫作了较为含蓄的暗示。诗是这样的："洞房环佩冷，玉殿起秋风。秦地应新月，龙池满旧宫。系舟今夜远，清漏往时同。万里黄山北，园陵白露中。"也有人提出，杜甫最多是听到传闻而已，因为他并不在现场，不可能很清楚玄宫内的情景。再说即使真知情，他有胆量到处乱说吗？看来地宫是否真如一些史书描绘的那样，只有等到打开的那一天才能见分晓。

泰陵石雕现存70余件，体积庞大，重愈几吨乃至几十吨，雕刻极其精美。石雕以南门地区最为集中。在南门宽阔漫长的御道两侧，整齐地由南向北排列着两行石雕，依次为华表1对、天马1对、鸵鸟1对、战马及牵马人5对、翁仲10对、石蹲狮1对。另外，在石狮之北献殿前，原有8尊石美女的雕像，取"八女舞于庭"之意，现已残损。其他三门皆有1对石蹲狮，北门（玄武门）外又有石马及牵马人3对。

泰陵的石翁仲十分特别，一改以前唐帝陵翁仲一律为直阁将军的模式，首次将文臣武将分行排列，左文右武，文持圭，武拄剑，完全以唐明皇临朝的格局出现。而且武将多为胡将，雕刻有哥舒翰、高仙芝等胡将的形象，反映出唐玄宗时的用人特征。

泰陵石雕继承和发展了汉魏石雕取神、南北朝石雕重形两大特点，并参照以前唐帝陵石雕的雕刻技法，融浮雕、圆雕为一体，神态逼真，艺术风格臻于成熟。乾陵、桥陵的石雕庞大而比例失调，而泰陵石雕体态略小，比例匀称，是盛唐石雕艺术的瑰丽珍宝。

与唐玄宗共同葬在泰陵中的不是杨贵妃，而是唐肃宗的生母杨良媛，这多少有点令人意外。杨良媛，史称"姿色冠代，温柔敦厚"。开元十七年卒，葬于长安细柳原。唐肃宗登基后，唐玄宗以太上皇的名义追册杨良媛为元献皇后，宝应元年招魂祔葬泰陵。

泰陵东南约1.5公里处，有一座高大的墓冢，它是泰陵的唯一陪葬墓，墓主人是内侍高力士。唐玄宗为一代风流天子，在位44年，活到78岁，后妃如云，宰臣将相如雨，共生下30个儿子，29个女儿，但死后仅一座陪葬墓，这是为什么？唐高祖李渊献陵有陪葬墓67座，太宗李世民昭陵有陪葬墓167座，高宗乾陵有陪葬墓17座，睿宗桥陵有陪葬墓15座。与唐玄宗相比，以前的帝王们还存留着当年的至尊王气，在众星捧月般的陪葬墓群里享受着天伦之乐，叙述着君臣之情，而泰陵仅高力士一个老头陪葬，唐玄宗岂不是太寂寞了吗？难道仅仅因为死前是太上皇而大臣们不愿陪葬吗？

历史学界有人指出，唐玄宗经历了"开元盛世"至"安史之乱"，深刻地体会到人间的冷暖和世态的炎凉，他感到一生中真正与他荣辱与共、患难相依的只有高力士一人，于是遗诏中只让高力士一人陪葬。果真这样，唐玄宗的结局的确是十分凄凉的。也有人从唐玄宗开元初的发奋勤勉谈到他天宝时的声色脂粉，认为他的可悲之处在于丢皇帝前，早丢了人心。软禁在宫内当太上皇的两年，堂堂的大唐天下，和他共同患难的只有高力士一人，"从龙文武几人在，丹心事主惟高公"。君臣二人只能这样默默相对了。

钱镠陵墓之谜

今浙江临安县城内有个钱王陵公园，当年的武肃王钱镠就安息于此。作为一个重要的帝王陵墓，钱王陵受到了千万后人的瞻仰。然而有一个问题不可回避，钱镠真的埋在这里吗？有人根据古书认为，太庙山不过是个衣冠冢而已。

唐末战乱，各地军阀纷纷割地自据。今浙江和江苏南部地区出现了以钱镠为首的吴越国。钱镠在位时期，采取休兵息民的政策，发展对外贸易，兴修水利，重视农桑，奖励垦荒，增产粮食，使吴越国富甲东南，百姓安居乐业，达到小康局面，远胜于战乱不断的北方中原地区。有人说他是天堂苏杭的奠基人，今天来看似乎也不为过。苏东坡说，钱镠统治时期，"其民至于老死，不识兵革，四时嬉游，歌鼓之声相闻，至于今不废，其有德于斯民甚厚"。作为一个小国的国王，被后人这样评价，在历史上是不多见的。

钱镠世居临安县功臣山南坡山脚的石镜镇钱坞垅，故居遗址至今仍在。大官山、石镜山、将军树等处是钱镠幼年时游玩的地方。他发迹后，曾数次巡视故里，立为衣锦军，派重兵镇守，治沟恤、筑城墙、建寺庙、修祖茔。钱镠死于后唐明宗长兴三年（932）三月二十六日，时年81岁，谥武肃。两年后，

"敕葬于安国县衣锦乡茅山之原"，即今临安锦城镇太庙山。《临安县志》说："武肃王奄有吴越，伟绩丰功，归葬故乡，示不忘旧，丰碑华表，肃然起敬。"

钱镠

太庙山，古名茅山、安国山，海拔90多米。山上古木参天，葱郁幽静。钱镠墓坐北朝南，占地面积120亩。地面封土堆高约9米，直径约50米，圆形，背靠太庙山。墓前左右有青龙、伏虎两小山护卫。登上山顶，锦城全镇尽在眼底，四周锦溪蜿蜒，阡陌纵横，气象万千。选择这里作为墓圹，说明钱镠的后代的确很有眼光。

墓的四周遍植松柏，庄严肃穆。墓前立有石碑，有石供桌、拜石。墓碑刻有阴文楷书："唐故天下兵马都元帅尚父尚书令兼中书令吴越国王谥武肃钱王之墓"。墓道长约300米，宽约100米。墓道上原有华表1对，石羊、石马、石虎各1对，石翁仲2对，石将军1对，享堂5楹，今原墓道已毁，仅有享堂和墓碑存于道旁。

按说钱镠葬在临安镇太庙山是没有问题的，然而一本专门记载钱氏家族史的著作《钱氏家乘》提出了不同的看法，使钱镠墓究竟在哪里的问题成了一个历史谜题。

钱镠的墓址在《钱氏家乘》中有两种说法。一说临安县署中设有先祖武肃王神座，神座旁有隧道，直达大堂之下，因而该书认定王祖真墓在此。清朝乾隆年间，临安县知县李元曾经探穴，之后李元将墓道封固，还立有碑石，说明太庙山的墓只是一个衣冠墓，真正的墓室其实在大堂之下。如此，为后人瞻仰的太庙山墓不是真的，仅是个衣冠冢，这多少有点令人意想不到。

《钱氏家乘》的第二种说法认为，钱镠墓在歙州之金竺山。金竺山的最高主峰前有平地一方，上有武肃王墓和祠堂。祠堂左面为观音院，祠堂前面就是钱王墓。墓上的紫色石碑倚祠墙而立，惜碑字已多剥落，仅有数字可识。墓呈圆形，清嘉庆年间由山麓村人用麻石刻"钱王墓"三字，嵌于其前。山麓即舍间葆村，村内的水口庙供奉着钱镠像，每年于元宵举行祭典后，奉王于献轿，轮流以4人舁至村中广场，由村人敲锣放炮竹，乡邻多于是日前来观看。旧例相沿，不知道这是从什么时候开始的。清初村人公约，有祠供圣王公、圣王母，历年已久。歙州在吴越国范围内，歙人感念钱氏功德，为他立祠建庙，应是顺理成章。但说这里就是钱镠墓的所在地，不知道有什么根据。或许这里也仅是钱镠的一个衣冠冢，也或许是其他什么王墓，这都有待于今后的考古发掘才能最后定论。

现代人的著作中也有不同看法，如杨剑宇《中国历代帝王录》说，钱镠葬于今浙江萧山县茅山。龚剑锋先生曾经撰文发表不同看法，认为不但史书从未记载，而且遍寻今萧山县也无钱镠陵墓的遗迹。他认为钱镠陵墓在太庙山南坡的可能性最大。

中国帝王后妃陵墓之谜

〇四七

也有学者认为，武肃王真墓在县署大堂之下的可能性最大。太庙山右侧300步处为茆山，茆山下台地为县署所在地。唐末五代时，此地为石镜镇安众营地，后升衣锦军为兵营。此处保卫严密，外人不得入内，不得暴露，且地势高燥，是建造墓地的理想地方。

这几种说法，令后人不知所以。看来要弄清这个问题仍需假以时日，因为只有打开钱王陵才会有明确的结果。

西夏王陵之谜

中国西部贺兰山下荒漠中，矗立着被誉为"东方金字塔"的辉煌的西夏王陵建筑群。自上世纪70年代以来，考古工作者对这一充满谜团的文明进行了深入的探研，希望能破译它的秘密，谋求找到消失的西夏文明。

西夏是我国西北的一个游牧民族——党项族在11世纪初建立的王朝，前后共历10主190多年。西夏定都于兴庆，即今日宁夏回族自治区的银川市，强盛时期疆域东至黄河，西到玉门关，南达萧关，北控大漠，是"延袤万里"的大国，包括今宁夏、甘肃、内蒙西部、陕西北部、青海东部广大地区，与宋朝和辽朝三足鼎立。

西夏祖先为拓跋氏，内附于唐朝，赐李姓。五代时期，中原混乱，而李氏在夏州保境自守。宋初，对北宋不断侵扰，依附于契丹，其始祖李继迁曾被辽封为夏国王。李继迁三传至李元昊时，于1038年称帝建国，仿效唐宋模样，建立了一套政治、军事制度。在帝王陵寝和丧葬礼俗方面，西夏将汉族的传统规制和党项族的特点结合在一起，形成了西夏王陵自己的风格。元昊称帝后，宋夏之间战争不断。

西夏帝陵的记载最早见于《宋史·夏国传》，但仅记九个陵号，却没有具体方位。明朝《嘉靖宁夏新志》卷二也谈到了帝陵："李王墓，贺兰山之东，数冢巍然，即伪夏所谓嘉、裕诸陵是也。其制度仿巩县宋陵而作。人有掘之者，无一物。"史书中有简单的西夏王陵记载，但没有具体位置，王陵前的碑刻早已被毁，长期以来，人们并不知道西夏王陵到底在哪里。传说西夏开朝皇帝李元昊为人凶残、猜忌，他担心死后有人报复，盗掘他的陵墓，临死前就让人给他修造坟墓。一年360天，每天修一座墓，共修建了360座墓。随后他将参与修墓的人统统杀掉。李元昊死后，便悄悄埋进了这360座中的一座。后来果然盗墓不断，可是挖遍了山下

西夏王陵

陵墓，结果谁也无法知道李元昊究竟埋在哪一座。此说若真，更给西夏王陵增添了许多神秘色彩。

西夏王陵的发现纯属偶然。1972年6月，兰州军区一支部队在贺兰山泉齐沟一带施工建造一个小型军用机场时，意外地发现了十几件古老的陶制品，当时部队首长推测，可能其中部分是西夏时期的文物。得到消息，宁夏博物馆迅速派人前去调查。令人大感意外的是，这里其实就是西夏皇帝陵园所在地。十几天后，一个古老的墓室重见天日。墓室中发现了巧夺天工的工笔壁画武士像，同时还出土了一些精巧的工艺品及方砖等陶制品，方砖上布满了一个个方块文字。考古人员仔细研究后认为，这是一座古代西夏时期的陵墓。

考古人员立即在这片荒漠中跋涉，以求新的发现，结果没有让他们失望。因为在连绵的贺兰山背景中，一片无垠的野性大漠托起一个又一个金字塔形的高大黄土建筑，在蓝天白云下显得格外雄伟。事后有专家回忆说，当时大家被眼前的景象惊呆了，因为他们看到了一座座巨大的圆锥形陵墓，状如金字塔，气势十分壮观。这些陵墓都是由黄土堆成，每个有10米高。每个黄土堆周围的建筑早已是残墙断垣，但一看就知当年这里是一个个完整庞大的陵园，处处显示着皇家的威严和气派。在东西宽约4.5公里，南北长10公里，总面积达50平方公里的范围内，坐北朝南，呈纵向长方形布列着9座西夏帝王陵和207座西夏王公贵戚的陪葬墓。这是我国现存最密集的帝王陵区，明代有首《古冢谣》说："贺兰山下古冢稠，高下有如浮水沤。道逢古老向我千，云是昔时王与侯。"讲的就是西夏王陵的景色。

西夏王陵的规模与河南巩县宋陵、北京明十三陵相当。西夏王陵不仅受到中原唐宋文化的影响，同时还保留了党项民族的传统习俗，形成了自身一套较为完整的陵寝制度。

一些专家认为，在陵区的东南角，有两座规模最大的陵墓，很有可能是西夏开国前尚未称帝的太祖李继迁、太宗李德明的裕陵和嘉陵。二陵上下左右连贯，从陵区的总体布局看，这二陵当是首陵，其余诸陵依次营建于其北面。

西夏王陵的每座陵园均是一个完整的建筑群体，占地10多万平方米。从南至北，在陵园神道两侧，耸立着左右对峙的阙台、碑亭、月城，月城内神道两侧原排列有石人石马。再往北是宫城，城门四面正中辟有门阙，四角建有阙楼，城内有献殿，殿后是高大突兀的陵塔。献殿与陵塔之间，是通往墓室的甬道封土。从出土的雕龙栏杆、莲花柱础、琉璃兽石勾头、兽面和花卉滴水、白瓷板瓦等大量建筑材料，反映出西夏王陵建筑是十分宏伟和华丽的。

与宋陵相比，西夏陵园平面除仿照宋代大建筑群，强调中轴线左右对称的格式，以象征西夏统治权威，营造庄严肃穆的气氛外，还体现了西夏文化独特的葬制，其表现为墓道底部铺设横木，道口用原木和木板封闭，墓壁建筑有护墙板，以及墓室前有多层宝塔式陵台建筑等。由于汉文化的影响，虽然西夏推行篆书，但汉字仍在民间和官府通用，这种情况在陵寝中也得到反映。如仁宗李仁孝的寿陵碑亭遗址有东西两处，东碑亭为汉文楷书，书法遒劲，刻工娴熟，西碑亭为西夏篆书，两种文字并用，说明中原与西夏在政治、经济方面联系密切和文化交融的历史事实。

西夏陵园内没有像其他朝代那样有陪葬的皇后墓。历朝高高的墓冢封土在这里完全不一样了，变成了楼阁式的灵台，而灵台下并非是墓室，墓室反而在灵台前十余米处，所以灵台不具封土的性质。那么，西夏陵的灵台是派什么用的？

西夏陵的灵台是一个高达20余米，形似七级佛塔的塔式楼阁建筑，逐层夯筑收成，犹如浮屠。有专家认为，之所以出现这种情况，是因为受到了佛教的影响。宋陵的灵台一般在墓室封土上面，形状是上下方形作覆斗状，陵墓的北边建筑有下宫和佛寺。下宫是奉安圣容的，以便"朝暮上食，四明祭享"。佛寺是为前代帝王追福用的，但不是每座帝陵都有。西夏王陵没有这样两种建筑，但从灵台的形状、位置看，它形似佛塔，应该是与宋陵佛寺为同一性质的建筑，它的位置在墓室西北，又带有木构建筑楼阁式的特征，则又像宋陵的下宫。灵台前原有雕龙栏柱和石人头、石人身，表明灵台有下宫的属性。很多刻有菩萨名的石经幢的发现，说明灵台可能就是佛寺，而且石经幢底座的下层是八边形的，而灵台基部的平面也呈八边形，因此西夏王陵的灵台，应是宋陵灵台、下宫、佛寺的结合体。灵台夯土而成，里面是夯实的，实际上不能使用，只能起象征作用而已。

西夏王陵是在吸取宋代陵园建筑规制的基础上，体现了许多不同于宋陵的独特风格，除灵台外，还有如西夏陵园将宋陵由门阙到南神门神道两侧的石像生安排到月城御道两旁，缩小了陵园的范围，显得特别紧凑；宋陵是单城呈正方形，而西夏陵是重城呈长方形，西夏陵墓室上面覆土隆起高一两米，形如鱼脊，在中国历代陵园中是少见的；西夏陵的碑亭在鹊台后、月城前，无论从数目上、建筑面积和形式上都是不对称，与西夏陵园总体对称的布局不同，等等。

西夏王陵的地宫形制，从已发掘的八号陵中得到进一步了解。墓道呈斜坡形，墓室属土洞形式。两侧各有一配室，周壁敷设护墙板。墓内随葬品十分丰富，有各种金饰、鎏金银饰、竹雕、铜甲片、珍珠、瓷器等。

陵区北部还有陵邑遗址，陵邑是西夏帝王举行祭奠祖先的神圣场所，也是守卫陵园的文官武将和御用僧侣们的住所。陵邑四周为夯土城墙，总面积达6万平方米，中间有两座宏大的殿堂和许多封闭式的庭院，虽然早已受到严重破坏，但今日仍遗存大量精美的建筑装饰物。陵区东部边缘发现了数十座西夏砖瓦和石灰窑遗址，说明许多建筑材料都是就地烧制的。

西夏王国从乾顺朝开始渐渐重文轻武，务虚废实的策略使西夏王国逐步走向衰落。此后为向蒙古示好，西夏与金国不断交战，双方战争长达十余年。1205年，成吉思汗认为西夏收纳了蒙古仇人，亲率大军攻破西夏力吉里寨。1226年，他又亲自率兵10万攻打西夏，西夏末主李睍投降，蒙古人在西夏全境进行了大肆烧掠，所有西夏王陵和陪葬墓的地上部分均化为灰烬，碑刻、砖雕都成了碎片，而地下部分几乎无一例外地遭到盗墓人的破坏。从上世纪70年代以来，考古工作者先后进行了四次调查，基本上搞清了西夏陵的数量和位置以及陪葬墓的大体分布。他们先后发掘过一座帝王陵和四座陪葬墓，清理了碑亭14座，出土了一大批西夏时期的历史文物和建筑残料。由于年代久远，除已发掘的这座帝陵和李元昊的泰陵大体能确定外，余下的七座帝陵是谁的，至今没有一个明确的答案，成为难解之谜。

金太祖阿骨打陵墓之谜

金太祖阿骨打死后，先是葬在上京会宁府城外西侧300米处，称为睿陵。考古学者曾经对睿陵遗址进行过清理保护，在宝顶东侧地面下发现了一堵碎砖瓦墙，尽管仍存许多疑谜，但对研究当时葬制和寻找墓道，具有许多启示意义。以后陵墓迁至胡凯山，改称和陵。海陵王时期，陵墓又迁至中都大房山，仍称睿陵。

金太祖完颜阿骨打是女真族完颜部的首领。12世纪初，他逐步统一女真各部，在对辽的战争中建立了金政权。辽天庆七年（1117）称帝，国号大金。不久在出河店、达鲁古、护步达岗三大战役中，取得决定性胜利，攻克辽朝五京，彻底打垮了辽人的统治。

天辅七年（1123）七月，金太祖在征战途中病死，年仅56岁。两个月后，他的梓宫运至上京，葬于宫城西南护国林之东，即今黑龙江省阿城县金上京会宁府遗址西，称为睿陵，总的来说仪制十分简陋。陵冢上建造了宁神殿，俗称太祖庙。金末，完颜太平焚毁上京会宁府，陵庙亦遭火焚。

宁神殿西距金上京故城约300米，俗称斩将台。陵墓封土原来高出周围地面约20米，顶部平坦，东西长约100米，南北宽约60米，地表散布着众多金代砖瓦及建筑构件。陵上有残毁柱础、绿釉琉璃瓦、灰色雕砖和布纹瓦等建筑遗存。由于睿陵在历史上受到拆毁和战乱等破坏，今天地面建筑已荡然无存，仅剩下一座高约13米、占地近千平方米的土台子，相传为太祖陵墓原址。

上世纪90年代，在连续暴雨和洪水的冲击下，部分陵墓封土发生塌陷下滑，一些地下埋藏的石、陶类古建筑构件露出地面。在太祖陵封土东侧，原是数百年来附近村屯农民挖的储菜窖的密集区，这些菜窖大多开挖于封土坍塌后堆积起来的土层上，由南向北一字形排开。东侧的五个旧菜窖中，有大量的散砖瓦。砖大多是青砖，形制比较复杂，有布纹瓦、板瓦、筒瓦、黄釉琉璃瓦、红釉琉璃瓦。此外还

金太祖完颜阿骨打陵碑

有龙纹瓦当、兽面纹瓦当和花纹雕砖。雕砖为方形，规格为35厘米见方，纹饰有两种，均为浅浮雕。此外在陵址宝顶东侧略偏北的菜窖中，发现了两根规格完全一样的方形石柱，南北并列，相距15米，埋在地下1.5米处，其上是宝顶自然坍塌的积土。两石柱呈长方形，材料质地为花岗岩，有两个棱面为精致雕琢面，当年应是建筑中露在外面的部分。

以石柱为界，石柱往里靠近宝顶的一面，有夯土痕迹，往外即是坍塌的堆积土。石柱中间和沿两个石柱向两侧展开，均匀地堆积着一条残断的青砖带。青砖全部是斜面砖，可以砌筑高大带有斜坡的建筑物。这条高约1.5米，宽近1米，沿宝顶环绕分布的砖带，是当时金太祖陵的坡形围护墙。

两石柱的基址下还有一条用碎砖瓦和黄土夯筑而成的地下墙。这堵墙高2.2米，由26层砖、瓦、土结合夯层组成，夯筑层极为坚固，像石头一样坚硬。砖瓦土的比例约各占三分之一，其中砖是青砖，瓦为琉璃瓦。这堵墙的长度是16米，厚度尚是未知数，估计有数米厚，有关专家推测它可能是金太祖陵中的二期建筑。由于夯土中混杂了大量砖瓦，说明在这个地方最初可能曾经建过比较大的建筑物，是在拆毁了一个初期建筑的基址上筑成的，究竟是碑亭还是牌楼、亭堂、墓门，这成了一个历史之谜，需要考古学家的认真探索，或许能揭示事实真相。

一些学者根据《金史》等资料的记载，认为当时的陵墓是有墓道的。《金史》说："金初无宗庙，天辅七年九月，太祖葬上京宫城之西南，建宁神殿于陵上，以时荐享。"后来又改葬和陵，金太祖在这里葬入又迁出的史实是无疑的。但是否有墓道，史书没有详细记载。《大金集礼》记载，天会元年（1123）九月六日，谙片勃极烈吴乞买于"太祖陵隧未掩"之时，在陵隧前被完颜宗干等人赭袍加身，即皇帝位，如此说来墓道是存在的。至于墓道又在封土的哪个方向，就成为一个历史谜案了。不过有专家认为，女真人崇尚东方，所以一般会将墓道置于陵的东侧。而且女真历代帝王皆以西为尊，坐西向东，墓的正门在东方。如果这种说法是能够成立的，那么在殿址东侧发现的两根石柱，有可能与墓门、墓道有关。一些考古工作者甚至大胆推测，拆毁早期建筑的原因可能是为了迁葬的需要，而那堵由砖、瓦、土夯筑的墙，也许就是封闭墓道的金刚墙，而今天所见墙的位置大概是墓道的入口。金太祖的灵柩迁出后，当时的执政者可能考虑墓室虽空，但仍需封闭，否则王气会流失，所以他们在墓道口用拆毁墓门建筑物时留下的残砖断瓦夯筑，建起了这堵坚固的墙，当时离太祖迁葬时间不远，约在金熙宗即位之初。

墙是否真是金刚墙，墙的后面是否真有墓室的隧道，上述推测要得到确认，只能等待日后科学发掘全面展开后才能知晓。

金太祖崩时，因大金国忙于拓疆辟土，战事正迫，陵墓建筑只能马马虎虎，下葬仪式也是十分草率。天会十三年（1135）正月，金太宗崩，继位的金熙宗是太祖嫡长孙，决定重勘陵址，选定了上京西北50公里处的胡凯山，将太祖和太宗两兄弟葬在一起。胡凯山是阿什河的发源地，不过陵墓的确切地址不详，有人说在黑龙江省双城堡东南80余公里的北简子沟，有人说在今阿城县亚沟东5公里的石人山，有人认为在今黑龙江省阿城市山河镇，当地俗称老母猪顶子山。这年二月辛酉，金太祖先于金太宗迁葬胡凯山，号和陵，至皇统四年（1144）改称睿陵。和陵在金上京帝王陵寝中处于显赫地位，其陵冢可能至今尚存。笔者比较倾向于在山河镇，怀疑当地百姓称为"王子坟"的大土堆，可能就是和陵。土堆现高约17米，周长约80余米。土堆前仍残存龟趺、文臣武士的石雕和石羊等。

海陵王迁都后，为将政治中心南移，将金太祖至金宣宗以前各帝及追尊的皇父陵墓全部迁到了中都大房山，金太祖陵仍称为睿陵。《大金国志》说：海陵迁都到燕京后，命令司天台在燕山四周卜地，过了一年多后，在良乡县西南四五十里的大红谷找到了地方，叫龙城寺。这里峰峦秀出，林木掩映，的确是筑陵的好地方，于是迁祖宗的墓至此。迁来后的太祖墓仍按旧称。大房山金陵陵园规模宏伟，气势非凡。琉璃瓦殿堂楼阁鳞次栉比，汉白玉石碑以及高大的石像生错落在苍松古柏之中。可惜明代以后，大房山金陵连遭兵毁，清代虽经修缮，已不复原貌，又被兵匪多次盗掘，成为一片废墟。

金太祖阿骨打的陵墓前后共有三处，这在中国古代帝王陵中是绝无仅有的。

成吉思汗陵墓之谜

蒙古族无陵寝制度。皇帝死后，依照习俗，一律秘密安葬。据《元史》记载，自成吉思汗开始，诸帝死后埋葬在一个叫起辇谷的地方。明朝时，在阿尔泰山和肯特山之间的高原上，建立了纪念性的成吉思汗陵寝，这里距秘葬的起辇谷其实是有相当距离的。

13世纪的百年间，中国和世界历史的主角是蒙古族。蒙古族由于出了一个伟大的英雄人物铁木真，一度使全世界对其瞠目而视。数以万计的蒙古骑兵纵横驰骋于亚欧大陆，建立了历史上空前规模的蒙古大帝国，促进了世界性的政治经济和文化交流。

统一了蒙古族的铁木真，被蒙古人尊奉为"成吉思汗"，意为至高无上的君主。铁木真的孙子忽必烈后来在中国建立了元朝，被称为元太祖。

照汉人的礼仪，这样的伟大人物，死后必定要建规模庞大的帝陵，既要让死去的皇帝过上与活着的时候同样阔绰的生活，又要向后人显示皇家的威严。但蒙古皇帝却不这样，不但是成吉思汗的陵墓不知道在哪里，就连忽必烈以下各位元朝皇帝的陵墓今天也没有找到。按蒙古习俗，皇帝死后，一律实行秘密安葬。《元史》云："国制不起坟垄。葬毕，以万马蹂之使平，弥望平衍，人莫

元太祖成吉思汗

知也。"埋葬皇帝的地方，派群马一踏，如平地一般，时间一长，青草树木一片绿油油，就谁也不知道了。

也许有人会说，在今内蒙古鄂尔多斯高原的伊克昭盟伊金霍洛旗，不是就有一座成吉思汗陵墓吗？其实，这是一座后来建造的象征性陵寝。这座规模宏大、款式别致的蒙古式宫殿，其主体是一个仿元朝城楼式的门庭和三个相互连通的蒙古包式大殿，正殿的八角飞檐下写着"成吉思汗陵园"蒙汉文金色大字。在正殿的中央，一尊高5米、神态威严的成吉思汗汉白玉雕像令人肃然起敬。后殿内分别供奉着成吉思汗、大皇后勃儿帖和另两位皇后以及两位胞弟的灵柩。东殿内供奉着成吉思汗的第四子，也就是元世祖忽必烈的父母（拖雷夫妇）的灵柩，西殿陈列着表现成吉思汗文治武功的战刀、马鞍等。这样一座陵园，为什么不是成吉思汗真正的陵墓？

1227年8月，成吉思汗率军进攻西夏，回师途中病逝于六盘山清水的行宫里。之后，他的遗体被运回蒙古大本营安葬。

葬在哪里？《元史》说葬在起辇谷，但没有其他情节和过程。《多桑蒙古史》说葬在斡难、怯绿连、秃剌三水发源之不儿罕·合勒敦诸山的一座山中。波斯人拉施特丁的《史集》对成吉思汗死后的情况记叙颇为详细。该书谈到成吉思汗死后，大臣们秘不发丧，在抵达达斡耳之前，将一路上遇到的人畜全部杀死。蒙古有一座名叫不儿罕·合勒敦的大山，成吉思汗曾在那里选定了自己的坟墓。有一次，成吉思汗出去打猎，见到一棵孤树。他下了马，心情喜悦，说："这个地方做我的墓地倒挺合适。在这里做个记号吧。"举哀时，诸王和大臣就按照他的命令选择了那个地方。如今那里森林茂密，那棵树和他的埋葬地已经辨认不出了。按该书，葬地确在合勒敦山的一处谷地里。

《马可·波罗游记》也可以证实上述说法是可信的："一切鞑靼人的大罕和成吉思罕——他们的第一个主人——死后，按例应该葬在一座名叫阿尔泰的山上，无论他们死在什么地方，甚至相距100天的路程，也要把他的灵柩运送到阿尔泰去。这已经成为鞑靼皇族一种不可更易的传统风俗。还有另一种风俗，在把君主的灵柩运往阿尔泰的途中，护送的人要将沿途遇到的一切人均作为殉葬者。他们对这些人说：'请你离开凡间到阴间去吧，去服侍你们已经驾崩的领主吧！'他们完全相信这些被杀的人，在阴间真正会变成他们君主的奴仆。他们又将最好的马杀死，供给领主在阴间享用。当蒙哥罕驾崩后，遗体运往阿尔泰山的途中，护送的骑兵一路上把遇到的人，至少杀了将近两千人。"

成书于17世纪的《蒙古黄金史纲》中记载说：成吉思汗死后，"运往汗山大地，在那里营造了万世的陵寝，作了大宰相们的佑护，成了全体人民奉祀之神，建筑了永世坚固的八白室。""而其真身，有人讲葬于不儿罕—哈里敦。有人说葬在阿尔泰山阴、肯特山之阳，名为大鄂托克的地方。"伊朗志费尼的《世界征服者史》虽然没有写到成吉思汗的葬地，但是却具体写到了成吉思汗死后一年，各地的王公和亲属纷纷"聚会于怯绿涟河"的斡耳朵，举行忽邻勒台大会，一方面对成吉思汗祭祀，一方面推举窝阔台继承大汗。

元明之交的汉族学者叶子奇写的《草木子》中是这样记的：蒙古皇帝死后，用两片梡木，将中间凿空，如人体形状，然后将遗体放入，上面涂漆，用三圈金绳绑住，送到克鲁伦河与土拉河上游的肯特山中，再挖一个坑埋入。这与汉族皇帝用棺椁和殉葬品完全不一样。葬毕，使万马蹂踏，使泥土平整。再在上面杀死一头小骆驼，周围布置千余骑兵守护。第二年春天草一长，骑兵就移帐撤去。如果想祭祀，以所杀小骆驼的母亲为向导，看到老骆驼踯躅悲鸣的地方，就是埋葬皇帝的地方。

《蒙古源流》载，成吉思汗葬后，因为不能再请出金身，但为了便于祭祀，在葬地附近的高地上建起了八白室，即八座白色的毡帐，地点相当于今阿尔泰山和肯特山一带的蒙古高原上。明英宗天顺年间（1457～1464），鄂尔多斯守陵部众进驻河套地区，八白室也随之迁来。清初在鄂尔多斯高原设立伊克昭盟，八白室就移到伊克昭附近，后来又移至今伊金霍洛旗，至今300多年历史了。如此，说今天的成吉思汗陵是假的，的确没有错。

综合各种史料，我们可以推测，成吉思汗被葬在三河水源的不儿罕诸山之一谷——起辇谷中，但具体葬地由于当时的保护做法，至今无法找到，仍然是一个历史之谜。

不过历代人们从未放弃对成吉思汗墓的寻找。上世纪90年代初，日本曾派出了以考古专家加藤进平为队长的"探寻成吉思汗墓考察队"，在蒙古进行了为期3年的探寻，最后无功而返。

近年来，有一个寻找成吉思汗陵墓的美国考察队宣布，他们在蒙古首都乌兰巴托东北322公里的地方发现了一座古墓，其中可能葬有成吉思汗的遗骨以及价值连城的宝藏。这个"成吉思汗地理－历史探险队"在蒙俄边境附近一个偏僻的地方发现了这座古墓。古墓部分被森林覆盖，三面有围墙。围墙高2.7米至3.6米，总长3.2公里。考察队声称，这里离历史学家认为的成吉思汗出生和封汗的地方已经不远了。

也许，人们寻找到成吉思汗墓的时间的确为期不远了。

成吉思汗以下的各继位者，死后安葬的地点也是十分秘密的。如1294年，忽必烈病逝于大都，同样是葬到了起辇谷中，具体方位依然很难搞清。拉施特丁《史集》说成吉思汗的幼子拖雷及孙子蒙哥合罕、忽必烈合罕、阿里·不哥以及其他后裔都埋葬在成吉思汗的周围。但他又说，靠近薛灵哥河之不答温都儿有成吉思汗的大禁地，除忽必烈外，唆鲁永帖尼别姬及所有其他宗王均葬于此。后代的《历代陵寝备考》说："起辇谷在漠北，元诸帝皆从葬于此，不加筑为陵，无陵名。"由于蒙古民族的安葬习俗和保密传统，要弄清楚元朝帝王葬地的确切地点便成了十分困难的事情。随着时间的推移以及地名、地貌的变化，语言翻译的局限，使元朝皇陵的地点成了永远的历史之谜。

明孝陵之谜

后人游览孝陵时曾留下一副对联说："帝业消沉，留得孝陵空葱郁。石象巍峨，胜地重游溯前史。"朱元璋的孝陵气度非凡，布局独特，开启了明朝帝陵的新形制，但同时也留下了一个又一个历史谜团：孝陵的"孝"是怎么来的？孝陵有无字碑吗？孝陵为什么要采用宝城宝顶？朱元璋真的葬在孝陵吗？

明孝陵，是明朝开国皇帝朱元璋和皇后的陵墓，它位于南京紫金山南麓独龙阜玩珠峰下。紫金山巍峨峻秀，六朝以来就被人们称为"钟阜龙盘，石城虎踞"。独龙阜北依钟山主峰，阜高150米，泉壑幽深，紫气蒸腾，云气山色，朝夕多变，环境特别优美。山南一片开阔，阳光融融，和风冉冉，生机勃勃。

洪武九年（1376），时年49岁的朱元璋想安排后事了，正式开始筹建陵墓。洪武十四年（1381），陵墓动工。两年以后，主体建筑大体修成。参加建陵的工匠总数有好几万人。此后又陆续兴建了孝陵大殿等建筑，至永乐十一年（1413）建成"大明孝陵神功圣德碑"，陵墓的兴建才真正停止，前后共费时30年之久。

新建成的陵墓规模宏伟，气度非凡，布局独特，开启了大明一朝帝陵新形制。就是这个开创性的陵墓，留给世人一个又一个难解之谜。

第一个疑问是：为什么陵墓称为"孝陵"？有人认为，朱元璋起初建陵时并没有正式给陵起名。洪武十五年，51岁的马皇后去世，朱元璋悲痛不已。马皇后是郭子兴的养女，恭俭宽仁，随朱元璋转战沙场，辅助军事。马皇后死后，礼官议定谥号为"孝慈"，朱元璋同意了。这年九月，马皇后葬入陵中，此后明人就称陵为孝陵。因此，孝陵的名称来源于马皇后的谥号。但也有人不敢苟同，认为将陵定名为"孝陵"，是朱元璋"以孝治天下"之意。两种意见到底哪一种更准确，今天是无法回答清楚的，只有问陵中的朱元璋了。

朱元璋推翻元朝统治，于1368年登基称帝，定国号大明，年号洪武。为选择帝陵基址，朱元璋动足了一番脑筋，他看中了紫金山南麓的独龙阜。紫金山自古以来就有"虎踞龙盘"之说，独龙阜原为梁朝开善寺宝公塔旧址。明张岱《陶庵梦忆》卷一说：钟山上有云气，浮浮冉冉，红紫相间，人言王气，龙蜕寝焉。明太祖曾与刘基、徐达、汤和等大臣讨论选陵址，大家说好各人提出各人的观点写在纸上，放在袖中到朱元璋面前打开，结果三人所选完全相同，于是朱元璋同意选独龙阜为万年吉地。其实张岱生活时期离朱元璋已经很远，他的叙述并不一定完全准确，但君臣一致选定独龙阜大概确有其事。洪武九年，朱元璋为了筹建陵园，逼使蒋山寺的老和尚搬家，将寺庙迁到紫霞洞的南面。新寺还没建成，几位风水先生东看看西看看，说新寺风水冲撞了陵园，老和尚只能再次搬家，迁到了今灵谷寺处。大概后来朱元璋想想也不好意思了，就赐灵谷寺为"天下第一丛林"。

孝陵是我国现存建筑规模最大的几处古代帝王陵墓之一，自最前面的下马坊至后部的方城，纵深达2.62公里。孝陵的平面布局可分为前后两个部分。前自下马坊迄棂星门，是作为导引的神道设施，后是陵墓的主体陵寝建筑。它的建制和布局基本上继承了汉唐以来前有神道、后有陵寝及封土起坟的模式，但在具体安排上，既有继承前朝的地方，又有所创新和发展。

过去，人们发现孝陵的神道弯曲幽长，从下马坊开始进入陵区，要转多个弯才能到达方城和宝顶，这与历代帝王陵从陵区大门一条宽阔神道直通寝宫有较大区别，到底是什么原因，人们百思不得其解，因此附会出很多传说。此后有考古人员发现，明孝陵的整体布局呈"北斗星"图形。这一新发现的直接意义是它可以解释古代帝王陵墓中为什么常有天宫、天象、星宿图的情况，看来他们主要的用意是使陵墓具有"天人合一""魂归北斗"的效果。孝陵主人朱元璋对天象十分崇仰，因而很有可能把自己的陵墓设计成北斗七星的形状，"勺头"为绕梅花山环行的导引神道部分，"勺柄"为正北方向直线排列的陵寝建筑部分，"勺头""勺柄"上的"七星"依次为四方城、神道望柱、棂星门、金水桥、文武坊门、享殿、宝城。从平面图上看，孝陵的"七星"排列与南北朝、辽代、唐代所绘制的"北斗七星"图是相同的。有人还发现，孝陵的地下玄宫也呈勺子状，进而断定朱元璋的安葬地确实在明孝陵，而非民间传说的在其他地方。这一说法遭到一些人的质疑，他们反对的最有力、最直接的证据是弯曲的神道为明成祖朱棣所建，并非朱元璋时期设计的，所谓"北斗七星"一说纯是巧合。也有人认为，孝陵神道的弯曲与孙权墓有关。神道由石望柱开始北拐，呈月牙形，半抱一座名曰"孙陵岗"的小山。神道遇一座小山转弯，这在帝王陵寝中是不多见的。明孝陵的神道之所以绕过孙陵岗，是因为岗上有三国时吴大帝孙权的陵墓。根据史籍记载，修陵时，有人曾建议将孙权墓迁走，但朱元璋未准，说："孙权也是条好汉，让他替我守门吧。"这样，神道绕行而过，孙陵岗成了陵墓的屏障和门户。也有人认为，之所以让神道弯曲，主要是为了延长神道的长度，使之曲折深藏，一眼望不到头，给人以庄严神秘的感觉。如此，孝陵神道为什么是弯曲的有多种说法，究竟哪一种更接近真实，还有待于人们深入探索。

大金门是孝陵的大门，离门正北70米处，是朱元璋子朱棣所立的"大明孝陵神功圣德碑"。碑高8.7米，龟趺坐高2.08米，是今天南京附近明代碑刻中最大的一块。碑亭平面呈正方形，俗称四方城。四方城是一座巨大的碑亭，边长268米，四面各有一座高达8米的拱门。令人震惊的是，几年前，人们在四方城不远处美龄宫东侧的树林里发现了一个石龟和一方石碑，石碑和石龟的高度几乎与圣德碑相同。发现时，龟、碑身首二处，相隔数米，几乎被泥土与灌木丛湮没。人们不禁要问，这块碑当年是否也是竖在陵园中的？为什么从没有史料记载？

一些专家推测，石龟、石碑的来历有两种可能。一是该物其实是制作四方城中"神功圣德碑"时留下的废品，因雕刻不满意而废弃不用。因为如果将两者进行比较，在雕刻手法上大体相同，但也有不少差异，前者粗犷而后者精细。有人不同意这种看法，认为新发现的石碑、石龟可能是原先为明孝陵制作的"无字碑"，与现今四方城内的"神功圣德碑"存在着对应关系。墓前立双碑，一碑有字，一碑无字，这种规制始于唐代帝陵，如唐太宗李世民陵前就立有双碑。建于明朝初年的凤阳明皇陵，是朱元璋为其父所修的衣冠冢，墓道上有东西两座碑亭，西边碑亭竖立着朱元璋书写的"皇陵碑"，东边碑亭即是无字碑。

孝陵废去了方上、灵台、方垣、上下宫制度，新创了方城、明楼和享殿等建筑，改方坟为圜丘，形成自己独特的风格。这种规制对以后的帝陵有较大的影响，北京的明十三陵各陵建制和孝陵几乎完全一致。孝陵方城是一座巨大建筑，上部用大条石建成，正面自须弥座基至墙顶端，高16.25米。方城后面是宝城，又称宝顶，是一周长约400米的圆形土丘，环以砖墙。宝顶之上，古木葱茏，浓荫蔽日。极目四望，钟山环抱，翠柏森森，远山如屏，近水若龙，气势雄伟。

宝顶之下的玄宫，就是朱元璋和马皇后长眠之地。那么，朱元璋为什么要将方上改成宝顶？

有人认为，江南多雨，六朝以来的陵墓多做成圆形，以防止雨水下流浸润陵墓。受此影响，朱元璋的陵墓也建成圆形，所以有别于唐宋帝陵的方形。不过也有另外的看法，如著名建筑史专家刘敦桢在早年的《明长陵》一文中认为，孝陵之所以改方形为圆形，很可能是受长江流域"无方坟之习"的影响。到底是什么原因导致了陵制的改变？看来我们只能寄希望于专家的深入研究了。

有关孝陵最大的谜案为朱元璋是不是真的葬在这里？不知从何时起，民间就有传说，朱元璋死后，从都城十三个城门同时抬出十三具棺材。也就是说，有十二具棺材是假的，目的是让人不辨真假。因此，人们常常怀疑朱元璋是不是真的葬在孝陵里面。有人说，朱元璋葬在皇城的万岁殿下，有人说葬在城西朝天宫三清殿下，还有人说葬在北京的万岁山，等等。所有这些传说的起因大概是由于朱元璋的性格多疑，再加上他生前杀人太多，怕人掘墓报仇所引起的。这与三国时代曹操死后造了七十二座疑冢的传说一样，很有可能是从古代某些帝王的"疑冢说"移植过来的，实在很难证实。

一些历史学家认为，孝陵在朱元璋去世以前已经建成，到了朱元璋死的时候，陵墓的一切设施都已就绪。而且，朱元璋是洪武三十一年（1398）闰五月死的，南京地区已经进入夏季，停灵七天以后，就立即葬入了孝陵。如果在别处另造新陵，在时间上也是来不及的。再说孝陵的位置紧靠宫城，北倚钟山，南有皇墙，内有神宫监，外有孝陵卫的官兵日夜巡逻，其安全程度远较别处高。所以，朱元璋是不会遗命舍此而他葬的。

持这种观点者认为，朝天宫的地下早年经过部分发掘，确有一座六朝大墓，但明故宫的范围内从未发现过任何明代大墓的痕迹。至于今南京的南郊、西郊和北郊，解放后曾清理发掘过几百座古墓，还没有一处值得怀疑是明太祖的葬地。因此，今日的明孝陵应该就是埋葬朱元璋的地下宫殿所在地。

明孝陵自建成以来，虽在清初和太平天国时期地面建筑受到一定的破坏，但地下玄宫至今未被挖掘，朱元璋是否葬于其中，只有待到幽宫开启之时才能真正确定。笔者个人认为，好事者的传说毕竟没有历史资料的佐证，可信程度是不会很高的。

明中都皇陵之谜

当年家境赤贫，只能草草将自己的父母随便一埋，现今当上了皇帝，朱元璋的心境就发生了巨大变化。为人子就得讲究孝道，他决定为父母修建规格极高的陵墓。32对石像生在数量上超过了任何一座帝陵，风格上仿照唐朝，继承宋元，气象恢宏，肃穆森严。

在明朝开国之初，朱元璋在老家安徽凤阳营建过一个都城——明中都。洪武二年（1369）九月，他下诏以凤阳为中都，"命有司建置城池宫阙，如京师之制"。城址选在临濠西20里凤凰山的南面。城垣宫殿初具规模，朱元璋决定迁都南京，所以工程全部停止，以后日渐荒废，中都也就渐渐被人们遗忘了。明中都宫殿城垣遗址直到今天仍然存在，它的规模并不亚于明朝的南、北两京，甚至有些方面还在两京之上，对理解南北两京的建筑有很大的参考价值。

中都皇陵，是朱元璋父母的陵墓，在安徽凤阳县明中都城西南方向。朱元璋的父母是安徽凤阳人，家境赤贫，没有土地，后来这个地区瘟疫流行，不到20天，朱元璋的父母相继死去。因家贫没有钱买棺材，朱元璋和他的兄长抬着父母的尸体草葬山莽。传说两人快到山麓的时候，突然电闪雷鸣，大雨滂沱，只好放下尸体避雨村寺。不可思议的是，第二天拂晓朱元璋和其兄想去为父母落葬时，见父母尸骸之上已是土堆高耸。朱元璋称皇帝的第二年，为感谢父母的养育之恩，他诏谕因旧陵之地，培土加封，在父母坟墓上修建皇陵。

刚开始营建时，想想当年是草草安葬父母的，连一口棺材也没有，所以打算改葬。有方士对朱元璋说，这是一块风水宝地，不可改葬，因为就是有了这块宝地，朱元璋才得到其父母的保佑，登上了皇位。于是决定积土厚封，使其高大成为岗阜，按帝王规制尽量完备。洪武八年罢建中都后，他用中都余材营建父母之陵。到洪武十二年，皇陵的总体格局基本形成。陵冢南有丘陵绵亘，北临滔滔淮河，东西二隅地势逐渐内低。皇陵头枕山峰，足蹬淮水，犹如仰卧在巨大的躺椅之中。陵园规模宏伟，园内有大量精湛的碑石雕刻，其气势不亚于明孝陵和十三陵。

中都皇陵建筑的朝向历来是一个谜。一般的陵墓总是背山面水或是朝南的，而皇陵则是朝北，而且道路还略带歪斜，使人百思不得其解。一些学者推测，这是由于中都城垣宫殿在皇陵的东北方，为了面向中都，大门只好朝北开，道路也东北向了。为了使皇陵与中都城连为一体，皇陵的3道城门都是以北门为正门，而皇陵也因此是坐南朝北，神道与神路置于陵墓之北。从中都南门往西南方向，一条松楸交映的5公里大道直达皇陵的北门。进入北门以后，又是一条松柏夹道的神路通向皇陵。经过一重又一重的红门、红桥、棂星门、御桥，路旁排列着长长的32对华表、石人、石兽等仪仗队，气氛庄严肃穆。32对华表和石人、石兽仍保持完好，在砖城的北门内自北向南排列着。它们的顺序是：麒麟2对，狮子4对，虎4对，华表2对，马和引马者6对，豹4对，羊4对，文臣2对，武臣2对，内侍2对。

如此雕刻精美的石刻，在历代帝王墓中是十分少见的，皇陵石刻几乎是现存帝王陵墓中数量最多的一座。朱元璋为什么要这样大肆铺张？汉代陵前石刻甚少，唐代仅高宗武则天乾陵稍多。宋代陵墓石刻虽多，但也没有达到这个数量。元代帝王埋葬是不起坟头的，地面上没有任何石刻存在。即使石刻较多的明、清帝王陵，也仅12对或18对，仍与皇陵相去甚远。一些人认为，朱元璋上台后，难以忘却当年的贫贱困苦生活，父母死了，"殡无棺椁，被体恶裳，浮掩三尺，奠何肴浆"，所以他要用超乎异常的规格来纪念父母。

这些神道雕刻体形高大，雕工精美，都是用巨大的青石细细雕琢而成的。其中石马是群雕中的佳作，石马背负锦鞍，昂首嘶鸣，鬃毛披动，形态逼真。据说，南来北往的马匹，远远望见石马，总是挣脱缰绳跑到石马跟前欢跳，说明雕刻技巧十分高超，可以假乱真。它们虽是洪武初期的作品，但是雕刻的工匠还是元代人，具有元代的艺术风格。

陵园里的石碑今剩"皇陵碑"和"无字碑"两通，气势壮观。两碑尺寸相同，规格一致，均高6.87米，分别由螭龙碑首、碑身、龟趺三部分组成。洪武二年（1369）修建皇陵的时候，朱元璋立了一块大碑，想要写一下他父母的情况和他自己的历史。他唯恐一些词臣为了奉承他，篡改他家的历史，就亲自撰写了提纲，然后吩咐翰林侍讲学士危素撰文。危素文章写出后他仍不满意，最后只好自己动手，亲自撰文，文成后重建了皇陵碑，叫江阴侯呈良督工刻上。碑文叙述了他的家庭出身、本人经历以及参加起义军，东渡大江，建立明王朝的峥嵘历程。文字通俗易懂，感情真挚浓烈。皇帝亲撰碑文，在历代帝陵中也是不多见的。模仿前代帝陵立无字碑的做法，皇陵前也有一块巨大的无字碑，后人推测朱元璋的用意大概也是寓意自己祖辈功德无量，难以用语词表达。今碑已断为三截。

明中都皇陵是明朝第一座帝王规模的陵墓，其豪华侈丽的规制继续了汉唐两宋的传统，开创了明清时代的新风格，在中国古代陵寝制度史上占有重要地位。

明祖陵之谜

明祖陵是我国唯一的依湖傍水的帝王陵，位于今天淮河和洪泽湖交汇处。当年朱元璋命太子朱标修建泗州祖陵，本想为自己的老祖宗添上些许光彩，想不到祖陵竟沉入湖底300多年，弄得无人知晓。历史就是如此作弄人，要是朱元璋知道这个结果，不知他会气成什么样子。

朱元璋登上皇位后，便开始追封祖宗，修建陵寝。

朱元璋祖籍江苏沛县，后来迁徙至江苏句容县通德乡朱家巷。为躲避元代繁重的赋役，其祖父又率领全家迁居到安徽泗州城北。祖父死后，就葬在离家不远的杨家墩。朱元璋一统天下以后，于洪武十九年（1386）追尊祖父朱初一为熙祖裕皇帝，曾祖朱四九为懿祖恒皇帝，高祖朱百六为德祖玄皇帝。一般认为在这一年开始建祖陵祭祀。因德、懿二祖葬址不详，遂就熙祖原葬处建陵，葬三祖帝后衣冠。洪武二十年，又在陵前建享殿。永乐十一年（1413），朱棣又建棂星门及围墙。

明祖陵的修建，前后历时近30年，营建时间之长、体制之宏伟，在明陵中名列前茅。其陵枕岗临淮，基本仿照宋帝陵的规制，但已废止了唐宋诸陵的上下宫制，显得更加紧凑。陵园总平面呈长方形，筑有城墙三重：外为土城，周长3公里；中为砖城，周长1.1公里；内为皇城，建有正殿、神厨、斋房、库房、宰牲亭、金水桥等。

陵前神道两侧，共有21对石像生，自北向南排列在850米长的中轴线上。石刻体形硕大，雕琢精细，其中最大者重达20多吨，小者亦有5吨以上。计有麒麟2对、石狮6对、神道石柱2对、马官2对、石马1对、拉马侍卫1对、文臣2对、武将2对、内侍2对。这些石刻规模宏伟，技艺高超，线条流畅，整体风格既不同于凤阳皇陵，也不同于孝陵和十三陵，一些专家认为，与宋陵石刻的风貌比较相近。从十多尊石人看，体态匀称，衣褶线条处理颇类似白描，有的微露笑容，有的嘴角下垂，有的双目圆睁，有的双目微闭，刻画出不同人物各不相同的内心世界。神道石刻数量之多，用

明太祖朱元璋

材之大，造型之美，显示了刚建立的明王朝的雄心气魄。皇城内外遍植松柏7万多株，郁郁苍苍，气势非凡，壮丽森严。

这样一个气度不凡的陵墓，却在清康熙十九年（1680）沉入了洪泽湖的滔滔湖水中，成了世上罕见的一个"水下皇陵"。人们不禁要问，这到底是怎么一回事？朱元璋为什么修筑祖陵时对地势不详细琢磨而酿成了这样的后果？

其实这也难怪朱元璋。明祖陵的确修建得崇丽无比，但遗憾的是它不处在高山大阜旁边，而是在有"九岗十八洼"之称的丘岗之地。这块耀灵发源、肇基帝迹的吉壤，造就了朱元璋这个真命天子，他为三代祖宗修衣冠冢时当然不会轻易挪动地方的，否则帝王之气一旦漏泄，后果不堪想象。

然而朱元璋无法预料到后来会出现令人惊异的变故。明弘治年间，黄河泛滥，各级官员想尽一切办法抗洪救灾。弘治七年（1494），刘大夏筑太行堤阻断黄河北支，结果却使南支夺淮入海，河道开始紊乱，淮河中、下游连年洪水泛滥。祖陵附近的洪泽湖水位增高，水面迅速扩大。祖陵本处于低洼之地，不断遭受水患。嘉靖二十一年（1542）后，眼看水位不断上涨，地方官员们遂在陵东不断增修堤防。然而堤防的加高速度比不过水位上涨的速度，明代先后有八次祖陵受到水患的侵袭。较严重的万历十九年（1591），淮水倒灌进泗州、盱眙城，祖陵被淹。一位官员上奏朝廷说："我前去参谒祖陵，只见淮水一望无际。泗州城像一只漂浮在水面上的盆盂，而盆盂中的水也是满满的，气象愁惨，不忍睹闻。虽然玄宫还是高高耸立着，但自神路到三桥和各个仪卫石像生，无一不被水淹没了。"到了清代康熙年间，明祖陵和附近的泗州城终于被滔滔洪水吞没。经过湖水长期的侵蚀和冲击，坟丘已被荡平，原先地面的砖木建筑大多毁坏，仅余下棂星门、正殿、东西两庑遗址和残存的32个大型柱础和3座砖砌拱顶建筑，但神道两侧的21对石像大多完好。没于湖水的明祖陵，数百年间无人知晓，渐渐被人们遗忘了。

1961底，气候干燥，洪泽湖水位下降，湖边的大片泥土露了出来，祖陵才重见天日。南京博物院对露出湖底的祖陵遗迹和石刻作了细致调查，制订了修整方案。为了严防明祖陵再度被洪水吞噬，遂动用数千名民工在祖陵东、北、西三面筑了防洪堤，陵区内专门开挖了截岗沟，建立了排灌系统，使明祖陵遗址遗物不再遭受"灭顶之灾"。同时用了十年左右的时间对祖陵进行仔细的修复，基本恢复了祖陵当初的面貌。

修复后的祖陵，数百米长的陵前神道上，气势宏大的21对大型石刻耀武扬威，显示出明朝石刻艺术规制严谨、技法娴熟、造型优美、纹饰华贵的特点，令人赞叹不绝。不过祖陵的享殿和其他建筑早已被湖水冲毁，当年的宏伟壮观只能从柱础上隐隐透出。祖陵的墓室，直到今天仍在水中，透过水面，墓室门券和石门依稀可见，仿佛是故意留给我们去展开想象。

祖陵建筑上的一些问题仍是历史疑谜，留待有关专家们去探索和钻研。如关于祖陵的营建年代，人们有这样几种说法：

一是元朝末年说。这种说法认为，朱元璋在元顺帝至正十六年（1356）攻克金陵后，就马上设立典乐官，动议修建祖陵并付诸实施。至正二十一年，元泗州守将薛显以城降；至正二十六年，濠州李济又以城降。至此，朱元璋的祖茔父坟均在他的控制之下，他以吴王的身份从金陵出发，前往泗州、凤阳省墓。而早在至正二十三年时，身居滁州的小明王内降制书，封赠朱元璋三代为国公。若朱元璋已得泗州，仍置其祖坟而不顾，小明王的封赠就是对朱元璋的讽刺和谴责。依当时情况分析，封赠三代之举，多为朱元璋已经建造祖陵之后才会有的举动，小明王不会惹是生非自找麻烦的。

另一种说法是明朝初年。其主要根据是《明史·礼志·山陵》的有关记载。书中说太祖朱元璋即位后，"追上四世帝号。皇祖考熙祖，墓在凤阳府泗州城北，荐号曰祖陵。设祠祭署，置奉祀一员，陵户二百九十三"。洪武四年时，"建祖陵庙"。如果单是一般的两个破坟堆，当然是不能建庙称陵的，只有大肆建筑后才会这样。

第三种说法是洪武十九年。有本叫《帝乡纪略》的书说，洪武元年追上尊号后，因制祭典，号称祖陵。《凤泗皇陵记》也有相似的记载，说高皇帝龙飞之后，"追尊四代，已建仁祖淳皇帝陵于凤阳，因命皇太子至濠泗，祭告祖考妣于泗州。然未识玄宫所在，时向城西濒河凭吊，岁时遣官致祭"。这两本书说，洪武十七年十月，太祖的宗人朱贵回到家乡，指出了熙祖的居处、葬处，画好图奏上，至此太祖才明白自己的祖宗在哪里。十九年，派皇太子去修陵，号曰祖陵。官方史书《太祖实录》中，虽在洪武十九年条下只见到太子致祭皇陵，不曾提到祖陵，但二十二年十一月条下，有遣官祭祖、皇二陵的记载。

第四种说法是洪武十八年。这种观点也认为，营建是在朱贵献图之后，其根据是《帝乡纪略》卷一中说，"十八年，遂命懿文皇太子率领文武郡臣诸色人匠诣陵修建"。由于这本书是万历年间泗州知州曾惟成所撰，记皇室之事十分谨慎，当代人记当地事应该是可信的。此外，从明祖陵采集的数百块瓷片标本看，以青花为多，但无青白釉或卵白釉为地的元青花，也未见元代其他窑口的器皿。从龙纹花沿和滴水看，灰瓦具有洪武时代的特征，黄色琉璃瓦有早有晚，前者证明元代这里人烟稀少，比较荒凉，而后者证实洪武年间营建用灰瓦，后来修建用琉璃瓦之说。

看来祖陵的营建年代仍有较大争议，尚待细致考证，相信不久之后，我们对这个问题会有一个统一的认识。

长 陵 之 谜

长陵是十三陵中规模最大、建造最早的一座陵墓。长陵的棱恩殿雄伟挺拔，所用木材全部是名贵的楠木。这些木材是从哪里来的？明成祖下葬时，曾有16名皇妃殉葬，她们都葬在长陵的玄宫中吗？

长陵是明成祖朱棣的陵墓，位于北京昌平天寿山中央，永乐七年（1409）开始营建。长陵规模宏大，气势雄伟，布局合理，是明十三陵中建筑最早、面积最大、规模最宏伟、工艺用料最考究、原建筑保存最完整的一座，是明代帝王陵墓的典型代表。永乐十一年（1413）二月，工程浩大的玄宫建成，朱棣把死了数年的皇后徐氏尸骨由南京迁葬长陵，成了十三陵中第一个埋葬者。永乐十四年，长陵棱恩殿建成，赵王朱高燧奉命将徐皇后的神位安奉殿内。宣德二年（1427）三月，陵园殿宇工程大体告竣，前后用了18年时间。

明成祖朱棣是明太祖朱元璋之子，称帝后，为了大明江山的稳定、发展，迁都北京，数次亲征漠北，派遣郑和率庞大舰队多次远航西洋，疏通南北大运河，编纂《永乐大典》，一生贡献极大。他在位的23年，是明帝国最强大的时期，在经济、国防、外交、文化等方面呈现出蒸蒸日上的景象。

朱棣死后是否葬入长陵？人们有不同的看法。明成祖晚年多病，却喜欢宣扬自己的文治武功，不顾劳民伤财，一次次地率师北征。永乐二十二年（1424）七月，明成祖朱棣驾崩于亲征漠北的返京途中，是年65岁。由于事情来得突然，随征的大臣们恐怕传扬出去朝廷中会发生变故，于是搜集军中锡器铸成一口棺材，将他的尸体秘密装殓起来，每天还是照常送上饮食，不知情的大臣仍然一如既往地上奏。据说为防泄密，铸棺材的铜匠全部被杀。回到北京附近，才派人密报太子。从死到棺材运进北京，相隔了25天。

明成祖朱棣

如此一来，后世遂有了种种猜测。有人怀疑朱棣的遗体并未运到北京，北京的长陵只是一座衣冠冢。还有些人恼恨朱棣杀人夺位，说朱棣在打猎时被狗熊咬死，遗体被吃掉了。为了说明这种观点的正确性，他们引用了明朝人区大相的诗作为论据："文皇（朱棣）鼎成后，此地葬衣冠。"不过仔细分析区大相的诗，马上可以知道，上述观点是断章取义，因为他后面还有一句："日月神宫秘，山河帝寝安。"可知这里的衣冠是代指遗体，不存在衣冠冢的意思。

　　一般认为朱棣确是葬在长陵玄宫中。根据史书，皇太子朱高炽听到父亲的死讯，马上派皇太孙朱瞻基到开平迎接。先是将尸体安放在仁智殿，当年十二月十三日，又举行了十分烦琐而隆重的葬礼。这天，朱高炽领着后妃、皇子和大臣，身着孝服，行"辞奠"礼。第二天，将棺椁抬到午门，行"遣奠"礼。再抬到端门，皇太子捧着白绢到太庙行"辞祖"礼，然后出德胜门直往天寿山长陵。沿途设置了不少祭坛。到长陵后，先放在享殿中行"安神"礼，下葬前还要行"迁奠"礼，到地宫门外还要行"赠"礼，把随葬器物摆到里面，关上地宫大门，在地宫前行"享"礼，这才算完事大吉。

　　从保存至今的长陵来看，明成祖确是花了功夫。长陵规模宏大，气势雄伟，布局合理。后代作为十三陵共用的神道，及最南端的石牌坊、大宫门、碑楼、石人、石兽等，最初都是长陵建筑的一部分。长陵的地面形制仿照明太祖孝陵，平面是前方后圆形状。

　　在十三陵神道尽头，过汉白玉石七孔大桥，就是长陵寝宫的大门——祾恩门。"祾"是"祭而受福"，"恩"为"罔极之恩"。门庑面阔5间（31.44米），进深2间（14.37米），单檐歇山顶，朱门金钉，门上有大匾额，书有"祾恩门"三字。下承白石栏杆围绕的石雕须弥座台基，装饰华丽。祾恩门系天门的意思，进入此门即升入天堂。皇帝就是天子，死后要升入天堂，所以自祾恩门开始，这儿就是明成祖的天堂了。

　　进入祾恩门，就能见到院内北面高大巍峨的祾恩殿，这是十三陵中最雄伟的建筑，与故宫太和殿十分相似，落成于永乐十四年（1416），是供奉帝后神牌和举行上陵祭祀活动的场所。"祾恩"，是祭陵感恩而受福的意思。它是明代帝陵中唯一保存至今的陵殿，仿照明皇宫金銮殿修建，规模极大，等级至高。大殿面阔九间，进深五间，黄瓦红墙，重檐庑殿顶。殿内有60根金丝楠木明柱承托殿顶。中央的四根楠木直径达1.17米，自根至顶为独木构成，最高的达12米。梁、柱、檩、椽、斗拱等木构件，也都是楠木制作，因而人们称该殿为楠木大殿。殿中端坐于九龙宝座之上的永乐皇帝铜像，形象逼真，做工精湛考究，精美绝伦。大殿坐落在三层汉白玉丹陛台基上，台基高3.2米，每层均有勾栏围绕，显得庄重森严。

　　很多人提出疑问，修建长陵的楠木是哪里来的？因为楠木常产于四川、湖广、江西等省的深山老林中，北京近郊是不产楠木的。根据记载，楠木是十分珍贵的木材，生长数百年才能成材。在修建陵墓的过程中，成祖常派朝中高官亲自前去督办，如他曾派礼部尚书宋礼、兵部左侍郎古朴、吏部左侍郎师逵等到四川、江西、湖广等地采木。而进入深山的伐木人常常会受到野兽的攻击，或染上恶性疟疾，很多人进山以后有去无回。大木采伐之后，山路崎岖，无法运出山外，要等到雨季到来，山洪暴发，靠洪水将木材漂流出山，然后再导入江河，结筏运送。在江河之中，惊涛骇浪，又不知有多少人死于非命。采伐的楠木到达北京，要经过两三年的时间，沿途损耗，江河漂失，到达后仅剩十之一二了。经水路从千里之外到达通州后，再要经陆路才能运到十三陵工地。不难想象，砍伐每一根楠木不知要死多少人，运一根楠木到北京要花费多少两银子。

　　祾恩殿后为内红门，内红门的彩绘色调深沉、肃穆，使谒陵人员一走进门内即有诚惶诚恐的感觉。门内是陵园的第三进院落。院内沿中轴线方向建有两柱棂星门及石供案、明楼。明楼内竖一石碑，交龙方趺，上刻"大明成祖文皇帝之陵"。至此，人们不禁会问，明朝已有太"祖"了，怎么又会出现一个成"祖"呢？封建社会，一个朝代往往只有开国者尊称为"祖"，其他都是"宗"。朱棣死后，按当时的昭穆制度，他被追为太宗。明世宗嘉靖皇帝上台后，为了表示尊重皇祖，认为创建国家的是太祖，而使国家得到巩固的是太宗朱棣，他称"祖"是完全合适的，于是将"太宗"改为"成祖"。

　　当时明楼中已有石碑刻着"大明太宗文皇帝之陵"，世宗决定将上面的文字改过来，但又不想破坏旧碑，就用木头刻了"成祖"二字嵌在石碑上。万历三十二年，长陵遭雷击，明楼中的石碑被击坏。当时大学士沈一贯对神宗说，当初世宗改了成祖碑却没有立新碑，祖宗生气了，所以雷神发怒，这是天意，是让我们更新。因此在这一年对明楼中的石碑重新镌刻。

　　明楼的后面是圆形的宝城。宝城方圆1000余米，外侧雉堞（垛口）林立，内侧置宇墙，中为马道，像一座封闭的城堡。宝城之内为高大的封土陵冢，其下是埋葬帝后的玄宫。宝城的前部，沿中轴线方向建有方城和明楼。方城高12.95米，下设"T"形券洞。玄宫的内部结构，在没有正式发掘之前，是很难确知的。

　　成祖葬入地宫时，曾有16个妃子殉葬。她们是否都葬入了地宫？答案是否定的。明代规定，妃子是不能与帝王同穴的。16个妃子自尽后，在长陵东南和西南约四五里的地方修了东西二井，即直上直下的墓坑。二井原有重门三道、殿三间，两廊庑各三间，外有围墙环绕，今已湮毁。

　　雄伟壮观的长陵，至今仍基本保持着原有的风貌，向人们倾诉着它的历史。

明献陵之谜

　　十三陵内，紧邻长陵的是明仁宗朱高炽的献陵，在长陵高大的身躯衬托下，献陵显得破旧矮小。更令人称奇的是，献陵中间至今还保存着一个小山包，将祾恩殿和明楼隔断。有人说小山包是替仁宗遮羞，有人说小山包是龙脉的一部分……

　　按照"子随父葬，祖辈衍继"的昭穆制度，明仁宗的献陵被安排在其父亲明成祖长陵的西面。然而只要到十三陵参观过的人马上会发现，和气势不凡、规制严整的长陵相比，明仁宗的献陵显得十分寒酸，陵墓既小又简单，这到底是怎么一回事？

明仁宗朱高炽

明成祖朱棣死后，长子朱高炽登上皇位，他就是明仁宗。即位后，他重用当时口碑较好的杨荣、杨士奇等大臣，遣使分巡天下，予民休养生息，整肃朝纲，严惩贪官，罢采办，减织造，停宝船。仁宗不能像他的父祖那样有许多雄才大略，但在文治武功上还是有一些建树的。他登基后的第一道命令就是追回第七次下西洋的郑和远洋船队，召回在交趾采办珍珠的特使和在西域买马的官员。然而令人意想不到的是，10个月后，仁宗突然崩于钦安殿宫中，新即位的明宣宗朱瞻基手忙脚乱，不知如何是好。

仁宗之死十分可疑，后代有人说他是被太子朱瞻基害死的，有人说他是色欲过度死掉的，也有人说他是服用了金石之药中毒死亡的。但不管怎么说，上任才10个月，他不可能料想到自己会这么快就离开人间，也没有时间来为自己安排后事。在位时间较长的皇帝，一般会用很多年的时间为自己死后的寝宫做好周密的准备，陵墓可以建得很气派，而明仁宗就无法做到了。保存在《仁宗实录》中的仁宗临终遗诏说：“临御日浅，恩泽未浃于民，不忍重劳，山陵制度务从俭约，丧制用日易月，皆以二十七日释服，各处总兵镇守备御重臣，悉免赴阙行礼。”大概仁宗死时，山陵制度还从未考虑过。

仁宗的献陵是其子明宣宗在正式上台后才开始营造的，史书说他是遵照遗诏，亲定献陵规制，仅仅三月而陵成，就将仁宗下葬了。表面上看，宣宗是不敢违反仁宗遗诏，但总给人有点草草了事的感觉，这样献陵建筑就根本无法与长陵相比了，后者毕竟是一个建了18年的陵墓。史书说宣宗上台后，召大臣蹇义、夏元吉等商量，他说：“国家以四海之富葬其亲，哪里怕什么劳费？不过古代的圣明帝王都主张节俭，我作为孝子也只是想使亲人的体魄永久地保存下去，并不想厚葬。皇考有遗诏让从俭建陵，这是天下共知的，现今建山陵，我认为应该遵照皇考先志。你们认为如何？”蹇义等一听，就赶紧说：“圣见高远，发于孝诚，从俭建陵对千秋后代都是有好处的事情。”群臣意见一致，于是宣宗亲定陵园规制，选派官员负责修造。洪熙七年七月兴工，九月玄宫正式落成，仁宗落葬。英宗正统七年（1442）十二月建成明楼，次年三月陵寝全部完工。

《昌平山水记》说：“献陵最朴。”意谓十三陵中，献陵的规制最小。从献陵今存残破的明楼、宝城及殿基来看，比一般陵墓要简陋得多。神道上没有单独设置石像生、碑亭等建筑，现在的碑亭是嘉靖年间增建的。从整个陵园形制来看，献陵与其他的陵墓大同小异。从神功圣德碑亭开始，由南往北依次是棱恩门和棱恩殿、棂星门、石五供、方城与明楼、宝顶。献陵地面建筑无重门，棱恩门东西开间仅三间。明朝陵墓制度，一般是宝城内应当用厚实的黄土填满，并筑起高大的宝顶，但献陵的宝顶却掩埋不住宝城内墙，显得极其简单和寒酸。

献陵与其他陵墓不同的是，在祾恩殿和明楼之间，有一座小山相隔，把陵墓切成两部分。这座小山形似几案，皇家称它为御案山或玉案山。陵园中间有一座小山矗立，这种奇特现象令人百思不得其解。

有一本名为《陵谱》的书中，对此进行了详细的记载。书中说，朱高炽为太子时，每日无所事事在宫中游荡。其时宫中规定，凡夜晚宫中妃子门口挂红灯的，太子方可进入。挂绿灯，意谓内住长辈女性，不得入内。一夜，朱高炽到处转悠，见一楼内窗棂上挂着红灯，便喝退侍从，径直走了进去。待其宽衣解带上床后，却见床上躺着的不是妃子，而是他的姨娘。出现这种乱伦的情况，在宫中也是少见的，一时人们交头接耳地相互传开了。有人说，太子对比他大几岁的姨娘早有此意了，那天夜里，是他事先将姨娘的房门绿灯摘下，在窗棂间换成红灯的。也有人说，其实是姨娘早对太子有情，是她亲自摘下绿灯换上红灯的。仁宗晏驾后，明宣宗命人将父皇陵墓建于小土山后，使石碑殿堂及明楼宝顶互不相见，其意是用小山包将父皇仁宗与其姨娘的丑行遮掩起来，因此当地的老百姓一直称这座小山为遮羞山。

也有人认为仁宗误入的不是姨娘房间，而是其父妃子的寝宫，当时大家认为乱伦是极其严重的失礼之举，仁宗为保持自己的尊严，遂对天发誓，矢口否认，说如果有这样的事情，情愿让龙把自己吃了。想不到金銮殿上真有一条龙腾空而起，一口将仁宗吞下。大臣们赶紧救驾，却只抢得了一只靴子。宣宗只好将父亲的靴子葬入陵中。为了遮掩这件令人难堪的事情，他特意把真正的陵体安排在这座小山之后。

有很多人认为，上述说法是臆说传闻，一点也不可信。里面涉及到的宫廷制度十分混乱，完全是有人瞎编乱造的。同样根据文献记载，这座小山与风水有关。皇家园陵最重要的一条选择标准是选择龙脉，这起伏的山丘就是龙脉的象征。经术士勘定吉壤后，宣宗皇帝亲临视察点穴，一旦决定后，就不能再把原来的山包铲平，否则会伤龙脉的。献陵建造时，因这座小山形如几案，是作为龙脉的一部分而得以保存的，想不到后代会衍生出这么些个不明不白的故事来。

明仁宗的确好色。朝鲜《世宗实录》说，朝鲜使臣尹凤曾对自己国王说，洪熙皇帝好戏事，沉于酒色。《明通鉴》《明史》都记录了大臣李时勉给仁宗的一篇奏疏，内中说："侧闻内宫远自建宁选取侍女，使百姓为之惊疑，众人为之惶惑。"他认为仁宗还在为成祖守丧期，不应该左右都是女人。仁宗一生气，就将他关进了大狱。仁宗好色确有其事，而且还有点小名气，所以民间才会传闻这样的故事。笔者认为，说《陵谱》的故事没有丝毫根据也多少有点武断，全信这个故事也没有必要，龙脉说也不见得是完全有根有据，暂且就让这两种解释伴随着十三陵一直存在下去吧。

明代宗朱祁钰景泰陵之谜

北京西郊的玉泉山也有明朝的帝王陵，但建筑简单，规模很小，与十三陵是无法相提并论的。明成祖以后，明朝共有14个皇帝，其中13个葬在昌平，唯一例外的是景泰帝葬在玉泉山，这到底是什么原因？原来与当时的政治斗争紧密相关。

明朝自成祖朱棣迁都北京，至崇祯帝吊死煤山，共经历了14个皇帝，但何以昌平只有13座陵墓？人们不禁要问，十三陵外的又一陵在哪里？查一下明朝的皇帝和对应的陵墓，只有第七代皇帝朱祁钰没有葬在昌平，他的陵墓在北京西郊的玉泉山北麓金山口。《长安客话》记载："陵前坎窞，树多白杨及檺。凡诸王公主夭殇者，并葬于金山口，其地与景皇属。"玉泉山金山口一带，原本是明朝葬亲王、妃子的地方，而景泰帝为什么也葬在这里？

明代宗朱祁钰是英宗朱祁镇的弟弟，原本是不会当上皇帝的，却由于正统十四年（1449）发生了"土木之变"才侥幸坐上了皇位。

明英宗朱祁镇即位之初，太皇太后张氏（仁宗朱高炽皇后）委托阁臣杨士奇等主持政务，政治尚能维持清明，社会比较安定。

太监王振是英宗在东宫为太子时的心腹，为人狡黠，阿谀奉承的套路最为拿手。朱祁镇年轻贪玩，王振就想方设法让这位小太子玩得痛快，所以两人感情十分融洽。正统十年（1445）张太后病死，王振开始为所欲为，趁着英宗贪玩，把军政大权抓在手里，代皇帝批答奏章，模仿英宗的口气任用官员。

北方蒙古族的瓦剌部十分强大，新上台的首领也先屡次率军南侵，明朝连年边警不断。正统十四年（1449）七月，也先南侵，来势凶猛，大同守军出战失利，塞外的城堡大多陷落。

边报传到京师，英宗即派驸马都尉井源等四将各率兵万人出征抵御。随后，在王振的怂恿下，英宗作出了亲征的决定。八月十三日，他率军来到距怀来城仅20里的土木堡，被瓦剌军追上。被围两天之后，王振被乱军杀死，英宗被俘，明军损失一大半。这就是史书上说的"土木之变"。

英宗被俘的消息传到北京，明朝百官一片恐慌。瓦剌继续南下，并且带了英宗作为要挟。人心惶惶之际，大臣们提出必须另立皇帝以安定人心，兵部侍郎于谦等请太后正式宣布让英宗弟朱祁钰做皇帝。九月，朱祁钰正式登上皇位，改元景泰，遥尊英宗为太上皇。也先带着英宗率大军直指北京城，于谦等率军誓死保卫。十月底，也先战败，退出塞外。

景泰元年（1450）八月，英宗被释回京。由于已有皇帝，英宗只能以太上皇的身份居住在南宫。景泰帝为巩固自己的帝位，废太子（英宗长子）朱见深为沂王，立自己的儿子朱见济为太子。一年后，朱见济病死，皇太子问题又无法确定了。

景泰八年（1457）正月，景泰帝病重。武清侯石亨、徐有贞等考虑到景泰帝将不久于人世，开始策划让英宗复辟，以谋求私利。十六日四鼓时分，徐有贞打开长安门放进千余士兵，然后又把门锁上，率众人奔向南宫。黎明，徐有贞等在奉天殿拥立英宗登上帝位。英宗终于在回朝后的第七年复位了。历史上称这一事件为"夺门之变"，又叫"南宫复辟"。

英宗即位后，废景泰帝仍为郕王，并把这一年改为天顺元年。病中的景泰帝被迁到西宫，不久死去，年仅30岁。景泰帝死后，以王爷的规格葬于北京西郊玉泉山金山口，其妃嫔也被赐死殉葬。明宪宗朱见深即位后，恢复景泰帝号，将墓扩修成为皇陵。嘉靖时又改建陵碑，并将绿色琉璃瓦改为黄色琉璃瓦，使之符合帝陵规制。自明成祖迁都北京，帝王过世后全部葬于昌平的陵区，唯独景泰帝因特殊原因葬于玉泉山北麓。

景泰陵基本具备了同时期皇陵的主体建筑和布局特点。陵区原有宫殿、神厨、神库、宰牲亭、内官房和碑亭，以及皇陵最重要的棱恩殿。今景泰陵建筑仅存碑亭和棱恩殿。亭正中竖有一块石碑，正面书有"恭仁康定景皇帝之陵"九个大字，背面是清乾隆皇帝手书诗一首："迁都和议斥纷陈，一意于谦任智臣。挟重虽云祛恫喝，示轻终是薄君亲。俭随见废子随弃，弟失其恭兄失仁。宗社未之真是幸，丘明夸语岂为淳。"

景泰陵因为原来是王陵，规模很小，陵碑比十三陵任何一个陵碑要小得多。碑亭后约20米的棱恩门还算大，然是灰瓦顶。门内的棱恩殿早已不存。

早在景泰七年（1456）二月，代宗皇后杭氏死后，三月景泰帝就开始在十三陵的黄寺岭下修建陵墓。陵还没有全部修成，英宗就复辟了，景泰帝被废，他修的陵也自然就没有用上，英宗以王礼把他及杭氏葬在京西的玉泉山。到成化十一年七月，明宪宗说，他叔父"戡难保邦，奠安宗社"有功，又追称为景皇帝，庙号代宗。修缮他生前所建陵墓，称景泰陵，但最终并没有将其灵柩迁移过来，所以他的陵墓是一座空坟，地面建筑至明末已全部毁坏。

明显陵之谜

明朝中期，有人生前没有当过皇帝，死后被追尊为帝，并且营建了陵园。此人是谁？他就是嘉靖皇帝朱厚熜的父亲朱祐杬。朱祐杬本为兴献王，朱厚熜入继大统后，追尊其父为睿宗献皇帝，将今湖北钟祥县原来的王坟扩建为显陵，建筑规模和祭扫制度与北京十三陵天寿山皇陵基本相同。

显陵在湖北省钟祥县城北15公里的纯德山，最初称兴献王坟。明正德十四年(1519)开始修建，至嘉靖十九年(1540)全部建成。显陵的主人朱祐杬，明宪宗第四子，封兴王，驻守在安陆(今湖北钟祥)。正德十

明显陵

四年(1519)卒，谥号献，称兴献王，按藩王礼修墓，同年入葬。朱祐杬没有做过一天皇帝，只是日后他的儿子是嘉靖皇帝，于是父亲被儿子追封为皇帝，而嘉靖皇帝的亲生母亲真的做了十几年皇太后。

正德十六年(1521)三月，明武宗病死。武宗无子嗣，临终之前也未留下遗诏，只是让太监转告，请他母亲慈寿皇太后与内阁辅臣商议皇位的继承人。皇太后和内阁首辅杨廷和等商议，立朱祐杬长子朱厚熜嗣皇帝位，以武宗遗诏的形式将这一决定颁发下去。

这份遗诏只是强调了"兄终弟及"的祖训，并未考虑到朱厚照和朱厚熜只是叔伯兄弟，也未强调朱厚熜要过继给伯父孝宗做儿子，才能名正言顺，这就给往后的事情带来了麻烦。

15岁的朱厚熜从湖北钟祥到北京后，发现礼部是按皇太子身份举行登极典礼，便不肯登极，强调要按遗诏"嗣皇帝位"举行仪式。经皇太后调停，最后以"奉迎皇帝"礼在文华殿登极，改次年为嘉靖元年，是为明世宗。

世宗即位后，为了追尊自己的生父为明朝正宗皇帝，下令礼部官员讨论其父亲兴献王的祭礼，这就是历史上的"大礼之议"。大学士杨廷和、礼部尚书毛澄等依据礼制，认为世宗应该尊武宗的父亲，也即世宗的伯父孝宗为皇考，而称亲生父亲兴献王及王妃为皇叔父母，祭告上笺称侄。世宗强调"父母不可更易"，要尊父为皇帝，母为皇后，下令廷臣重新讨论。

此时，世宗生母从安陆来到通州，听说朝廷正在争论，有人主张让世宗以孝宗为皇考，她感到十分气愤，想不通怎么能让自己的儿子成了别人的儿子？世宗以摔皇冠要挟，最后杨廷和等以太后名义尊兴献王为兴献帝，王妃称兴献后。

嘉靖二年，南京刑部主事桂萼、张璁又重开礼仪之争，主张称孝宗为皇伯考，兴献帝为皇考，在皇城另立祀庙，称武宗皇兄，兴献王妃为圣母。这个奏章特别合世宗心意，遂令廷臣集议。吏部尚书乔宇、礼部尚书汪俊等官员起初坚决反对，后见不能硬顶，同意在兴献帝前加一"皇"字。

世宗又下令，称兴献后为"章圣皇太后"，礼部侍郎周希等极力反对，而世宗坚持己见。杨廷和之子杨慎等认为，国家养士就是为了仗节死义，所以在七月十五日这天，会同官员229人跪请于左顺门外，请求世宗收回成命，并大呼"高皇帝、孝皇帝"的在天之灵，想用太祖和孝宗的威名来压抑世宗。世宗大怒，命锦衣卫逮捕了134名官员下狱，另外86人听候处置。

左顺门事件后，世宗正式定称孝宗为皇伯考，称生父为皇考，九月诏告天下。官员中见风使舵者也出现了，嘉靖四年(1525)四月，光禄寺丞何渊请求

崇祀兴献王于太庙。嘉靖十五年（1536），改称"兴献帝庙"，两年后更尊"献皇帝"为睿宗，附于太庙配享。从此皇家的支系变成了正系。

"大礼之议"后，就有大臣为讨好世宗，提出将埋在安陆的兴献王改葬天寿山，这正中世宗的心意，遂命工部负责办理。工部尚书赵璜认为不能改葬，说兴献帝体魄所安，不可侵犯。而且山川灵秀所萃，不可轻泄；国家的根本所在，不可轻动。应像太祖不迁皇陵，成祖不迁孝陵那样，不要轻易搬迁。其他大臣也极力反对，加上母后蒋氏不同意，世宗只能作罢。

嘉靖十七年（1538），世宗的母亲章圣皇太后蒋氏死了，他又想乘机在十三陵地区替自己父母亲修陵墓，将他父亲灵柩迁来与母亲合葬。他亲自到天寿山陵域选择陵址，相中了大峪山。因大峪山林茂草郁，冈阜丰衍，就马上命令武定侯郭勋和工部尚书蒋瑶等人开始建陵。选址这天，恰遇风沙，随行官员认为这是上天惩戒，但无人敢谏。朱厚熜虽谕令即时兴工，但心中也忐忑不安。他又令人作"献皇帝梓宫启行图"及奉迁仪注，具体落实迁陵事宜。过了一段时间，他突然变卦了，说自己的父亲已"奉藏体魄二十年"，如果一旦启露风尘之下，从湖北到北京路途遥远，"朕心不安"，所以想把母亲葬回到安陆去。他命锦衣卫官员到安陆去察看，结果"开启玄宫，审视大内"，发现玄宫有水。于是他于嘉靖十八年（1539）三月亲自回到湖北安陆准备搬迁，因见父亲老坟风水尚好，才打消了这个念头。由于原地宫进水，他下令重建玄宫，并且为他父亲坟墓加碑建殿，并将兴献王坟改为显陵。

回京途中，他经过庆都尧母墓，又想仿尧父母异陵而葬的故事，行南北分葬，将母亲葬于大峪口。为此，到达北京后，他再次到大峪口视察，因"峪地空凄，岂如纯德山完美？决用前议奉慈宫南祔"。经过多次反复，皇太后终于归葬湖北显陵。

显陵于嘉靖三年（1524）三月开始按明代帝陵改建。嘉靖六年，世宗命修显陵"如天寿山七陵之制"，继而大规模扩建。嘉靖九年，礼部上奏请决定显陵谒陵庙礼，嘉靖御批要"如泗州祖陵、凤阳皇陵、南京孝陵仪"。嘉靖十八年，又命工部左侍郎顾麟等奉旨督工改建玄宫，嘉靖钦定"图式"。嘉靖三十三年（1554），下令改建显陵祾恩殿"如景陵制"。嘉靖三十八年，显陵竣工。

显陵的人文价值完全不在于坟墓的主人，而在于皇陵建筑群的独特性。陵墓大红门西侧的一池水格外引人注目，陵中祾恩殿前还有一池水，这两池水分别称为"外明塘"和"内明塘"，前者椭圆形，后者正圆形。一条拐了五道弯的水道自北向南穿陵区而过，上面架有五道御河桥，河水注入陵西的莫愁湖。外明塘是根据原有天然池塘改建，位于陵区的前端，对纯德山的地气有保护作用，又处在风水术中明堂的方位，设计者巧妙地将其纳入建筑单元中。内明塘位于祾恩门前，是一个人工开凿的圆形池塘。为什么要挖这个池塘，而且池塘又在中轴线上？如果实地踏勘会发现，内明塘有集聚地下水的功能，联系第一座宝城玄宫进水，开凿池塘的目的就是降低地下水位，消除地下水对新玄宫的侵蚀。陵中有水道和小湖，这是中国皇陵中独有的设计。

显陵在神道的处理上也与明代诸陵不同。在陵区中心部位，我们可以看到一条弯曲的甬道，它一反过去皇陵神道笔直和左右对称的原则，如同一条蜿蜒前行的神龙，这就是所谓的神道龙。神道龙的设置与风水有关，具体做法是中间铺筑石板，比附龙脊，两旁以鹅卵石铺盖，比附身体，以其天然形态和投影形成所谓龙鳞。这样的设计，既是一种宗教的要求，同时也使取材容易，施工方便，充分显示了古代工匠的聪明才智。

据文献记载，显陵的建筑规模和祭扫制度与其他皇陵相同。显陵陵园共有两重，外罗城依山势而建，蜿蜒起伏，周长4730米，红墙黄瓦。外罗城平面呈金瓶形状，意谓能绕护地气。而且金瓶是神仙所用的法器，寓意神圣吉祥。陵园有陵门两座，均以砖石砌筑，为面阔三间的无梁殿，单檐琉璃歇山顶。门前左右各立高达3米的下马碑一通，碑上刻字为严嵩手笔。门内石板铺成的神道直抵内城。中部立棂星门，六柱三门，方形石柱，柱顶各置独角神兽一只，额枋上饰云头及火焰宝珠。棂星门前神道两侧，列立狮子、獬豸、骆驼、卧象、麒麟、立马、卧马等石兽8对和文臣、武将各2躯，全用整块汉白玉雕琢而成，显得肃穆庄严。

内城正门为祾恩门，面阔三间。其后为祾恩殿，面阔五间，均仅存殿基。从石基看，当年的建筑规模相当宏大。大门两侧基本完整的琉璃琼花壁和背面的双龙壁，格外引人注目，这在明陵中也是独有的，其精湛的工艺与故宫中的一样。就占地面积而言，显陵大于北京任何一座明皇陵。外明塘附近有一处外罗城缺口，传说是云南和贵州由于地方偏远，没能运来砖而造成的。

显陵茔城内外墙之间以瑶台相接，平面形状如哑铃，城墙周设垛堞和汉白玉雕成的蟠首散水。前城内圆形土冢之下，是正德十四年为朱祐杬营建的墓室。后城内圆丘之下的玄宫，是嘉靖十八年（1539）新建的，建成后将被追谥为恭睿献皇帝的朱祐杬重新装殓后迁厝于内，与其妻章圣皇太后合葬。一座陵两个宝城，这在中国皇陵中也是绝无仅有的。

茔城前砌方形城台，下设券顶甬道，上建明楼。当时通过甬道将兴献王的灵柩移到后面的宝城，与其皇后墓合在一起，从而达到既不破坏原墓，又体现皇陵制式的目的。明楼平面呈正方形，楼内置"恭睿献皇帝之陵"碑，两侧摆放着正德年间为兴献王制作的圹志。城台之前，设石雕五供台和望柱一对，左右分立御制碑文和《兴献尊谥文》碑。

陵园内各建筑物的基础，大部分采用须弥座式的石雕台基，上刻简练精美的纹饰。门券石多以汉白玉刻龙纹贴面。祾恩殿前的云龙丹陛、散水蟠首及回廊栏杆等构件的雕刻技法尤为精湛，是明代石刻艺术的典型作品。

一些专家认为，显陵的建筑艺术有着独特的风格，如它讲究像天法地、天人合一，整体构思上以祭礼为中心；比德畅神，天人交际，构成艺术上以自然环境为主；单体建筑形制、体量、色彩以及互相之间的位置，讲求节奏音律变化；等等。显陵是一座将古代皇陵与天人合一、风水、术数有机结合的陵墓，是中国陵墓建筑的范例。

英宗裕陵之谜

十三陵地宫格局从明初开始，按一帝一后的规制设计，但令人不解的是，这种格局到明英宗的裕陵发生了改变。到底是什么原因引起了变化？原来，继英宗登上皇位的宪宗不是皇后所生，为了自己的母亲能与父亲同处一穴，一个折中的办法就是，将地宫改成一帝两后制。

明英宗在"土木之变"前后两度执政，共达22年。他在位期间，明朝政府国力渐衰，无力顾及东北广大地区，裁撤了设在东北的行政管理机构，从此丧失了对东北地区的控制权，这对明末政局带来深远的影响。1464年，英宗病死。在明朝政坛上，英宗没有什么丰功伟绩，可称颂的地方很少，但废除殉葬制度却一直被史书称作盛德仁义之举。明代宫妃殉葬由来已久，长陵附近葬了16个明成祖朱棣的妃子，宣宗朱瞻基的景陵附近也有10人。英宗死时，遗诏从自己开始不再让宫妃殉葬，这样，他的17个妃子均免遭横祸，个个得以终天年。

英宗死后，孤寂地躺在长陵西北石门山南麓的裕陵地宫里。裕陵建于天顺八年（1464）二月，参加营建的军民工匠共达8万余人。五月八日，宪宗奉英宗皇帝梓宫入葬。六月二十日，陵寝工程全部告竣。陵园规模一般，现存的宝城、明楼已残破衰颓，与其他陵墓相比，没有任何特殊之处。然而，裕陵却是明朝两后合葬的第一座帝陵。

按照明初太祖朱元璋的规定，每座陵墓中只准埋葬一个皇帝和一个皇后。他和皇后马氏是患难夫妻，马皇后死后，他没有再立皇后。朱棣的皇后徐氏是明朝开国功臣徐达的大女儿，在朱棣夺取皇位的斗争中起过不小的作用，与朱棣感情甚洽。徐皇后死后，朱棣也没有再立皇后。以后诸帝沿袭这个传统，陵中地宫的格局都是以一帝一后来设计的。

英宗朱祁镇与皇后钱氏，完全可以称得上是一对患难夫妻。当英宗被瓦剌俘虏后，钱皇后曾竭力营救，把自己的全部私人资财捐出。史书上说她昼夜悲哀哭泣，哭累了就地而卧，因悲伤过度，没几天就哭坏了一只眼睛，一条腿也落下病来，行动都有些困难。朱祁镇被放回来后，名义上是太上皇，实际上被软禁了，钱皇后就不断地劝慰他。在英宗最困难、情绪最低落时期，钱皇后一直守在他身边，没有一句怨言，因此朱祁镇很敬重她。由于钱皇后久病无子，朱祁镇只能无奈地立周贵妃生的朱见深为太子。周贵妃自恃儿子是皇太子，在钱皇后面前神气活现，引起英宗不满。钱皇后

明英宗朱祁镇

中国帝王后妃陵墓之谜

劝英宗看在太子的份上，不要责怪周贵妃，但英宗还是罚周贵妃亲手为钱皇后做了一双鞋和衬衣，向钱皇后上寿，此事才算作罢。英宗临死前，预感到太子将来即位以后，肯定会立他自己的母亲为太后，钱皇后的名位将受到影响，所以给太子立遗嘱说："皇后钱氏，名位早已定好，你要尽孝养的义务，让她以终天年。"并明确说钱氏死后要与自己合葬在一起，还让大学士李贤将这些话全部记录在册。

英宗死后，太子朱见深登上了皇位，他就是宪宗皇帝。事情果如英宗预料的那样，皇位还没坐热，宪宗就让大臣们讨论钱氏和周氏的徽号。太监夏时按照周氏的意思，说应该尊周氏为皇太后。大学士李贤、彭时据理力争，认为这样做不合礼仪，宪宗无奈之下，只能"两宫并尊"，都称为皇太后，不过钱氏要加上"慈懿"两字，称为"慈懿皇太后"。

几年后，钱太后病死。周太后想，从大明洪武至仁宗，陵内均是一帝一后，如果钱氏葬于英宗的裕陵，自己寿终后就不能与英宗合葬了，因此主张把钱氏另葬别处，不愿意让她合葬裕陵，她唆使宪宗让大臣们商议。大学士彭时说："钱太后与先帝合葬裕陵，神主享于太庙，这是不能改变的礼制。"第二天，宪宗亲自召见彭时等人，彭时还是对答如前，宪宗叹息道："这个道理我也懂，但我既不敢违背父亲的遗嘱，又不能违背生母的意愿，处于两难境地。"彭时、商辂和刘定之等人说："皇上孝事两宫，闻于天下，如不合葬，恐怕有损皇上的圣德。"宪宗让大臣们再次集议。吏部尚书李秉、礼部尚书姚夔召集廷臣99人商量对策，也认为彭时等人的意见比较合情合理。也有大臣按照周太后的旨意，认为不该合葬。最后大家上奏说："今慈懿皇太后之丧，与皇太后千秋万岁以后俱合葬裕陵，慈懿皇太后居左，皇太后居右，配享英庙，礼亦宜然，是乃天理人情之至也。"宪宗览奏批答说："卿等所言固是正理，但圣母在上，事情并不好办，我多次向她说了，但她不答应。朕平昔孝奉两宫如一，如果因这件事而违背母意，以致有其他意想不到的事情发生，我难道可以称为孝吗？今当于裕陵左右选块吉地安葬太后，崇奉如礼，这大概是个两全之计，希望你们各位能体谅我的意思。"

彭时等大臣见宪宗还是不同意合葬，遂接二连三地联名上奏。之后，又率领百官跪伏在文华门外大哭，朱见深让众大臣退下，可是群臣就是叩头大哭，一定要等宪宗下圣旨同意合葬，他们才肯退走。闹了半天，宪宗见无法收场，便提出了折中的办法，说是将玄宫分成三殿，这样既能葬钱太后，也能照顾母亲周太后。事情发展到这种程度，周太后只能答应让钱太后合葬。

尽管同意合葬，但周太后心有不甘。她提出一个条件，要把钱太后入葬的左配殿隧道口堵死，只让将来安入自己的右配殿和皇堂相通。当钱太后下葬后，宪宗让宦官们按照周太后的意思做了，将钱太后的棺椁放到墓室的左配殿中，距英宗的墓室有好几丈远，并将中间相通的隧道堵了起来。奉先殿的祭礼，也不设钱太后的牌位。可怜的钱太后活着的时候一心一意对英宗，死了却与他分离开来。从朱元璋开始的一帝一后葬制从此被打破了。

弘治十七年（1504），周太后病死，被葬到了裕陵的右配殿。孝宗朱祐樘本想把钱太后左配殿堵死的隧道打通，但钦天监和阴阳家们说，地宫的内部结构不宜拆动，只得作罢，只是将裕陵祾恩殿里的神座重新进行了布置，英宗居中，钱氏居左，周氏居右。裕陵地宫便一直保留下三座墓室，左边是堵塞的，右边是相通的。

这样，裕陵成了明朝第一座一帝两后的帝陵。

嘉靖永陵之谜

明世宗的永陵比一般陵墓规模更显宏大，动用了数十万军士和民工，前后用了十多年才修筑成。尽管如此，世宗还是不满意，认为墓室太狭窄。修陵大臣为迎合他的心理，竟在宝城外面又修了一道墙外之墙，使永陵拥有内外两重罗城。

明世宗嘉靖皇帝在位45年，这个时候是明朝政治的多变时期。就世宗本人来说，酷好方术道教，贪恋女色。从嘉靖十八年（1539）开始，他不再上朝，很少过问国家的政事，怠政养奸。其时，权臣严嵩当国执政，蒙蔽军情，中饱私囊，内政外事纷纭多变，边患告警不断，政事极其混乱。

嘉靖二十一年（1542），宫婢杨金英等16名宫女联合起来，准备谋杀明世宗。她们趁世宗熟睡，有的用绳子套脖子，有的用抹布塞嘴，有的骑在他身上勒绳，几乎把世宗勒死。宫女们之所以要杀死嘉靖皇帝，可能与他炼丹药有关。朱厚熜即位不久，采纳朝臣的建议废佛，下令废除京城佛寺。但在废佛的同时，他却开始崇尚道教了。自此，他逐渐不理朝政，更加沉迷于道学方术。他大办祭神仪式，大兴土木建玄帝宫，连政事、刑狱也由方术决定。四方官员为了取宠，只能大量进献白鹿、白龟、紫芝之类的祥物。世宗还用虐待童女的方法来炼取长生不老药，服食后可壮阳强身。宫女杨金英等看到被虐的其他宫女，死时十分凄惨，因而对世宗恨之入骨，她们为了自己的生命只能铤而走险。沈德符《野获编》说："嘉靖中叶，上饵丹药有验。"至嘉靖三十一年冬天，他下令京师内外选女孩8岁至14岁者300人入宫。三十四年九月，他又选10岁以下少女160人入宫。少女入宫干什么？一般认为主要是"供炼药用也"。有人猜测说是用宫女首次月经的经血制造"红铅"，用童子尿熬炼"秋石"。大量挑选宫女入宫虽是宫变之后的事情，但之前炼丹药要用少女是可以肯定的，这些宫女很有可能在炼药的过程中连性命也保不住。

大难不死，世宗不但没有丝毫忏悔，相反觉得自己死里逃生是天地神灵的恩遇，更加变本加厉祭神求仙。他移居西苑，"日求长生，郊庙不亲，朝讲尽废，君臣不相接"。他整天与方士混在一起，焚修斋醮，装扮神仙。他喜欢把道士醮祀用的青词作谕旨，字句离奇诡异，一般人很难理解。他一心追求真正的神仙方术，到生命最后一年也没有放弃。嘉靖四十五年（1566）冬，服食丹药后燥性过大，世宗病死。御医最后断定他的死因是"体虚过燥，补救无术"。

明世宗朱厚熜

　　这样一个十分看重飞升成仙的皇帝，必然对百年后的安息之地十分重视。兵部员外郎骆用卿以通晓风水而闻名，嘉靖皇帝让他秘密为自己选择陵地。骆用卿来到天寿山后，外观山形，内察地脉，为嘉靖选择了橡子岭和十八道岭两处吉壤。嘉靖十五年（1536），皇帝率领文武大臣数百人来到昌平，反复踏勘后，决定在十八道岭前面建造陵墓。但他还不放心，又派人到江西一带找来著名风水师杨筠松、曾文迪、廖三传的后人再次察看，最后确定十八道岭为建陵地点。嘉靖说，天寿山是长陵主山的名称，其他山也跟着叫天寿山是不对的，各山应该有自己的名字。他嫌十八道岭的名称太土，遂改称阳翠岭。之后在附近祖宗们的陵墓中转了一圈，见到长、献、景、裕、茂、泰、康七陵的地面建筑有很多已经损坏，就下旨全部加以修复装饰，同时增建七陵石碑与碑亭等工程。传说建亭立碑后，当时礼部尚书严嵩请世宗写七碑之文，可世宗忙着通过女色炼药，没有心思写碑文，七碑就空了下来，成为无字碑。世宗以后各陵，因祖宗的陵前立无字碑，自己就不便自吹自擂了，所以也是立碑而不写具体内容，成了明朝陵墓的一大特色。

　　这次建陵和扩修七陵，工程浩大，兵部、工部、礼部的主要官员或主管调拨建材，或亲自在工地上日夜监工，神经特别紧张。工程规模较大，需要很多劳力，单单民夫工匠还不够，遂征调了大量的士兵。除京卫外，外省来京轮值的外卫士兵和陵区七卫的士兵全部到陵区服役。十三陵每陵均设一卫，通常一卫是5600人，所以当时调用的士兵超过10万人。嘉靖十五年，工程施工进入紧张阶段，又调拨了三大营官军4万人前来帮助。如此庞大的工程，费用就成了一个无底洞，只能用国家的财政款垫进去。嘉靖十六年五月曾经有个统计，说翻新七陵、预建寿宫及内外各项有关工程，在10个月内用去白银300万两，平均每月花费不下30万两。

　　七陵的修复和增建工程自嘉靖十五年开始，前后用了6年时间才完成。至于修建永陵的时间，有人说用了4年建成，有人说用了12年。永陵从嘉靖十五年四月开始修建，此后一直没有见到明确修成的时间。嘉靖二十六年十一月，孝烈皇后方氏死，但到次年五月才落葬，相隔数月的原因主要是因为陵没有修成。葬方皇后时才发现陵没有正式名称，世宗遂命辅臣去查孝、长二陵是何时定的陵名，得知二陵都是定名在前，卜葬在后，于是定陵名为永陵。假如以方皇后下葬时作为永陵的修成时间，前后应该是修了12年。

　　按照古代一般葬制，子孙之墓的规模不得超过祖坟，但永陵的规模大大超过了献陵以后各陵。在营建过程中，嘉靖打算按照长陵的规制进行营建，却又不好把话明说，就假惺惺地对大臣们讲："陵寝之制，比照长陵规制，要重加抑杀，绒衣瓦棺，这是我经常想做的。"又说："寿宫规制宜逊避祖陵，节省财力，享殿用砖石建造，地中宫殿器物以前仿照九重法宫制造，工力甚巨，这些都是虚文，而且空洞不实，应该全部加以改变。"底下大臣一听就知道他的意思了，于是在绘制陵园设计图时，将享殿、明楼等参照长陵营建，并且对嘉靖说，地下宫殿也要"稍存其制"。建成后的永陵规模宏大，如享殿与长陵一样，为重檐大殿，而阔七间，进深五间。宝城的规模仅次于长陵，甚至比长陵还多出一道外罗墙。

关于外罗墙的来历，颇有点搞笑的性质。从选定永陵陵址到建成，世宗共计11次亲临现场视察，一再下令增修，扩大规模。永陵不但陵园范围远超过献陵以下各陵，而且地面建筑十分精致恢宏。永陵基本完工之际，明世宗再次前来察看。这次，他心血来潮登上了阳翠岭，极目眺望，宏大的陵墓在他眼里显得很渺小，明楼、宝城只有一座，于心不甘，回过头来问修建陵墓的大臣："我的陵就这样算修完了？"大臣们头脑很灵活，一听话音就知道世宗对陵墓有不满意的地方，连忙回答说："还没有修完，外边还有一道外罗墙没有建起来。"自此之后，日夜赶工加筑外罗墙。就这样，在十三陵的全部陵宫建筑中，唯有永陵和后来的定陵建有外罗城，其他陵宫都没有。

视察结束回到北京后，世宗心里十分不开心，下诏说："作为孝子事亲，送终是最重大的事情。我的陵寝建造得很狭窄，有很多地方我是不称心的，应该加以增修。如果仅仅是这样的建筑，我只能屈身埋下去了。"

从今天的地面建筑来看，永陵的形制大体与长陵相同，仅是祾恩门、祾恩殿的间数比长陵各少两间。《昌平州志》说："明世宗的永陵规制一如长陵，而外面多出了一道城墙，享殿、明楼都是用文石砌成的，壮丽精致连长陵也不及。"永陵的地面建筑今天大多已毁，但保留有完整的明楼，是十三陵中最雄伟精致的。明楼的额枋、飞檐、斗拱等，全部为石结构。明楼上涂彩绘，地铺文石，冰清玉洁。祾恩殿的残基上，尚留一陛石，上面雕有龙凤，剔透玲珑，是明朝陵墓石刻的佳作。

明穆宗昭陵之谜

明穆宗即位6年就死了，由于当时国库空虚，生前没有预筑陵园。其子10岁的朱翊钧即位后，马上派人到天寿山挑选吉地。最后大学士张居正等人认为，大峪山先世陵寝基址可以利用，于是仅用白银150万两，不到100天的工期，就将穆宗葬入现成的玄宫中。

明世宗死后，继承皇位的是他的第三子朱载垕，即穆宗。穆宗在位期间，曾推行新政，改革吏治，"纠官邪，安民生，足国用"，抑制土地兼并，注意恤商，大开关禁，海外贸易出现新局面。他调整与蒙古各部的关系，选拔优秀将领镇守边防，强调华夷一家，胡越一体，使蒙古与中原王朝之间暂时停止了敌对战争的状态。穆宗在位共6年，隆庆六年(1572)五月二十六日，在乾清宫去世，传说死因与纵情声色有关。

时年10岁的太子朱翊钧即位前，马上派礼部左侍郎王希烈往天寿山为穆宗选择陵地，结果挑中了永陵左侧的潭峪岭。六月，神宗即皇帝位后，再命大学士张居正与司礼监太监曹宪到陵区审定。张居正对神宗说，给穆宗送终的事情是国家大事，在处理上要考虑详尽。而寻找陵地与风水理论紧密相连，要广集众言以便做得恰到好处。他提议参照嘉靖年间选择永陵时成例，应派礼、工二部大臣和钦天监通晓阴阳风水术的官员一同前往。

于是神宗命户部尚书张守直、礼部右侍郎朱大绶、工部左侍郎赵锦等与几位阴阳术士、精于地理堪舆之术的官员以及张居正一同前往天寿山察看。想不到这批人回来后，否定了潭峪岭，却主张用大峪山作为穆宗的陵寝修建地，令人不可思议的是神宗竟然同意了。

那么明神宗为什么说变就变同意在大峪山修陵寝？一些史学家分析原因有二。

其一，大峪山的风水地理环境的确好于潭峪岭。张居正回来后说，大峪山是"山川形势结聚环抱"，的确是天地之隩区，帝王之真宅。潭峪岭风水不佳，有人认为是孤峰独特，气脉全无，左右界水中群山一起一伏参差不一。其二，更为重要的是，大峪山有现成的玄宫和部分地面建筑，如果稍加修筑，就可利用，可以省去很多时间和财力。

问题是这个现成的玄宫是谁建的？

原来是明世宗嘉靖皇帝建的。嘉靖皇帝上台后，追尊自己的亲生父亲兴献王为兴献帝，又想把他的坟墓从湖北安陆迁到天寿山，因大臣反对作罢。嘉靖十七年(1538)，嘉靖的亲生母亲章圣皇太后病故，他再次下诏在天寿山建陵，打算把父亲的陵墓迁来与母亲合葬。他还亲自到天寿山挑选陵地，见到大峪山的确风水很好，森林茂盛，山色清秀，遂令有关官员开始建陵。之后他到了安陆，见到父亲的坟墓风水十分不错，再加上有很多大臣一再提醒他龙脉是不能轻易移动的，一迁陵说不定国家的根本就动摇了，所以十分犹豫。嘉靖十八年，他亲自到大峪山视察，发了一通感叹："峪地空凄，哪里比得上显陵所处的纯德山完美，我决定将母亲的棺木南祔。"这样，这座刚建好的玄宫就派不上用场空置在那儿了。

穆宗没料到自己只能活这样几岁，生前没有预建寿宫，现在张居正等一提出，神宗感到的确不错。七月，神宗派工部尚书朱衡去做周详的考察，回来后他向神宗报告了玄宫内的情况，说玄宫内部仍是"紫光焕发，和气郁蒸，门堂下洁，宛若暖室"，两宫皇太后和神宗听后十分宽慰。八月，神宗决定迁穆宗孝懿皇后李氏棺椁祔葬昭陵。九月十九日，穆宗皇帝的棺椁葬入玄宫。这样，孙子葬到了爷爷的陵墓中。

大峪山的陵墓从这年的六月十五日正式下诏开工兴建，朱衡被委任总督山陵事务，工部左右侍郎及内宫监太监等许多官员在现场提督施工。由于许多工程是现成的，只要略加修整即可，所以工程进展飞速，仅用几个月时间，昭陵的工程全部完工，朱衡等人都得到了奖励，工部右侍郎熊汝达的一个儿子可以入国子监读书。

意想不到的是，陵墓修好不到一年，陵园地基发生沉陷。万历二年（1574）七月，昭陵神宫监官陶金上奏说："六月以来，阴雨二日，昭陵的祾恩门里外砖石沉陷。"工部主事王淑陵奉旨查看，回来后说陶金反映属实，但主要建筑如祾恩殿、明楼、宝城等没有损伤。这时有人提出，陵寝重地，怎能建造不到一年就发生质量事故，要对内外经营官员严加究治。于是神宗对提督工程太监周宣、左监丞郭全革恩一等，官匠王宣等下法司审问。

一个月后，前去察看的工科给事中吴文佳上奏说："祾恩门、殿等处沉陷甚多，宝城砖石也有翻塌损伤，十分值得担心。"神宗马上派工部侍郎陈一松等再去陵园查勘，发觉陵园沉陷十分严重，与陶金、王淑陵的奏疏相差很大。神宗听后大怒，加重了对有关责任人的处罚，其中周宣、郭全各降三级，革去管事职务；熊汝达已经退休，恩荫罢革；王宣等法司从重问罪，朱衡则以尚书致仕。实际上一个月前地基开始下沉，下了一个月的雨，沉降加剧，并不是有关官员故意隐瞒事实。

万历三年（1575）二月，神宗无奈之下只能委派工部左侍郎陈一松等提督再修昭陵，五个月后工程全部告竣。

昭陵的陵寝制度，基本上沿用了孝宗的泰陵和武宗的康陵，但宝城内封土形式略有改变。泰陵、康陵等封土都是从宝城内环形排水沟以内开始起冢，墓冢形状也呈自然隆起的样子。昭陵有所不同，宝城内的封土填得特别满，几乎与宝城城墙差不多高，正中筑有上小下大的柱形夯土墓冢。昭陵的宝城也比泰、康两陵更显得精致壮观，后来的庆、德两陵多有仿照。至于为什么在形制上做出这些变动，历史学家仍然没有很好的解释。

明神宗择陵之谜

辉煌、壮丽的定陵，前后共修了6年，耗银800万两。在选择陵址时，朝廷内发生了一次又一次的争论。一些人为了沽名钓誉，或为了报复执政者，在陵址问题上无休止地争论。神宗无心过问朝政，却一次又一次派官员选择陵址，自己也多次实地踏看。

万历十年（1582），首辅张居正去世。明穆宗临死前，将年幼无知的神宗朱翊钧托付给他。在主少国疑的艰难情势下，全权处理国家大事的张居正在政治、经济、军事等方面进行了一系列改革，缓和了社会危机。神宗刚即位时才10岁，他对张居正一直有着一种敬畏之情。但张居正一死，神宗宠幸的太监张诚利用神宗久积的压抑不满心理，大进谗言，神宗决定追夺张居正官阶，籍没其家财，并将其家属流放边疆。在打击张居正势力一阵激情之后，神宗情绪开始紊乱，出现了怠政的倾向。

继张居正出任首辅的张四维，洞察到神宗这种不正常心态，经过一番苦思冥想，他建议神宗修建寿宫，目的是想吊起神宗的情绪，以消除张居正事件带给他的不快，神宗一听马上叫好。其实，早在万历八年（1580）三月，还不满18岁的神宗第一次到天寿山参谒自己祖宗陵园时，就开始考虑建造自己的陵寝，只是担心张居正的反对而不敢公开提出。现在既然首辅提出这个话题，神宗一下子兴致高了起来。于是在张居正病故七个月后，他向众臣宣布，将在万历十一年闰二月亲自到天寿山，"行春季礼并择寿宫"。

神宗的谕旨得到众大臣的迎合，张四维见无人反对，就建议参照世宗嘉靖十五年（1536）山陵的惯例，先命文武大臣带领钦天监及通晓地理风水之人，前去天寿山先行选择"吉壤"二三处，再让皇上在谒陵过程中察看钦定。

二月，礼部派出了祠祭署员外郎陈述岭，工部派出了都水司主事阎邦，钦天监派出监副张邦垣、阴阳术士连世昌等人，赴天寿山先行踏勘。众人到达陵区后，开始了紧张而有序的工作，足迹踏遍了陵区的大小山丘和平原河流。十天以后，他们回到北京，次日，由礼部出面向神宗报告，说是挑选了永陵东边的潭峪岭，昭陵北边的祥子岭，东井南边的勒草洼，三地"俱为吉壤"。

万历看了礼部画的图纸后，马上令定国公徐文璧与张四维及太监张宏和通晓地理风水的一些官员再去核对。徐文璧一行先来到潭峪岭，发现这里的景色很美，只见山下的青松翠柏之间升腾起茫茫白雾，恍如人间仙境，的确是建陵的好地方。祥子岭和勒草洼在风格上与潭峪岭不同，但环境并不亚于潭峪岭。二月底他们回京后，对神宗说三个地方都很好。这样，在三个地方中选择其中之一的任务落到神宗自己头上了，神宗决定在闰二月十二日进行谒陵，亲自去看一下。

这天早晨，皇帝带领浩浩荡荡的队伍向天寿山进发。十四日，队伍到达陵区。神宗逐个拜谒了长、献、景、裕、茂、泰、康、永等陵，接着率队依次到祥子岭、潭峪岭、勒草洼三处，但他对这三处均不满意。十八日，神宗速速回宫，立即谕旨礼、工部和钦天监再去选择二三处来看。礼部心想，自己看好的地方都被否定了，再挑选来的地方也不见得会喜欢，遂上奏说请允许带通晓地理、风水的人一起前去踏勘，

神宗觉得这样也好。想不到两股择陵势力结

明神宗朱翊钧

合到一块儿后，重重矛盾就出现了。

其时，通政司左参议梁子琦觉得自己在皇帝面前显一手的机会来了，主动上奏说："臣子琦自幼精通地理风水，请命臣一同前去选择吉壤。"神宗本在担心派出去的人徒有其名，想不到朝中还有这样高水平的人，真是求之不得，马上同意他与众官员一起前去。

众官员到达东山口至九龙池一带察看，终于选中了形龙山、勒草洼前、大峪山、宝山、平岗地、黄山岭等6个地方，而别出心裁的梁子琦选择了黄山一岭、黄山二岭、团山、珠窝圈、石门沟山、蔡家山等8个地方。三月底，一行人等回到京城后，礼部尚书徐学谟将这14个地方全部呈上。神宗看后，谕令礼、工部从这14个地方挑选三四处。四月三日，徐学谟、工部尚书杨巍等通过反复比较，认为其中的形龙山、大峪山、石门沟山三处风水最好。石门沟山是梁子琦挑选的，当得知自己选的一处也在其中时，梁子琦满心欢喜，心中充满日后升官发财、飞黄腾达的梦想。然而没有想到，有一件意料之外的事情出现了。

首辅张四维任职不到一年，父亲因病去世，遂停职回家守制。这样，在大学士中资历最浅的申时行代理首辅，由于其他资格较老的大学士或病或死，申时行也就走上了政治前台。七月二十二日，万历皇帝下谕，让首辅申时行和定国公徐文璧等前去陵区核查审视。八月二十四日，申、徐上奏说，经过他们在天寿山认真详视，发现石门沟山"坐离朝坎，方向不宜，堂局稍隘，似难取用。形龙山主山高耸，叠嶂层峦，形如出水莲花，案似龙楼凤阁，内外明堂开亮，左右辅弼森严，诸山围绕，众水来朝，是至尊至贵之地。大峪山吉地主势尊严，重重起伏，左右四铺，拱顾周旋，云秀朝宗，明堂端正，是尽善尽美的地方。"建议神宗在两者之中选一处。

梁子琦一听傻了眼，认为分明是申时行和徐学谟在与自己过不去，愤怒之下，修疏一道上奏，说申、徐二人本是儿女亲家，他们附势植党，故意不将最好的地方选为吉壤。神宗一见上奏，感到很吃惊，迅即将徐学谟革职查办。申时行一看形势不妙，恐大祸临头，遂联合了礼、工部及钦天监诸官员一起上书，说梁子琦根本不懂风水，而在选择吉地时自以为是。神宗一看众官的上疏确有道理，分明是梁子琦在蒙骗自己，遂下令将其夺俸三月。之后，又降为右参议，令其闲住，永远不许起用。

这年九月六日，神宗再次以行秋祭礼为名，率后、妃进行谒陵。三天后，万历亲登形龙山、大峪山主峰阅视，经过反复比较，最后决定用大峪山。

一年后，即万历十二年（1584）九月，神宗又奉两宫太后并后、妃再次谒陵。两宫太后亲自登上大峪山察看后，均认为大峪山的确不错。一个月后，在准备工作做得差不多的情况下，神宗寿宫正式动工。

据史料记载，定陵开建后，每天进入现场施工的军民、工匠有3万余人，砖石、木材自山东、河北、河南、四川、湖广等地调运北京。起初工程十分顺利，但进行至一年多时，发生了意外情况。

万历十三年八月，太仆寺少卿李植等三人突然上奏："大峪山不是吉壤。原因是申时行与尚书徐学谟关系亲密，所以挑选了这块地方。他们憎恨尚书陈经邦等人的不同看法，所以让他撤职下台了。"这三人早就与申时行关系不好，申时行当然知道他们的真实用意，当即上奏皇帝，说明自己的理由。神宗一看，觉得他们之间有私人恩怨，遂下谕旨："今吉典方兴，李植等辄敢狂肆诬诟，夺三臣俸半年。"

事情也正凑巧，十多天后，在陵区宝城西北角的地下发现了大石块，给施工造成了困难。李植等一看机会再次来临，立即会同钦天监张邦垣向皇帝陈奏实情，说寿宫下有石数十丈，如屏风一般，下面全部都是石头，恐怕整个宝城都会建在石头上，他们还提议将宝城前移，以躲过石块。神宗大惊，命徐文璧、申时行前去察看，回来后说情况属实。神宗心急如火，速传令数天后亲去视察寿宫。

神宗到了陵区后，在黄山岭、宝山、平岗地、大峪山之间往返阅视了两次，铁青着脸，不说一句话。其时定陵施工量已完成将近三分之一，一旦改陵，将会造成巨大的浪费，同时也意味着徐文璧和申时行的失职。申时行这时再次陈请不要改陵，针对李植等上疏说宝城下的石头是"青白顽石"辩驳道："大凡石也，麻顽或带黄黑者，方谓之顽。若色青白滋润，便有生气，不得谓之顽矣。"如此强词夺理一说，神宗心里开始好受些，想想自己最看得中的还是大峪山，遂同意不改陵。一些官员一见神宗主意已定，马上见风使舵，改口道："大峪之山万马奔腾，四势完美，恐怕是天秘真龙以待陛下。"

神宗也有点纳闷，为什么选陵过程中有的官员要这样反对，他问申时行："兹事朕自有主张，而纷纷者何？"申回答说："主要因为陵址是我选择的，有些人沽名钓誉，想给后人看看是怎样和首辅作对的。"这样一说，李植等就倒霉了，或夺俸，或调外地任职。为避免在陵址上的纷争，神宗最后下谕说："朕志定矣，当不为群臣所惑。"神宗的话，无疑为历时两年半的陵址纷争画上了句号。

定陵随葬皇后之谜

定陵的玄宫是唯一被打开的明皇帝地下宫殿。1956年，考古学家经过努力进入定陵地下宫殿，揭开了明陵地下玄宫之谜。令人惊奇的是，神宗最情深意笃的郑贵妃并没有和他一块儿长相厮守，而被他冷落的两位皇后却静静地躺在他的左右。

定陵的规制基本上仿照了长陵，主要建筑有棱恩门、棱恩殿、明楼、宝城、宝顶和地宫。

帝王墓室在古代也叫玄宫。十三陵的地面建筑雄伟壮观，但它仅仅是陵墓上的装饰，真正的陵墓建筑，则是埋在地下的宫殿。封建皇帝为了长久保存他们的陵墓，生怕被人挖掘，不仅编造了许多神话，还把坟墓封藏得极为严密，因此，地下宫殿始终被蒙上一层神秘的色彩。打开十三陵地宫之谜，一直是文物考古工作者研究、探索的课题，但因陵园规模之大，久久未能入手。

1956年5月，考古人员开始对定陵地宫进行试掘。刚开始时，他们找不到打开地宫门的入口。经反复观察，发现宝城东南侧外墙皮的砌砖有几层塌陷下来，露出了里面砖砌的券门，于是在这里进行试掘。后来，又在宝城内侧发现了"隧道门""石道""宝城中""左道"等字迹，这些发现为发掘工作提供了十分重要的线索。根据这一线索，发掘工作就选定从宝城内侧开始，先在正对着券门的位置上开了第一条宽3.5米，长20米的探沟。

挖掘不到两个月，即发现下面有一条用城砖砌的隧道，它很可能是通往地宫的隧道，但探沟太短，不能把它全部暴露出来。经跟踪探索，见它弯弯曲曲通向明楼后方，于是又在明楼后边开了第二条探沟，宽10米，长30米。当挖到7.5米深处时，发现了一块小石碑，上刻"此石至金刚墙前皮十六丈深三丈五尺"16个字。这一意外的收获，有人把它比作是打开地宫的"钥匙"，也有人说它是指路碑。也有人提出疑问，刻了此石，不是为盗墓者指明方向了吗？考古人员反复研究石碑的来历，认为定陵于1590年建成，而神宗及皇后是1620年10月才埋葬的，陵墓建好后，皇帝皇后都没有死，自然先要用土封起来。负责陵墓修建的工部，为了将来用陵时能迅速找到地宫而不误吉时，在地下留个标记就不足为奇了，这个小石碑可能就是标记。

顺着小石碑所指方向，向西开了第三条探沟，又发现了一条由东向西斜坡往下的石隧道。隧道尽头，有一堵大墙挡住去路，用营造尺丈量距离，同小石碑上记的一样，那么这堵墙无疑就是金刚墙了。

金刚墙通高8.8米，顶部有黄色琉璃瓦檐。仔细看去，瓦檐下露出人字形痕迹，好似一座门，这就是用23层城砖砌起的金刚门封门砖。取掉封门砖，便进入一间方形券室。它东连隧道，顶部用砖起券，四壁用石条砌成，所以称它为隧道券。西墙中央，有一座洁白、神秘的汉白玉石门。门关闭着，从外边用力推也推不动它。

考古人员推测，从这门就可以进入地下宫殿了。在即将进入门前，大家有各种猜疑。有人认为帝王陵里遍布机关，暗箭很多，而且箭头是用毒汁浸泡过的，人如果进入这门就会丧命箭下。有人说，这门上搁有千斤石，下有滑动石板，稍有不慎，就会被石头砸得粉身碎骨。有人认为陵墓长期封闭，尸体腐烂形成的有毒气体，足以使人憋死。在郭沫若、邓拓、吴晗等专家领导的关心支持下，考古人员做了详细的准备工作。他们从地宫石门的缝隙中观察，原来里边有一根条石正顶着门，要想打开石门，首先得拿掉里边的顶门石。在石门关闭时，自来石上端顶住门，下端嵌入券门地面的凹槽内，这样石门就推不开了。为了不使条石摔坏，考古人员先用铅丝顺门缝套住它，然后将木板伸入门缝将它顶开，沉重的石门被慢慢地推开了。门开后，发现顶门的条石上有墨笔楷书"玄宫七座门自来石俱未验"11个字，这才知道它叫"自来石"，而且玄宫（地宫）内共有七座石门。

石门高3.3米，每扇门宽1.8米，重约4吨，上面刻着纵横九排门钉和铺首衔环。进了这座石门，才算进入了神秘的地宫。门上方，横挂一块长方形青铜，两头凿有圆筒，使粗重的门轴上部巧妙地穿进筒中。青铜长3.6米，宽0.84米。这块青铜就是史料记载的铜管扇。

地宫是由前、中、后、左、右五座宽敞的殿堂连接组成的，全部为石结构，总面积达1195平方米。前、中二殿，有石门相隔。石门上纵横9排81枚乳头状门钉，在朦胧的光亮里闪闪烁烁。门内又是一条自来石顶住了大门。后殿横在中殿的尽头，中殿两侧有甬道及石门，可通向左、右配殿。配殿的西墙又各有一座石门，是后殿入口处。地宫内无梁架，均为石拱券。

当年灵车进入地宫时，为了使地面不受损坏，在前殿至后殿的地面上，临时铺设了一层厚木板。前殿和中殿高7.2米，宽6米，长58米，中间由一个长方形甬道相连接。

中殿有三个汉白玉石宝座，宝座成品字形面东放置。中间的一个较大，显然是皇帝的灵座，两边较小，是为皇后灵位准备的。座前各有一座黄色琉璃五供。五供前还设青花云龙纹大瓷缸各一口，缸内装着香油，是为长明灯。根据痕迹判断，当时长明灯真的点燃过，因地宫封闭后里边缺乏氧气，它才熄灭了。

左、右配殿形制相同，都是空的，用汉白玉镶边的棺床上，没有放置任何物件。这里应该是放皇后或妃子的棺椁，但什么也没有，究竟是什么原因？考古人员最初怀疑定陵遭到了盗挖，但没有盗墓人入墓的痕迹。有人提出玄宫可能是假的，帝后葬到别处去了。历史上帝后的假墓伪冢为数不少，当地百姓也传说万历入葬时，有18口棺材分别葬在陵区的山中。幸亏当时有人按自来石上"玄宫七座门"的提示，认为还有一座门没有打开，遂寻找最后一道石门。

石门找到后，移开自来石，出现了后殿。后殿又称玄堂，是地宫的主要部分，空间最大，高9.5米，长31米，宽9.1米，地面为磨光的花斑石。汉白玉垒成的棺床上停放着三口朱漆棺椁。中间的特别大，是神宗朱翊钧的灵柩，左、右两边是孝端和孝靖两个皇后。周围有26只陪葬箱子、玉石和青花瓷瓶等。

开棺前，考古人员曾做过用蜡将尸体封住的准备，但揭开棺盖一看，死者早已是一架骷髅了，只有头发还保存得较好。朱翊钧头上打着发结，插着五枚金簪，嘴上残留着几根黄胡须。他头旁放着一顶皇冠，上面有金丝编织成的两条金龙。神宗身穿绣龙袍，腰束玉带，足蹬长统靴，两腿长短有些差异，像是生前有些毛病。从骨骼上看，他身材并不高大，还稍稍有些驼背。葬式是仰面朝天，右手扶着自己的面颊。

孝端皇后是朱翊钧原配，姓王，1620年4月死，年57岁，比朱翊钧早死三个月。定陵原来的设计，后殿是神宗的，左殿是神宗并不喜欢但又无可奈何的王皇后的，右殿神宗原本并不想给孝靖皇后，是留着给自己最爱的郑贵妃的。孝靖是光宗的生母，刚进宫时为慈宁宫宫女，侍候朱翊钧母亲。她17岁时，被朱翊钧看中怀孕，后来被封为恭妃。因为她的儿子册立为皇太子，引起宠妃郑氏妒恨，乘隙加害。由于她出生低贱，神宗对她十分冷淡，47岁时凄凉死去，死后才给谥号皇贵妃。

郑贵妃深得神宗宠爱，为使自己的儿子朱常洵立为太子，她想尽了一切办法。要不是神宗迫于种种压力，最后立朱常洛为太子，如果郑贵妃的儿子朱常洵登上太子之位，那么左殿必然是她的。神宗费尽心机想立郑贵妃，活着的时候受到众臣的反对，这时他想死后一定要遂愿，在他生命的最后一刻，遗命封郑氏为皇后，死后葬于定陵玄宫。可300年后，当人们打开玄宫时，发现所有的棺床上没有郑贵妃的影子，这到底是什么原因？

其实，神宗在生前就受制于大臣，对臣僚失去了威力，在他死后，对大臣的威力就更不存在了。大臣们认为他的遗诏有悖典礼，皇帝已死了，再来根据遗诏册立皇后，那么谁来主持这个结婚仪式？郑贵妃在神宗死后10年才去世，许多大臣认定她是祸国殃民的妖孽，朝中没有几个人同情她。她与自己的儿子福王朱常洵天各一方，在凄苦郁闷中，带着无比的绝望与怨恨走进了玉泉山下一座孤零零的坟墓。

太子的母亲虽然死时只能按贵妃身份葬在东井，但到1620年埋葬朱翊钧和孝端皇后时，她的孙子熹宗朱由校将她追尊为孝靖太后，并将她由东井迁来，与神宗及孝端太后一起葬入地宫。

定陵出土的珍贵文物多达3000多件。其中有绚丽多彩的织品、服装，小巧玲珑的镶金首饰，还有许多世间罕见的金器、玉器、瓷器等，这些都是研究明代工艺的珍品。

定陵是国家发掘的第一座皇帝陵墓，历400年沧桑而依然富丽堂皇。它使我们看到了神秘的帝王幽冥世界，谜一样的深宫墓穴吸引着全世界人民好奇的目光。

定陵地下文物之谜

打开帝后的棺椁，华彩丽服、玉器珍宝，令人目不暇接。看了这么多精妙罕见的宝贝，才知道中国古代劳动人民是多么的伟大。琳琅满目的文物，是明朝能工巧匠智慧的结晶。

定陵是十三陵中唯一被打开的陵墓。历代帝王盛行厚葬，人们想当然地认为，他们的陪葬品是十分丰富多彩的，这在定陵中得到了证实。那么在定陵中发现了哪些珍贵文物呢？

定陵出土金冠

　　明神宗时期，明朝虽已经处于衰落阶段，但仍然无法中止帝王们往陵墓中埋入大量陪葬品的举动，加上死去帝后们的穿戴，玄宫打开时，出土文物3000多件。其中有绚丽多彩的各种纺织品和服装，有精美绝伦的镶宝金制首饰，还有许多玉礼器、香木、金钱、首饰、纽扣、宝带、翼善冠、念珠以及金、银器皿等物。这些文物除本身具有的价值外，还在于它们都是明末盛行的最值得珍惜和有代表性的杰作，很多是当时特地制作的，可以准确地反映出明代的生产力和科技水平。

　　定陵打开时，考古人员最先接触的是孝靖皇后的棺木。棺中一床平铺的织锦经被，呈鹅黄色，织杂花，锦上有朱红色经文。锦被下面不见尸体，却塞满了美妙绝伦的织锦、宝石、银、玉等殉葬品。

　　织锦被下最令人惊叹的是两套精美鲜艳的服装。上衣是黄缎夹袄，对开襟，织金线连成，袖子既宽又长。下衣黄缎裙，所穿夹裤用黄缎做成，裤腰左侧开口，用黄缎带子裹紧。定陵中共出土200匹成料和众多服饰，这两套是保存得最好的服装。两套服装都用了整幅的刺绣，上衣精致地绣有100个童子，象征多子多福多子孙，表示皇室子孙万代永世兴旺。衣服前襟及两袖之上用金线绣出九条姿态各异的蛟龙，并以八宝纹和山石、树林、花卉纹样为背景，仿佛是一幅人和动物、自然三者和谐相处的风情画。100个童子生动活泼，活灵活现，或在书写，或在沐浴，或在花草中奔跑，或在跳绳，或在捕鸟，或在放爆竹，或在摘鲜桃，顽皮可爱，天真烂漫。

　　多灾多难的孝靖皇后肌肉全部腐烂，仅存一副骨架，但头上插满金、玉、宝石钗簪。她的身下铺满了纸钱和铜钱，供她的灵魂在地下使用。

　　再看孝端皇后的棺椁。在棺椁的盖部放着两个形体不同的青花梅瓶，白地青花，周绘龙纹，光彩夺目。两个梅瓶的底款分别标明是万历和嘉靖年间制成，推测应是皇后生前宫中的陈列品。与历代帝王喜欢用玉料入葬一样，孝端棺内放置有四块玉料，形态不一，上书有墨色文字，记录玉料的名称、重量，最大的一块达24公斤。孝端的棺内有一床绣着莲花和九龙纹的织锦被及殉葬的衣服、金器、漆盒等物。身上穿一件绣龙袄，下着绣龙裙和黄缎裤。绣龙袄袖筒极大，通体用黄丝线制成，绣有蝙蝠、寿字和卍字。两袖由于织品的宽幅不够，出现了镶接的痕迹，但接上去的用料寿字倒写，蝙蝠也是头向下。这显然不是粗心所致，而是暗含着"寿到来"的寓意。

　　孝端皇后的装饰比孝靖皇后要昂贵和华丽得多。她头枕着一个长方形锦制枕头，头上插满了镶有宝石的金簪。棺内的首饰造型设计精巧细致，而且都表示喜庆、吉祥之意。

　　如花卉以莲花、梅花为主，因为莲生多子，取意多子多孙；梅不惧严寒，人们特别喜爱。动物有蝴蝶、兔、龙、凤、金龟等，因为蝴蝶象征美丽和四季春风；兔是神物；龙和凤是皇帝皇后的化身；金龟取意长寿。在许多首饰上都镶有各色名贵宝石，其中最珍贵的是宝花上的猫眼石，它颜色蟹绿，中间白光集中，形似猫眼。猫眼石在万历一朝是宝石中最珍贵的品种，传说产于南洋一带。

孝端身下面铺有一床缀着整整100枚金钱的褥子，金钱上铸有"消灾延寿"的字样。褥子两侧，放置了大量的金钱元宝，都是九成色金十两锭。有人可能要问，孝端棺内的金银元宝为什么孝靖皇后没有？有人认为，孝靖下葬时是薄葬，因而没有。有人不同意这种看法，认为孝靖葬时仅为皇贵妃，而孝端葬时为皇后，等级不同，自然随葬品也不同。笔者认为，熹宗朱由校改葬孝靖时已追尊她为皇太后，所以两位皇后当时的封号其实是没有差别的，出现一有一没有的原因恐怕并不是两人的地位问题，仍是一个历史之谜，需要历史学家进一步探索。

此外，在两个皇后的梓宫内还发现了四顶凤冠。凤冠是皇后在庆典时戴用的，四顶凤冠形体基本一样，龙凤数目各有不同。其中一顶六龙三凤冠，镶有宝石100余块，大小珍珠5000余颗。龙在顶端，口衔珠宝或长串珠滴，似有戏凤之意。冠的正面有三只展翅凤凰，口衔珠滴，用翠鸟羽毛组成的枝枝花树和朵朵翠云将凤衬托起来，如在天空飞翔一般。

万历皇帝的梓宫内奇珍异宝更多。当考古人员打开棺木时，他们惊呆了，只见里面塞满了各种各样光彩夺目的宝贝，一床红地绣金的锦缎花被闪着灿灿荧光，护卫着各色金银玉器和织锦龙袍。锦被底下是各种道袍、中衣、龙袍等色彩纷呈的衣料。道袍为素黄绫做成，没有纱里，右面开襟，腋下有带，巧妙地将开襟绑住。在袍服的下面，藏着一件稀世珍宝，这就是万历皇帝的缂丝十二团龙十二章衮服龙袍。

衮服为皇帝祭天地、宗庙及正旦、圣节等大典时用服，是皇帝龙袍中的精品。衮服底纹织有"卐"字、寿字和蝙蝠、如意云，象征万寿洪福。十二团龙分别缂制在前后身及两袖部位，每一团龙又单独构成一组圆形图案，中心为一条蛟龙，两侧为八吉祥纹样。在十二图案之外，又缂十二章纹样，这就是帝王特有的十二章衮服。十二章就是十二种纹样，即日、月、星辰、山、龙、华虫、宗彝、藻、火、粉米、黼、黻，它们象征皇帝文武兼备，处理政务英明果断，圣光普照大地，恩泽施于四方。

万历皇帝已腐烂的尸骨下，整齐密集地排列着一层色彩绚丽、质地华贵的织锦匹料，共有69卷。织锦各自成卷，在两端和中间又各用一道丝线捆住。这批丝织品集我国汉唐以来纹样之大成，织物品类齐全，从平纹、斜纹、缎纹、变化组织、二重组织到纱罗复杂组织，无不具备，它们为研究明代纺织工艺及工艺美术，提供了丰富而详尽的宝贵实物资料。

梓宫内丝织品下，又发现了79锭发散着光芒的金锭，多数是十两一锭。元宝大部分前面有字迹，记录着征收年月、委官、金户和金匠的姓名。这批金锭大部分是云南进贡的。

万历头骨的右侧，放置着一个不大的圆形盒子，里面是一顶金光闪烁、富丽堂皇的翼善金冠。金冠用极为精细的金丝编结而成，重量仅为826克。其外表用黑纱覆面，后面隆起的"山"部饰以金制的二龙戏珠；龙身上各嵌猫眼石2块，黄宝石2块，红蓝宝石各2块。后有金折角2片，故又有"乌纱折角向上巾"之称，系明代帝王的常服冠戴。半圆形的帽山之上，挺立着两个状似兔耳的金丝网片，一颗太阳状的明珠高悬在两耳中间，两条金色的行龙足登帽山，昂首眺望明珠，有腾云追日之势。翼善冠虽是手工制成，但拔丝、编织、焊接等方面的技术都十分高超，分毫不差，是人间绝无仅有的艺术珍品。

一个定陵内的文化宝藏就有这么多，要是十三陵地下宫殿中的所有文物加在一起，该有多么丰富啊！

明光宗庆陵之谜

明光宗的庆陵建在一个叫"景泰洼"的地方，相传这是块吉地。光宗当皇帝不满一月就死了，明朝政府一月内有两场丧礼要办。有人认为由于时间紧迫，光宗的庆陵其实是利用了当年景帝建造的陵墓。有人不同意，认为景帝的寿陵早已被英宗下令拆毁，庆陵是花了上百万两银子重新建造的。

明神宗晚年，国运日蹙，争端纷扰。神宗长子朱常洛是宫人王氏所生，而神宗特别宠爱的郑贵妃生下了皇子朱常洵。立谁为太子，神宗与大臣之间经历了一场漫长的"国本之争"，最后神宗带着万分的不情愿与异常的愤怒立19岁的朱常洛为太子，立自己最喜欢的郑贵妃之子朱常洵为福王。

万历四十八年（1620）七月，神宗崩。八月，太子即位，是为光宗。光宗在东宫长期以来无所事事，耽于淫乐，即位后更不注意身体，没过几天就阴虚火旺，卧病不起。经内医崔文升用药，病情反而加重。辅臣方从哲推荐鸿胪寺丞李可灼有自制的红丸仙药，于是光宗召见李可灼，服用了他进的红丸药，起初病情略有好转，光宗还直夸李可灼是个忠臣。睡了一觉，再服一粒，没过几个时辰光宗就死了。这时他即位仅29天，成了明朝历史上在位时间最短的皇帝。

短短的一个月内，接连死了两个皇帝，朝廷内外乱成一团，为光宗修陵入葬也就无法顾及了。有人认为，因为时间紧张，连陵地也来不及选好，就只能在当初景泰帝朱祁钰预建的陵地"景泰洼"把朱常洛埋了进去，上面再加修些建筑。《钦定日下旧闻考》引《芹城小志》："光宗贞皇帝陵曰庆陵，在裕陵西南，俗传为景泰洼是也。先是景泰中建为寿宫，英宗复

明光宗朱常洛

辟，景皇帝葬西山之麓，陵基遂虚。光宗上宾既速，仓促不能择地，乃用此为陵。"光宗死得太突然了，谁有时间来考虑这个问题，只能将就着办丧事了。这种观点在今天十分流行。

问题是景泰洼怎么有个空陵？原来土木之变后，英宗被俘，景帝上台。景泰七年（1456）二月二十一日，皇后杭氏病死，四天后景帝就命太监曹吉祥、保定侯梁瑶、工部右侍郎赵荣督工，在天寿山选择地方兴建陵墓，次月在十三陵的黄寺岭下正式开工。六月十七日，由于玄宫先修成，就将杭氏葬于陵内。地面建筑还没有全部修成，英宗就复辟了，景帝被废，他修的陵自己就无法用上了。一个月后景帝死了，英宗以王礼把他和杭氏葬在京西的玉泉山。到成化十一年七月，明宪宗说他叔父"戡难保邦，奠安宗社"有功，又追称为景皇帝，庙号代宗，修缮他生前所建陵墓，称景泰陵，但最终并没有将其灵柩迁移到十三陵。

按照上述讲法，这个景帝的寿陵本已葬过杭氏，后来英宗迁走了杭氏，经宪宗修葺，至光宗死后，略加修筑，仍是可用。因此光宗的庆陵实际上就是当年景帝预修的陵墓。

另一种意见认为事实根本不是这样。庆陵所在的地名叫景泰洼，是因为这里曾修建过景帝的寿陵，并不是说庆陵就是景帝当年的陵墓。景帝当年修的陵墓其实早被英宗捣毁了，被毁的原因，是由襄王朱瞻墡谒陵后上的一道奏章引起的。襄王是英宗的亲叔父，英宗在政坛上起落时，襄王一直对他十分忠心。英宗复辟后，于天顺元年（1457）三月召襄王入京。襄王到京后，奉命前往天寿山祭谒长、献、景三陵。明代外地藩王是不准入京觐见的，英宗格外施恩让襄王回京祭拜祖宗，襄王当然心里明白。为了要报之以桃，回京后就上奏章说："郕王葬杭氏，明楼高耸，超出规定范围，楼高几乎与长陵、献陵相等。更何况景陵明楼还没有建起来，已经超越礼仪如此，我不胜愤恨。看看皇太后的制谕，把他像汉代昌邑王一样废弃了。我看了《汉书》中，霍光因为昭帝没有儿子，就立昌邑王以继承汉代皇位，这其实不是篡位夺权。后来因为昌邑王太荒淫，霍光就数落其罪后将他废了，恢复他原来的爵位。郕王祁钰承皇上寄托给他的大权，却乘危篡权，改易太子，背恩乱伦，荒淫无度，差一点对国家造成危害，他不是和昌邑王一样的人吗？幸好碰上皇帝豁达大度，宽仁厚德，友爱之笃，待之如初，又保存了他所葬的杭氏坟墓，使僭逆之迹没有废弃，虽说是皇上的圣德可以容纳这种事情，但礼法律令是难以宽恕的。臣希望能夷平坟墓的围墙，毁弃明楼寝宫，使得礼法昭明，天下幸甚。"

英宗看了奏章，差点高兴得跳起来。五月十一日，他命工部尚书赵荣率领长、献、景三陵守卫官军5000余人，前去拆毁景帝寿陵，安放杭氏棺材的玄宫肯定被毁，但杭氏到底是改葬玉泉山还是弃尸于外，后人就不得而知了。明中叶以后，这座陵园一片荒凉，野草丛生，瓦砾遍地，满目疮痍。有个叫边贡的人到过这里，写了一首《寿宫故址》，诗云："玉体今何在？遗墟夕霭凝。宝衣销夜磷，碧瓦蔓沟藤。成戾崩年谥，恭仁葬后称。千秋同一毁，不独汉唐陵。"一个还没有完全造好的帝陵，就被人为地拆毁了。

因此，很多人认为，景帝陵既然被毁了，光宗哪里还有现存的玄宫可以利用。人们指出，庆陵的位置虽系原景帝陵的故址，但却是经过慎重选择，并经过反复斟酌后才确定陵寝建筑格局的。根据《明熹宗实录》，光宗于泰昌元年九月初一在乾清宫病死。十月十日，熹宗派遣官员前往天寿山卜选陵地。经反复察看，官员们上奏熹宗"皇山二岭最吉"。这个地方"至贵至尊"，连潭峪岭、祥子岭都不能相比，并且附上了一份详细的地图。熹宗看了地图，觉得很满意，就马上命令挑选一个好日子动工。天启元年（1621）正月十九日，庆陵破土动工。在往下开挖的过程中，发现了坚硬的石头。御史傅宗龙认为不能再用这个墓穴，于是礼部集众臣前来察看，大家都你望望我，我望望你，无法决定到底该怎么办。有人说还是将地穴往右移一点，也有说干脆前移一点。三月二十六日，精通风水的官员前来仔细察看后，决定将墓穴前移，于是再次下挖。从这些记载中可以看到，陵墓全部是新建的。

庆陵建造的规制全部仿照昭陵。有个大学士叫刘一燝，他在视察庆陵建筑工地后曾说："新陵营造规制，原题比照昭陵。现今我相度形势，似又该参酌献陵。"模仿献陵的样子，就是将陵园中间的那座小山保存下来，否则会伤害龙脉，小山前有享殿，小山后是明楼、宝城。

庆陵自天启元年（1621）三月开工营建，四个月后，至七月二十九日玄宫建成，九月四日将光宗及孝元、孝和两皇后的棺材放了进去。与以往一些陵墓的玄宫相比，过去玄宫建筑是砖石并用，而庆陵全部是用石材，各殿之间重门相隔，工程质量十分精细。十三陵所用的砖，大都是50来斤一块的大城砖，自嘉靖后大都来自山东的临清，工部派有专人在那里监造。此时大概光宗死得太突然，工部来不及制造，只能用京郊的石料了。根据史料记载，从开始营建到玄宫落成，共用去白银150万两。如果有现成的玄宫，只要维修一下就可以了，用不掉这么多钱的。

庆陵的特色有二。一是庆陵是一帝三后的规制。由于与神宗下葬几乎同时，庆陵玄宫在建造时仿定陵，也有安放帝后棺椁的棺床。刚设计时，有关人员按一帝两后设计棺床的大小，因为孝元、孝和两皇后已死，孝元早已葬在天寿山泰陵后长岭之前有五年了，孝和死了一年多，还未入葬，所以棺床可以容纳三人的棺椁。但当时具体负责的官员在设计尺寸之外，又加了若干尺，这年光宗入葬，熹宗又将两位皇后迁葬，玄宫内的样子基本与定陵一致。

崇祯皇帝是光宗的儿子，其母是刘氏孝纯太后，生崇祯时为淑女。后因光宗失意，淑女被打入冷宫，郁闷之下得病死了。光宗害怕被神宗知道，命人密葬西金山。光宗即位后，追封刘氏为贤妃。崇祯即位后，上尊刘氏为孝纯皇太后，并决定迁葬庆陵。天启七年十二月，孝纯棺椁迁葬至庆陵，棺床恰好可以容纳一帝三后的棺椁。当时，护送灵柩的官员亲自进入玄宫，对几年前建造棺床的官员十分钦佩，直感叹他们有远见。

庆陵还有另一个特色，那就是有独特的排水系统。由于陵墓地宫泉水旺盛，故沿宝城一周设有石砌的水道。其他陵园一般均用明沟排水的方法从陵前绕道而排出，而庆陵是修建了地下排水涵洞，其上可行车。宝城两侧的水流从左右宫墙下的地下涵洞流入，在明楼前的地下汇为一流向前排出，最后注入陵前的河流。至今庆陵地面建筑残存的遗迹唯水道还算保存完好。

庆陵到底是利用了现成的玄宫，还是在景泰洼这个地方重新建造，将来地宫打开之日或许可能找到答案。

明德陵之谜

明德陵是明代营建的最后一座帝陵，是明熹宗朱由校的陵墓。德陵修建时，明朝已日落西山，陵墓规制因人力、财力的不足显得比较狭小。地宫中除熹宗外，张皇后是否葬入成了一个谜案，至今仍无法确定。

熹宗朱由校是个有名的木匠皇帝。他酷爱木工活，传说他一个人就能造房盖楼，引绳削木，样样拿手，水平不比一般的木匠差。皇帝爱好特殊，对国家大事就不太热情了，太监魏忠贤遂独揽大权，操纵了整个朝政。

熹宗在位期间，魏忠贤广植党羽，贪污索贿，无恶不作。他掌管了东厂、西厂和锦衣卫等特务机构，大肆杀戮忠良，世人侧目，举国不安。清朝有皇帝戏说明代有10万太监、9000宫女，果真这样，大明江山怎会不亡？

天启七年（1627），明熹宗死，崇祯即位，这年九月开始建陵。由于当时政治黑暗，经济衰退，崇祯皇帝面临的是一副烂摊子，德陵的修建就遇到了难题。

首先，修陵必需有大量的银子。明朝建国以来，修陵的钱几乎全部是出于国库。自明中叶以后，国库银子开始紧张，就用"事例银"添补。所谓"事例银"，就是用种种名目额外收取的钱，如把官位卖掉后收入国库的钱，因此在当时受到了一些人的讥讽。到了修德陵时，国库中无钱可使了。当时，受命前去修建陵园的工部尚书薛凤翔请求崇祯发放最起码100万两的银子才能修成德

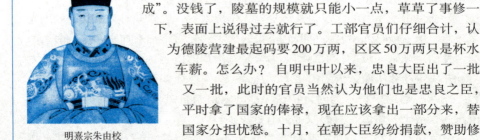

陵，崇祯皇帝在与管财政的官员反复商量后，说只能拨50万两，还反复叮咛薛凤翔等官员，要尽量节约，"以期速成"。没钱了，陵墓的规模就只能小一点，草草了事修一下，表面上说得过去就行了。工部官员们仔细合计，认为德陵营建最起码要200万两，区区50万两只是杯水车薪。怎么办？自明中叶以来，忠良大臣出了一批又一批，此时的官员当然认为他们也是忠良之臣，平时拿了国家的俸禄，现在应该拿出一部分来，替国家分担忧愁。十月，在朝大臣纷纷捐款，赞助修

明熹宗朱由校

陵。就这样，德陵才勉强修成，和那些早期修建的殿堂高大宽阔，装饰富丽堂皇的陵墓不能相比，德陵的规模在明代十三陵中是最小的几个之一。

没有钱，雇人服役也发生了困难。按照成例，修陵主要是国家出钱雇用民夫，但又要由兵部派营军15000名，与招募来的民夫相兼供役。当兵的来服工役，国家给的待遇比较优厚，每人每天给三分银子进行盐粮补助。条件好了，士兵们就不太会像民工那样服从管理，所以具体负责修陵的官员并不喜欢军士来服役。修德陵时，本想多雇点民夫，但政府没有多少钱，结果只有一部分老弱劳力为了挣钱糊口才愿意前来，造成"强壮者招之不来，老弱者挥之不去"的局面。于是不得不请示崇祯帝，仍拨营军供役，盐粮补助依旧。本想省点钱可以多雇点民工，但钱太少，只能将就了。

德陵在长陵东的潭子峪山下，地面建筑与景陵基本相同，面向西南，所不同者是明楼里的圣号碑图案。一般陵园中的圣号碑碑趺所饰图案以云、龙为主，而德陵碑趺的上枋饰以二龙戏珠图案，下枋的雕刻图案则以佛、道两家吉祥宝物为内容。下枋的前面和左右两侧面是道教的八宝图案，有三套环、宝珠、画、犀角、珊瑚、方胜、祥云等。下枋的北面是佛教的八吉祥图案，有法螺、法轮、宝伞、白盖、莲花、宝瓶、金鱼、盘长等八种法物。

有人认为，德陵中葬的是熹宗朱由校和他的张皇后，但也有人认为张皇后并没有葬入其中。

张皇后于天启元年（1621）被册立为后，魏忠贤勾结朱由校的乳母客氏把朝政搞得一塌糊涂，她多次向熹宗揭露二人的罪行。朱由校死后，张皇后主持迎信王朱由检入继皇位，清除魏党，起了很大的作用。朱由检即位后，尊她为懿安皇后。

崇祯十七年（1644）三月，李自成的队伍进入北京，崇祯和皇后周氏自杀。懿安皇后的命运到底怎样，就有了多种说法，成了历史疑案。

清人入关后，官方的说法她在李自成进京时自缢身死。清军进入北京后，清世祖福临于顺治元年（1644）下令将她葬入德陵。

有人说张皇后根本没有自杀，李自成进京后，她向义军投降了。当时，有一位居住在北京的明朝官吏赵士锦说，张皇后为了投降，献出了金银，后来就不知下落了。也有人说她被义军用刑后才献出金银的，当时迎降的并不是张皇后，而是魏忠贤的养女任氏。任氏本是朱由校的妃子，义军入京时，她盛服相迎，冒充张皇后，结果被宦官王永寿发现。过了一年多，她假充张皇后向清人投降，结果又被识破。因为王永寿说他在张皇后宫中时，亲眼看到张皇后自缢而死了。

一种说法认为李自成进军时，张皇后自缢未死，被李自成的部将李岩所获。李岩知是张皇后，想送她回河南的娘家，结果她再缢身死。也有人说，崇祯自杀前曾派内侍前去让张皇后自杀，可是混乱中太监没有见到张皇后。此时宫中大乱，宫人们慌乱地到处乱窜，张皇后"青衣蒙头，徒步入朱纯臣家"。不久义军进行大搜查，张皇后被义军搜出，送回母家，然后自缢而死，清廷将其葬入德陵。

从张皇后下落的种种说法来看，葬于德陵的可能性还是比较大的，但要完全破解这个谜案，只有将来考古工作者打开玄宫后才会有明确的答复。

明朝灭亡后，德陵的明楼和寝殿被清军烧毁。清人解说焚德陵的原因，主要是明军曾在万历年间将努尔哈赤的祖父和父亲误杀，努尔哈赤一直怀恨在心。之后，努尔哈赤的儿子睿亲王多尔衮率清军入关后，便将德陵作为复仇的目标。

被毁的德陵在乾隆年间得到了修复，因为乾隆认为此事已过去百年，"德怨久泯"，所以重新兴修了享殿、明楼等建筑。除明楼外，新建筑与老建筑是有所差别的，主要是体制有了较大的缩小，但大体如明朝原来的样式。

崇祯皇帝思陵之谜

十三陵中的最后一陵是思陵，那是明朝亡国之君崇祯皇帝及周皇后、田贵妃的安息之处。崇祯没想到明朝灭亡得这样快，所以生前没有为自己建造陵墓。当李自成的农民起义军涌进北京城时，已上吊死去的崇祯帝得到了比较道义的对待，被放进棺木与自己的皇后、宠妃葬到了一起，不过葬入的是他生前为宠妃修建的墓。

思陵在长陵西南约12里的锦屏山下，那里原是崇祯皇帝田贵妃的墓。陵园南近西山口，西北与宪宗、神宗、世宗的妃子墓相邻。末代皇帝的陵墓远避祖先陵园，与众妃子墓为伍，这是为什么？

崇祯皇帝朱由检是光宗第五子，熹宗死前遗诏让他即位，在位共17年。熹宗留给他的是一个百孔千疮、风雨飘摇的明王朝，他曾想挽回明朝的衰亡，刷新朝政，但最后还是无能为力。崇祯十七年（1644）三月，李自成领导的农民起义军攻到北京城，在进北京前，路过昌平，起义军纵火烧毁了皇陵的地面建筑。十八日，有太监打开彰义门投降起义军。当天夜里，崇祯帝登上万岁山向四处眺望，见大势已去，北京几乎全为起义军占领，遂变易服装，带了刀剑，想夺正阳门逃走。守门的明军不明情况，以为是皇宫里发生了变乱，遂开炮袭击，崇祯帝竟然无法出城，只能返回皇宫。他自知穷途末路了，下令皇后周氏及袁贵妃自缢，并砍死数名嫔妃。他命人把太子及两个王子化妆送走，又来到寿宁宫和昭仁殿，砍断了长平公主左臂，杀死了昭仁公主。天将亮时，他鸣钟召集大臣，想孤注一掷，做最后的挣扎。宫中一片混乱，人人都在想怎样逃命，大臣们一个也没有到。走投无路之下，崇祯登上万岁山，在寿皇亭旁的树下自缢而死。死前在自己的衣服上用红笔写道："朕自登极十七年，逆贼直逼京师，虽朕薄德匪躬，上干天怒，然皆诸臣之误朕也，朕无面目见祖宗于地下，去朕冠冕，以发覆面，任贼分裂朕尸，勿伤百姓一人。"当时只有太监王承恩跟随他一起上山，并在崇祯帝前跪缢而死。

两天后，李自成的部队找到了崇祯的尸体，用门板将崇祯和周皇后的尸体停在东华门外。李自成命人将两人尸体装入柳木棺内，搭盖了临时灵棚。几天后又重新改殡，将崇祯装入红漆棺内，将周后装入黝漆棺内。崇祯帝头戴翼善冠，身着衮玉渗金袍，周后也穿戴上了相应的服饰。崇祯帝生前曾有在遵化马兰峪修陵的动议，但由于当时国事纷繁，没有具体实施，李自成考虑后决定，命人将崇祯和周皇后葬入崇祯的田贵妃墓中。

田贵妃是朱由检的宠妃，天生丽质，多才多艺，琴棋书画，无所不能。她倚仗皇帝的宠爱，在后宫显得十分骄纵，与周皇后关系比较紧张。后因事被朱由检斥居别宫，受到冷落，心情不佳。不久，田贵妃生的皇五子朱慈焕病死，田贵妃抑郁成疾，于崇祯十五年（1642）七月病故。朱由检内心是很喜欢田贵妃的，因而感到十分悲伤，特意在天寿山陵园内给她修建了坟墓。崇祯十七年正月，田贵妃葬入天寿山陵域。侍郎陈必谦具体负责陵园建设，地面建筑还未筑成，明朝已经灭亡。

《十三陵始末记》记道：崇祯十七年三月二十五日，农民军顺天府一位李姓官员，命昌平州官吏马上动用公家的钱雇民夫，打开田贵妃的坟墓，合葬崇祯帝及周皇后梓宫。四月初三发丧，四月初四下葬，千万不能误了时刻。但这个时候昌平州官库如洗，官员十分发愁，于是再次入京禀报顺天府。经过再三协商请示，最后顺天府说可以让昌平州的铺户捐助。后来，赵一桂、孙毓祉、白绅、刘汝朴、王政行等十人共捐铜制老钱340千，雇民夫头杨文包揽开闭墓穴。

经办此事的昌平州吏目赵一桂，特意记录下了寻找打开田贵妃墓的全过程。田妃墓隧道长十三丈五尺，宽一丈，深三丈五尺。民夫们开挖了四昼夜，至初四日寅时始见地宫石门。地宫分为前后两层，各有石门。第一层为三间享殿，陈设着祭器，正中前面放着香案，两旁边排列着五彩绸缎制成的宫人，当中悬挂着两盏长明灯。东间一座石制寝床，铺着绒毡，放着绣被、龙枕，服饰和用物放在大红箱内。第二层石门后有大殿九间，里面也有石床，高一尺五寸，宽一丈，田妃的棺木就放在这里。

初四日申时，崇祯和周皇后的棺木送到，暂时停放在祭棚内，棺木前陈设着猪羊金银纸笺等祭品，在场的人举哀祭奠。之后，将田贵妃的棺椁打开，将其棺木移于石床右侧，然后将周皇后棺木放于石床左侧，最后将崇祯帝的棺木放入田贵妃的椁中，停放在石床的正中。棺椁安放好后，人们在棺椁前设香案祭器，点起万年灯，遂将两座石门关闭，再将隧道口填埋。两天后，当地百姓又在墓室上面封土，修筑了一个几米

明思宗朱由检

高的坟冢，赵一桂和孙毓祉二人还各捐银五两，雇人在坟茔周围砌起了五尺高的砖墙。

清朝入关后，为了平息汉族上层人物对满人的反感，笼络汉族人对清廷效劳，决定重新为崇祯帝举行丧礼，并营建陵墓的地面建筑，设立陵户，给予地亩，按时举行祭祀活动。这年的五月四日，清廷宣布，全国为崇祯帝服丧三日。二十二日，决定以帝礼改葬崇祯及周皇后，并赐陵租1500两着手建陵，将陵墓命名为"思陵"。十一月二十九日，在顺治帝的亲自过问下，陵园开工建设。十二月，营建所需的石碑、石座运至北安门外西步梁桥，随即改葬完毕。顺治二年四月十二日，下令葬忠心耿耿的太监王承恩于崇祯帝陵旁。为旌表他"殉难从死"的忠君行为，顺治亲自撰写了两通碑文，立于王承恩墓前。十月，思陵享殿建成。顺治十六年（1659）三月，立陵前神道碑。至此，思陵的规制已大体完成。

乾隆年间，由于长年失修，思陵的部分殿庑倾圮严重，遂又拨款两次修葺，享殿、明楼、垣墙面貌一新。就这样，这个经清人一再修葺的思陵成了朝代更迭过程中的悲歌绝唱。

清朝祖陵永陵之谜

清朝的祖陵在赫图阿拉城西北的桥山山麓，这里埋着清太祖努尔哈赤祖先的遗体。陵墓从努尔哈赤时开始建造，直到顺治十六年才真正完成，陵墓修建得红墙烨烨，金门灿灿。后代帝王如康熙、乾隆都曾东巡祭祖。不过永陵是什么时候开始建造的，学术界有不同看法。

1616年，清太祖努尔哈赤统一女真各部，建立后金政权，定都赫图阿拉，称为兴京。在这前后，努尔哈赤在赫图阿拉城西北的桥山山麓挑选了一块濒临苏子河的平阳之地，为他的祖先们修建陵寝。最初这里埋葬着曾祖福满的遗体和六世祖盖特穆的衣冠，当时定名为兴京陵，寓意祈佑女真人能兴旺强盛。至1621年，努尔哈赤迁都东京辽阳，同时将祖父、父亲及父伯、兄弟等墓葬由赫图阿拉尼雅满山冈移葬于辽阳阳鲁山，也称为"东京陵"。

顺治十六年（1659），将东京陵祖茔遗骨从辽阳迁到兴京陵归葬，并改称为永陵，追谥列代祖先，还将桥山封为启运山。这座清王室营建最早、安灵最多的陵园坐落在辽宁省新宾县启运山下的苏子河畔，这里埋葬着清太祖努尔哈赤的远祖孟特穆（肇祖原皇帝）、曾祖福满（兴祖直皇帝）、祖父觉昌安（景祖翼皇帝）、父亲塔克世（显祖宣皇帝）、伯父礼敦（武功郡王）、叔父塔察篇古（多罗格恭贝勒）以及他们的妻子。

永陵背依启运山，前临苏子河，与烟囱山隔山相望，有"郁葱王气烟霭"之势，占地1万多平方米。永陵陵园较小，但景深开阔，风光旖旎，犹如点缀在万山丛翠中的一片红叶。

陵园四周以红墙围绕，由陵前神道、下马碑、前院、方城、宝城几部分组成，平面成正方形。

神道长1000米，宽13米，纵向南北直抵陵园正门。神道南端各置下马碑一座，上面刻有五种文字"诸王以下官员人等至此下马"，提醒人们

清永陵罕王井

到这里后已进入皇家陵园，要肃然起敬。穿过正门，门内横排四座碑亭，依左昭右穆的顺序，分别是肇、兴、景、显四祖的神功圣德碑。碑石矗立，碑文洋洋数千言，均是为祖先歌功颂德的溢美之词。碑亭之北按照"前朝后寝"的宫室制度，前边方城中设享殿，左右壁上嵌五彩琉璃蟠龙，给红墙黄瓦增添了不少色彩。

碑亭往北进启运门就是启运殿了。启运殿是祭祀拜谒祖先的场所，也是陵园的主体建筑，高筑于月台之上，耸立入云，东、西配殿左右夹拱，更显得大殿的高大。大殿为单檐歇山式，黄琉璃瓦顶，殿内四壁嵌饰着五彩琉璃蟠龙，殿堂供设暖阁、宝床和神位，殿前还有焚帛楼一座。大殿内供奉四位祖先皇帝和皇后的神主牌位，每年接受子孙后代的祭祀。

启运殿往北是宝城，俚俗称为月牙城。城宽22米，纵深19米，呈八角形，近4米高的砖墙环护在四周。宝城依借山势分为两层平台，城中陵冢环列，均为平地起封，封土下为地宫，其中多为检骨迁葬，还有肇祖孟特穆的衣冠冢。

宝城正中的兴祖直皇帝福满墓前，原有数十丈高的老榆树一株，根深叶茂，如伞如盖，荫庇数亩，枝干盘曲纠结，"状若神龙"，树身生长瘿结数百，十分奇特。乾隆皇帝于1778年曾东巡到永陵祭祖，作《神树赋》，赞叹"神树非柏非松，根从天上分来"，并御笔亲书，刻碑石于配殿之中。神树在同治年间被狂风摧倒，并压坏了启运殿的后坡，后枯死。

关于永陵，还有几个谜团没有解开。

努尔哈赤最早建兴京陵是在什么时候？一般观点认为是在明朝万历二十六年（1598），目前已出版的关于帝王陵寝的书上大多是这样提的。这种说法最早是日本人前田升在1938年出版的《永陵及其附近遗迹调查报告》中提出，其根据是《兴京县志》中说："戊戌秋八月，谒陵礼成。"从而断定努尔哈赤在建国前就建成兴京陵。这种观点遭到了一些人的怀疑，人们亦将《兴京县志》翻了出来，见原书上是这样写的："神皋吉壤，奠我丕基，长发之祥，万年垂裕，我皇上孝思维则，赞绪迪光，四谒丹邱，志虔仪肃。戊戌秋八月，谒陵礼成后，敬视寝原，增拓禁步，法制益严。"这个"我皇上"是谁？原来是指乾隆皇帝东巡谒陵，与努尔哈赤无关。大清皇帝出于"敬天法祖"，从康熙十年起，始有"东巡"祭祖定制。乾隆皇帝共有四次恭谒永陵，因而文中有"四谒丹邱"

的字样。乾隆四十三年（戊戌，1778），是他第三次东巡。这种说法推翻了万历年间建陵的说法，但并没有告诉我们到底哪一年开始兴建，这个问题仍无谜底。照笔者看来，建陵有可能在努尔哈赤建国之前，但不可能离1616年太远。

再如福满墓前神树倾倒的时间，人们的意见并不一致，各种史书记载不尽相同。如《沈故》卷一记载，倒伏时间是同治七年（1868），金毓黻《东北遗闻》卷八及《东北名胜古迹轶闻》说是同治十三年（1874）二月十九日。另有人根据《清穆宗实录》的记载，认为神树倒伏是在同治二年七月十三日，据永陵总管海亮的禀报："自七月一日起阴雨连绵十有余日，地气滋润深透，十三日风雨复作，以致神树倒塌，垂压殿檐。"

永陵陵山属长白山余脉，林木葱郁，犹如一条安详躺卧的青龙，守卫着神秘肃穆的陵园。永陵在清初关外三陵中规模最小，葬者生前都没有当过皇帝，也没有称过汗，只是因为他们的后代显赫才将陵修建得这般隆重。永陵方城也设有城堡式的箭楼、角楼、马道，陵寝设有地宫，然而比起那些庞大的皇帝陵墓，永陵虽得天地之灵秀，但还是显得淳古而质朴。

永陵的陵寝建筑既发扬了中国古代建筑的传统，又有独具特色的地方风格，它突出地将陵区的自然风光和封建城堡式的建筑布局结合起来，充溢着古朴、肃穆、神秘的气氛。

清太祖努尔哈赤福陵之谜

努尔哈赤的福陵气势宏伟，庄严肃穆，优雅静谧。雄狮蹲踞陵前，平添了许多威仪。飞檐斗拱，琉璃瓦顶，熠熠生辉。有人说，努尔哈赤和孝慈高皇后的骨灰于天聪三年（1629）奉安于福陵地宫。但也有人说，直到康熙二年（1663）福陵才建造地宫。到底哪一种意见更为准确？

福陵是清太祖努尔哈赤和孝慈高皇后叶赫纳拉氏的陵墓，位于辽宁省沈阳市东北郊11公里的丘陵地带，前临浑河，背依天柱山，自南而北地势渐高，殿宇凌云，巍峨壮观，亦称东陵。

努尔哈赤是清王朝的缔造者，女真族的杰出领袖，1616年在赫图阿拉即位称汗，建立后金政权。在他的努力之下，原本分散的海西、建州、黑龙江等各个部落逐渐统一起来。他创建了八旗制度，使女真的经济、文化有较快的发展，为清朝进兵关内统一全国打下了坚实的基础。1626年，努尔哈赤因病逝世，终年68岁。

福陵始建于清太宗皇太极天聪三年（1629）。陵初成，皇太极命人从辽阳东京陵迁自己的母亲孝慈高皇后叶赫纳拉氏与太祖合葬，同时迁继妃富察氏柩袝葬。初建的太祖陵十分简陋，清明节皇太极率众为考妣举行了隆重的安葬礼，"以奉安太祖高皇帝梓宫，上率诸贝勒大臣，诣太祖梓宫前，行告祭礼，奠酒、举哀"，"上与诸贝勒亲奉太祖梓宫出殿，诸大臣奉安灵舆，列卤簿，奏乐"。此后派兵守护，这里便成为皇陵禁地，不准闲杂人等到此樵采。天聪八年，又循古代帝王陵墓规制，建寝殿，植松木，置石狮、石马等石像生。崇德元年（1636），皇太极称帝后，尊太祖山陵为福陵。顺治八年（1651），福陵陵区工程基本告竣。后康熙、乾隆多次增建，形成完整的陵园建筑体系。陵园内万松丛翠，大殿凌云，山陵与自然景色浑然一体，独具风格。

福陵面积达 500 余公顷。陵园两侧分布着下马碑、石狮、华表和石牌坊等，十分气派。陵周有土红色墙围绕，中为正红门，门内苍松林立，甬道长近千米，宽整平坦，两旁排列着形象生动的石虎、石人、石马、石骆驼等。一对挺拔耸立的华表上镌刻着鹿、龙、凤等飞禽走兽和游云。进入陵门，地势逐渐升高，一条 108 级的石阶在苍松之间斗折蛇行，盘山而上。攀上台阶，穿过石桥，迎面便是碑楼。碑楼内竖立着由康熙亲自撰文的大清福陵神功圣德碑，文中歌颂了曾祖努尔哈赤开创大清国的丰功伟绩。碑楼北是一座古城堡式的方城，是陵园的主体建筑。城正面有门楼，四角建有角楼，城内正中是隆恩殿三楹，辅以东西殿各五楹，这是谒拜祭祀的场所。康熙、乾隆、嘉庆等多次东巡，曾在此祭奠祖陵。

清朝历代皇帝都非常重视祭祀祖先。努尔哈赤安葬后，每逢清明节，皇太极都要率领皇家子孙前往福陵扫墓，寄托哀思。祭祀分为大祭、旁祭、小祭和特祭四种。所用物品都有一定规格和数量。顺治年间规定，大祭用牛、羊、猪各 1 头，献果酒、点香烛、焚帛、祝词、读祝文、行大礼。清中叶以后，清朝统治者为了求祖先"在天之灵"保佑大清统治稳定，进一步扩大了祭祀的规模。大祭祭品增加到牛 2 头、羊 4 只、面 800 斤、油 400 斤。福陵每年仅祭祀就用银 5 万两。

方城后的大明楼，也建于天聪三年，面积近 300 平方米。楼高 15 米，重檐歇山式楼顶，是陵园里最高的建筑物，内有镌刻满、汉、蒙三种文字的"太祖高皇帝之陵"大石碑。方城后边为宝城，城正中的宝顶呈圆形，其下是地宫。

福陵川水萦绕，高山似拱，幽静肃穆。举目眺望，松柏参天，万树碧翠，殿阁林立，金碧辉煌。红墙黄瓦的陵园建筑掩映于松海葱郁、蓝天白云之间，极为优美和谐。清人高士奇有诗赞曰："回瞻苍霭合，俯瞰曲流通；地是排云上，天因列柱崇。"福陵建筑群结构严谨，气势宏伟，雕刻精细，富丽堂皇，是我国古代精湛的建筑艺术和满族风俗的结晶，反映了中华民族的高度智慧和创造才能。

清太祖努尔哈赤

有关福陵，尚有一些谜团需要揭晓。

清朝皇帝除合葬的皇后外，其余妃嫔都另建园寝，甚至死于皇帝之后的皇后，在男尊女卑的制度下，因"卑不动尊"的原则，需另启建皇后陵寝。然而回过头来看一下努尔哈赤的福陵，不但葬了皇后，而且还葬了妃子。一些史学工作者估计，福陵中的妃子可能不止一位。

努尔哈赤一生曾有过十几位妻妾，其中有元妃佟佳氏、继妃富察氏，二妃均葬入福陵。顺治元年二月，多尔衮以富察氏所生大贝勒莽古尔泰兄妹三人在天聪九年谋逆，将富察氏改葬到福陵外。第三位大妃叶赫纳拉氏虽早年死亡，但他的儿子皇太极继承了汗位，尊生母为皇太后，谥孝慈高皇后，与努尔哈赤同时安葬地宫。第四位大妃乌拉纳喇氏阿巴亥为生殉，与努尔哈赤一同升遐，合柩入殓，火化后也有可能葬入福陵。当时随同大妃殉葬的还有阿吉根、代因扎二位庶妃。顺治元年（1644）二月，侧妃蒙古科尔沁博尔济吉特氏明安贝勒女病逝，也未另建园寝，葬到福陵中了。其余诸妃生卒年不详，估计都在努尔哈赤前后死去，也不会单独建陵墓。是否属实，我们只有到了开启福陵地宫的那一天才会知晓谜底。

一般认为天聪三年，太祖努尔哈赤"奉安"福陵地宫。这种说法主要见于《清太宗实录》天聪三年二月条，说皇太极"至山陵，随奉孝慈高皇后梓宫，与太祖高皇帝合葬"。但有人不同意，认为按照清朝陵寝制度，皇帝及皇后陵要随葬香册、香宝（又称"册宝"）。香册是记载皇帝、皇后功业及德行的册文，香宝刻其谥号，均为木制。随葬时要由嗣皇帝亲自送入地宫，在地宫内备有石床陈放。据《清世祖实录》，顺治元年（1644）十二月庚午，才恭上太祖武皇帝册宝于石座，"上于梓宫前伏地恸哭良久，哀恋，于将闭元宫时始退出"。如果太祖于天聪三年已葬，至此已17年，香册、香宝如何随葬呢？朝鲜国王太子曾多次随皇太极至福陵祭祀，据他说："所谓墓则构瓦屋三间，前有小门如库间之状，而藏骨于其中云。"瓦屋三间其实是享殿，可以证明太祖的骨灰并没有安放到地宫中，而是寄存在享殿。《清圣祖实录》康熙二年（1663）九月有改造福陵地宫的记录，至十二月完成，"安奉太祖高皇帝宝宫，设宝座、神牌于享殿"，宝宫就是骨灰罐。毫无疑问，这里的"改造"地宫实是首建地宫的隐饰。故意要把奉安时间提早的原因是《清实录》的作者有意隐讳满族早期习俗和对明清陵寝制度的附会，因为入关后所建造的皇陵都是皇帝生前建陵，死后即葬入地宫，这与清初把宝宫放在享殿的做法完全不同，清政府为了说明他们的典章制度很完美，竭力掩饰在关外时期的一些陋俗，类似方面《清实录》作了不少修饰和篡改。

这种说法似乎很有道理，但也存在着矛盾。前面既说恭上了册宝就算奉安了，但恭上册宝是在顺治元年，却为何又要以康熙二年的改造地宫才算奉安呢？因为两者相差了19年之久。天聪三年造的福陵到底有没有地宫，太祖的骨灰是否奉安地宫，这个谜团相信研究清史的专家会给我们一个明确的答案。

努尔哈赤大妃葬入福陵之谜

努尔哈赤特别宠爱小他30岁的大妃，并与她生下了几个儿子。努尔哈赤死后，在皇太极等人的逼迫下，大妃并不情愿地被迫陪葬福陵。然而清代官方史书上对大妃的宝宫是否葬入福陵地宫并无直接记载，大妃到底葬在哪里？成了福陵历史上的一个谜团。

努尔哈赤共有14位后妃，最宠爱的有两位。一位是皇后，她是叶赫部酋长杨吉努的女儿，皇太极的母亲。另一位是大妃乌拉纳喇氏，名阿巴亥，12岁时就嫁给努尔哈赤。孝慈皇后死后，她被立为大妃。大妃人长得很漂亮，在众妃子中最为努尔哈赤宠幸。大妃为努尔哈赤生了三个儿子，即十二子阿济格、十四子多尔衮和十五子多铎，另外又收养了努尔哈赤之弟舒尔哈赤的第四子多罗恪喜贝勒之女。1626年，努尔哈赤死，大妃在并不愿意的情况下被迫殉葬。

表面上看，大妃殉葬的原因是出于努尔哈赤的遗嘱，因为此前大妃的一些作为，引起了努尔哈赤的强烈反感。有人认为大妃纳喇氏正当青春年华，不甘宫中寂寞，与比她大6岁的努尔哈赤第二子代善产生了爱情，私下来往甚密，努尔哈赤知道后，十分恼怒。不久，大妃又被人告发私匿财物，努尔哈赤派人一查，确有其事，查出的绸缎、银子还真不少。努尔哈赤杀大妃的心思在这时已经产生了，但当时顾虑到三男一女四个孩子还小，不忍心让他们从小失去母亲，所以才免其一死，将她废黜。然又令周围的人让他们看护孩子，不准孩子接受大妃的东西，听她的话。1626年，努尔哈赤临死时，下遗嘱说："大妃这个人心怀嫉妒，常常使我过得很不开心，人虽机智聪明，但如果留着必定会作乱。我已给各位贝勒遗书，待我死时让她殉葬。"大妃不想死，求各位贝勒，贝勒们不答应。在各位贝勒的逼迫下，大妃只能穿戴好衣服自尽。

很多人推测，大妃殉葬恐怕另有隐情，大妃实际上是皇权争夺的牺牲品，殉葬是被皇太极逼迫的。早在努尔哈赤建立后金政权时，立八固山王分掌兵权，八固山王中就有代善、皇太极。之后，代善、皇太极等四大贝勒佐理国政，权势更大。四大贝勒中，代善和皇太极是汗位的最有力竞争者。这两个人战功都很卓著，但代善为人宽厚，而且居长，皇太极就千方百计想陷害代善。当代善和大妃两情相悦时，皇太极怎能放过这个大好时机？至于背后动作、散布流言蜚语等更是可想而知。皇太极为争夺汗位，只有

清福陵下马碑

将大妃及代善打击下去，自己才能爬上汗位，所以他的一箭射去，不仅大妃被废，代善也名誉扫地，更为重要的是离间了代善与努尔哈赤的感情。然而努尔哈赤舍不得割爱，又复立为大妃，因为时间一长，发现她也没有什么大过，这是皇太极十分不愿意看到的。恰巧这个时候努尔哈赤驾崩，大妃就成了皇太极继位的唯一障碍。人们认为努尔哈赤遗嘱中讲大妃的一番坏话，纯属皇太极矫诏而逼迫大妃自尽。

《大清会典事例》说，天命十一年（1626）八月十一日努尔哈赤崩，十二日太妃以身殉，"遂同时而殓。恭奉龙舆出宫，奉安梓宫于沈阳城中西北隅"。皇太极继位后，敬卜吉壤，建造山陵。《清实录》说，到了天聪三年，率大臣奉高皇后与太祖梓宫合葬，"大贝勒莽古尔泰母妃富察氏灵梓亦一起祔葬于旁"。丧葬礼仪中提及与太祖合葬的孝慈高皇后及富察氏，却未提及殉葬的乌拉纳喇氏。此后，清代官方史书上均不再涉及大妃的葬地。问题是，当清太祖入葬福陵后，大妃被葬在何处？ 如果她已从太祖葬入福陵，那么清代史书为何没有直接记载？ 一些人推测大妃葬入福陵，但无史料依据。这个问题遂成为福陵历史的一个疑问。

早在福陵建成之初，大妃已随太祖葬入，且至顺治二年其宝宫一直在福陵内安葬。皇太极建立大清国之初，效仿历代王朝开国之君为其考妣及先祖恭加尊谥，太祖诸福晋中只尊其生母叶赫纳拉氏配享太庙，包括乌拉纳喇氏在内的其余福晋并无封赠及庙享。至顺治朝，多尔衮以摄政王的身份总理朝纲，奉顺治帝入关，在朝廷中势力膨胀，顺治五年，皇帝尊他为皇父摄政王。这时多尔衮就想为已死去20余年的生母乌拉纳喇氏争得一份殊荣，即追上谥号，入清太祖帝系，配享太庙。顺治七年七月二十六日，多尔衮尊其母为"孝烈恭敏献哲仁和赞天俪圣武皇后"，并遣官祭天坛、地坛，其祭文称大妃"作范宫闱"，"位居中宫，赞襄太祖皇帝之明德之举"。帝后上谥仪之前，按制应先行遣官祭祀安葬他的陵寝。之前，多尔衮遣礼部侍郎达尔泰告祭福陵，其中一篇祝文谈到大妃的"灵位祔太庙"，可以得出推断，至顺治七年七月，大妃获皇后封谥时，其宝宫是葬在福陵之内的。

从天聪三年至顺治七年间，福陵的祔葬者几经变化，但都未涉及大妃，由此也可以认为大妃是同清太祖一同入葬福陵的。

大妃的随葬香册、香宝在康熙二年最终与太祖一同葬入福陵地宫。大妃的册宝是顺治皇帝在尊谥大妃为孝烈武皇后时，按谥法制度造作的。但大妃在20年前已经安葬，她的香册、香宝如何随葬呢？ 一些专家认为，顺治七年前，福陵并未建地宫，清太祖和孝慈高皇后及大妃等人的神牌与宝宫皆供奉在享殿内。即使清太祖和高皇后的香册、香宝也是顺治元年十二月由北京恭送盛京并安奉在陵内的。顺治八年（1651）二月，多尔衮被追罪，顺治皇帝收回了对乌拉纳喇氏的封谥，撤去庙享，按制送至福陵的香册、香宝也要收回，但史料中未提及，也未涉及陵寝中其他问题。虽然大妃封谥被免，但如康熙皇帝等仍视她为皇后。雍正在上谕中曾称："考会典所载，太祖高皇帝三后。"太祖三后当指孝慈、富察氏和大妃乌拉纳喇氏。

福陵隆恩殿内的陈设也可说明大妃葬于福陵。隆恩殿内设大暖阁、小暖阁各一座，陈设四桌。桌上的四个牌位，除孝慈皇后外，还有大妃富察氏、大妃博尔济锦氏，剩下一位的牌位当是乌拉纳喇氏。

或许有人会问，大妃与太祖"同椁出宫"，为什么官书并无直接记载？大妃丧葬仪礼是附属在太祖葬仪之下的，大妃的丧仪要简单得多，加上大妃从葬人所共知，所以官书屡屡略而不记。皇太极继位后，只有他生母获封谥入太祖帝系，享配祔太庙之尊，而其时大妃数子在宫中还无影响，也无封谥，因此祭享自不会提及。顺治朝，多尔衮为母亲争得了尊谥，但也只是七个月的时间，因为数月后多尔衮下台，不久尊谥就被追夺。清人入关前，各种制度均不完善。入关后，后嗣皇帝仍因前朝旧制，并不按新规制行事，朝朝相因，代代相袭，最终使得大妃这一清初历史上的重要人物的葬地变得扑朔迷离。

清太宗皇太极昭陵之谜

清太宗皇太极死后，新皇帝顺治为他建了昭陵。昭陵是关外数陵中规模最大、保存最完整的一座帝陵。有人说，昭陵风水虽好，但还存在着一些问题，风水条件不是十全十美。我们不禁要问，既然如此，当时为什么要选这里建陵？驾崩后的第二年，皇太极遗体火化了，其宝宫立即奉安进地下了吗？

昭陵是清初三陵中规模最大、保存最完整的一座帝陵，占地面积达18万平方米，是皇太极和孝端文皇后博尔济吉特氏的陵墓。昭陵右侧有懿靖太妃园寝，葬有太宗太贵妃博尔济吉特氏。

皇太极是努尔哈赤的第八子，继位时35岁。他上台后，建立了以满族贵族为核心，与蒙汉王公贵族联盟的专制政治体制，改革八旗制度，完成了统一东北的大业。1636年他在沈阳称帝，改国号为大清。1643年八月，52岁的皇太极死于皇城寝宫。

昭陵陵山为人工堆造而成，坐落在今沈阳北郊，号隆业山。因在清盛京城北，俗称北陵。昭陵始建于崇德八年（1643），竣工于顺治八年（1651），康熙、嘉庆年间曾加以增建修缮。

整个陵墓的形制与福陵相似。正红门辟于南面正中，门外为东西下马碑，碑文用五种文字镌刻"亲王以下各等官员至此下马"，以显示陵区的神圣和庄严。两侧有华表、石狮、石牌坊、更衣亭等。更衣亭是清朝皇帝东巡祭祀时换衣、沐浴的地方。

清太宗皇太极

大红门上镶有五彩琉璃蟠龙，门里有石雕华表和6对石兽，雕刻非常精致，具有很高的艺术价值。其中石马名为"大白"和"小白"，据说是仿照皇太极生前心爱的两匹坐骑雕琢而成，英姿勃发，完全可以和唐太宗昭陵六骏相媲美。神道中央的碑亭内，立有康熙御笔的"大清昭陵神功圣德碑"。

方城和后面的宝城是陵园全部建筑的主体，方城内的隆恩殿是供奉皇太极神主牌位和祭祀的地方，庄严肃穆。在明楼内立有"太宗文皇帝之陵"石碑一通。方城四隅建有角楼，把清初城堡式建筑艺术和中国传统陵园建筑风格融为一体，相得益彰。宝城中间有半月形的宝顶，就是埋葬皇太极和皇后的地宫，北依隆业山，气势壮观。

昭陵虽建造于平地，但崇楼大殿掩映在苍松翠柏之间，风景十分优美。那么昭陵选址于此的原因是什么？

许多清史研究者和民间传说一般都认为，这里是块风水宝地，一些官方志书也采用类此说法。有本叫《盛京通志》的书谈到昭陵的风水："昭陵处城东北，叠嶂层峦至此，宽平洪敞，辽水右回，浑河左绕，有包罗万象控驭八荒之势。"《桥山圣纪》说到昭陵风水更是从全局的眼光高屋建瓴，认为昭陵系由福陵"后龙"起伏，转换落脉结局，福昭二陵"同干分支，二陵为一体"，并进而推断昭陵选址的"来龙"出自福陵天柱山的"后龙"。皇太极是努尔哈赤的儿子，昭陵龙脉起自于父陵后龙不仅合乎风水，而且和两人的辈分相合。这种说法认为风水条件决定了昭陵选址。

李凤民先生在《盛京八旗方位之谜》一书中对昭陵选址提出了不同看法。他认为按照风水条件要求，昭陵选址还有缺项，如缺陵山、左右护砂、前案册、前照山等，其实这块地方并不是盛京周围最理想的风水宝地。昭陵之所以要选址这里，与盛京八旗的驻扎方位制度有关。按照八旗制度规定，上自一国之汗，下至平民百姓，无不分隶八旗，按旗分籍。八旗之间，地位等当。国土按八旗分划，各旗有各旗的固定方位，国汗宫殿、王府、百姓庐舍和坟墓阴宅各自建在本旗地界，不允许侵占他旗土地。如努尔哈赤在沈阳的天命汗宫就修在城内的北侧，原因在于那里是他的旗地。沈阳八旗方位分为砖城八旗和四乡八旗。砖城八旗是指都城至郭城之间的地方，四乡八旗是指郭之外的山川。砖城八旗方位是北向为正白、正蓝两旗，东向为正红、镶红两旗，南向为镶黄、镶蓝两旗，西向为镶白、正黄两旗。四乡八旗方位是北向为镶白、正黄两旗，东向为正白、正蓝两旗，南向为正红、镶红两旗，西向为镶蓝、镶黄两旗。他们的划分主要以盛京至铁岭、抚顺、辽阳、新民大道为界。皇太极本旗为正黄旗，昭陵陵址恰在盛京至铁岭大道以西的正黄旗界。这说明昭陵选址的首要条件是在正黄旗界内，然后在旗界范围内选择相对来说风水条件较好的地方，因此昭陵风水有一些不如意的现象就在所难免了。

如此说来，选陵的先决条件仍是风水，但还有个附加条件就是必须在自己的旗地之内。是否确实如此，仍有待于历史学家们的详细考证。

据《清实录》记载，皇太极死后的第二天（崇德十年八月初十）就奉移崇政殿入殓，同时选择陵址起造享殿。九月二十一日奉移享殿安放。顺治元年（1644）八月九日皇太极死后一周年进行火化，定陵名曰昭陵。顺治及皇太后率众人"诣宝宫前举哀毕，跪献三爵，行三叩头礼。内大臣辅国将军锡翰等奉宝宫由中阶，升陵殿，奉安于地宫"。顺治七年，孝端文皇后与太宗合葬。顺治八年，封陵山曰隆业山。因此一般认为皇太极的骨灰在顺治元年奉安进了地宫。

有人提出了疑问，认为上面记述的奉安年代并不合乎史实。清代皇帝和皇后陵要随葬册宝，而根据《清世祖实录》，这年的十二月庚午才恭上"太宗文皇帝册宝于昭陵"，"昭陵香宝一颗、香册一本至盛京"。太宗入葬时间在这年八月，而数月之后册宝才进入地宫，显然册宝是无法入葬的，所以实际上太宗入葬的时间与《清实录》是不相符合的。其次，孝端文皇后于顺治六年（1649）四月崩于燕京，第二年二月"梓宫发引"盛京，二月二十六日葬入昭陵。《世祖实录》说"奉梓宫于昭陵殿内之右"，而并未称其葬入地宫。太宗与孝端皇后既已合葬，孝端皇后葬在享殿，太宗亦应葬在享殿内。再次，顺治九年（1652），礼部指出"福陵、昭陵俱在享殿之内，应照常于享殿内致祭"。皇太极于顺治元年已经火化，所以祭祀时面对的是他的骨灰（宝宫），而其时仅仅葬在享殿，可知太宗宝宫未葬入地下。

那么顺治七年太宗和皇后合葬时是否打开了地宫？很多人根据《清实录》相信太宗已入葬地宫，因而认为孝端文皇后与太宗合葬时是打开地宫的。明清陵寝制度规定，皇后先于皇帝崩，要待皇帝晏驾时与之合葬；皇后死在皇帝之后者，要单独建皇后陵。而孝端文皇后的葬法与这些都不同，有关专家认为这是一个特例。不同意者认为，太宗宝宫还没有入地，哪里来打开地宫的戏剧性情节？这纯属子虚乌有。

昭陵地宫的建造和太宗入葬究竟是在什么时候？有人认为是康熙二年（1663）。《清圣祖实录》中，这年九月癸酉有改造昭陵地宫的记载，十二月甲寅又说改造昭陵地宫完成，奉安太宗文皇帝宝宫，设宝座、神牌于享殿。这里的改造是首建地宫的隐饰，以前根本不存在地宫，所以就谈不上"改造"。康熙二年太宗的宝宫才奉安地下，而享殿因神去殿空，于是另设宝座、神牌以祭享。《清实录》之所以擅改奉安地宫的原因，主要是为隐讳满族早期把先人骨灰罐置放于室内的陋俗。入关后，皇帝生前建陵，死后马上葬入地宫，清朝统治者为了掩饰在关外时的陋俗，不得不对《清实录》进行篡改。

一方根据官方的记载得出结论，一方不相信这些记载，但从这些记载中找出蛛丝马迹，自成一家之言，究竟哪个更接近历史事实，尚待更多的专家提出意见。

中国帝王后妃陵墓之谜

一〇五

清东陵由来之谜

入关以后，清朝的帝王该埋在哪里成了一个不能回避的问题。入关后的第一个皇帝世祖顺治慎重考虑后，将自己的孝陵选定在昌瑞山下。选择昌瑞山，究竟是顺治自己在打猎时发现的好地方，还是经过堪舆看风水后决定的，引起了学者们的争论。

清朝入关后，沿袭古制，登极之初，即选建万年吉地。那么，第一代皇帝顺治为什么将陵址定在遵化？

传说顺治年间，在一次狩猎中，顺治偶然来到丰台岭，登临极目南望，平川似毯，尽收眼底。朝北看，重峦如涌，万绿无际。他看到风景如此幽美，骑在马上竟然流连忘返，亲自选定这里为自己的陵址。《清史稿·礼志五》有这件事的记载："康熙二年，相度遵化凤台山建世祖陵，曰孝陵。先是世祖校猎于此，停辔四顾曰：'此山王气葱郁，可为朕寿宫。'因自取佩鞢掷之，谕侍臣曰：'鞢落处定为穴。'至是陵成，皆惊为吉壤。"

关于这件事，在其他史料上也有记载。顺治八年，14岁的少年天子亲临京东狩猎。景忠山碑文及刻石上谈到这年顺治有登山之举，"先皇出猎蓟东，以景忠山在指，因而登焉。新雨初霁，看晓山如画，苍翠欲滴，赏叹久之，赐银千两"。顺治帝不但到京东狩猎，而且对这一带山川名胜十分熟悉和爱恋。这年的十二月，他还多次行幸娘娘庙。此外，顺治帝主张以孝治天下，他的奶妈朴氏的丈夫，他称为乳父，死后于顺治十二年三月二十五日在马兰峪河东立碑，顺治还赐乳父葬地，地点就在丰台岭迤东。这块葬地想必不是临时决定的，是顺治精心选择的，很有可能是选择万年吉地的同时，顺便为乳父相度了陵园。

顺治最宠爱董鄂妃，但董鄂妃生的小皇子只活了三个月就夭折了。这个没活上百日的婴儿，在他死后三个月时，竟因为母亲的原因被父皇追封为和硕荣亲王，顺治十五年（1658）在蓟县黄花山下还为他修建了一座颇具规模的陵墓。在墓室内，还沿袭前朝丧葬制度，为死者立了圹志。两合汉白玉石上，刻有满、汉两体文字，表达了顺治对小皇子的思念。

所有这一切表明，顺治对这一带特别爱恋，他用心良苦地预留了丰台岭这块吉壤，作为自己的万年吉地。

到了康熙二年（1663），康熙为顺治帝建孝陵于

清·康熙皇帝玄烨

昌瑞山下，成为营建东陵的开始。在此以后，康熙朝的帝王后妃也分别葬在东陵的景陵、双妃园寝、景妃园寝，开创了清代"子随父葬、祖辈衍继"的"昭穆之制"。

另一种意见认为，中国古代重要建筑的营造，往往离不开堪舆家相察风水，帝王陵寝尤其如此。选择孝陵，实际上是堪舆的结果。尽管目前留存下来的史书没有很明确的说法，但我们还是可以发现一些蛛丝马迹。

康熙二年六月初六日，顺治帝后宝宫已安葬在地宫里，孝陵工程还没有全部结束。康熙四年三月十六日，朝廷里发生了一件有关堪舆的重大案件。当时徽州府新安卫官生杨光先向朝廷进了一篇《摘谬论》，摘录了来华外国传教士汤若望的《新法十谬》，指出汤若望选择和硕荣亲王安葬日期是误用了"洪范五行"。于是康熙将这件案子让议政王大会讨论，逐条鞫问所摘十谬的事情，杨光先、汤若望各言自己是正确的。由于历法深微，五行玄妙，难以分辨是非，议政王等最后作出结论，认为汤若望所进200年历，都和实际情况不太符合，选择荣亲王葬期不用正五行，仅用洪范五行，山向和年月俱犯忌杀。因为事情重大，汤若望以及刻漏科杜如预、五品挈壶正杨宏量等官员八人，皆凌迟处死。但康熙下旨说，汤若望是掌印之官，做事情不加详慎，本当处死，但"念专司天文，选择非其所习，且效力多年，又复衰老，著免死。杜如预、杨宏量本当依拟处死，但念永陵、福陵、昭陵、孝陵风水，皆伊等看定，曾经效力，亦著免死"。

杜如预、杨宏量等因看风水有功，不仅是孝陵的堪舆人，就连关外三陵的改建兴工，也与他们有关。他们选择的陵址必然使康熙很满意，才免遭杀身之祸。在这起案件中，孝陵堪舆人的真相显露了出来。这样看来，孝陵的选择与风水观念大有关联，是顺治帝狩猎途中选定的说法就显得不怎样可靠了。

东陵什么时候正式开始兴建？上面已引一般观点认为顺治孝陵是从康熙二年（1663）开始兴建的。这种观点证据不少。如皇家抄本《昌瑞山万年统志》说："世祖章皇帝陵在昌瑞山之阳，曰孝陵。康熙二年二月十一日建。"但令今人奇怪的是，顺治皇帝死于顺治十八年（1661）正月初七日，他生前早已选好墓地，怎么可能在他死了两年多以后才开始动土建陵呢？一般皇帝都重视陵寝工程，有的帝王一登极就着手建陵，顺治为什么与他人不一样？一些专家认为，从种种迹象来看，关于孝陵开始建造的年份出现了问题，上述资料其实只是全工程中的片断记录，并非始建年代。

这些专家认为，单单从《清圣祖实录》中寻找资料就可以看出孝陵真正的始建年代。如顺治十八年秋七月壬申，"户部题世祖章皇帝守陵内侍共四十四名，官员人役共六十六名"。既有守陵内侍，说明已经开始建陵。顺治十八年十一月辛酉，康熙谕户部有"前因世祖章皇帝山陵大工及滇闽用兵钱粮不足"句，可知孝陵的确已经开工。康熙元年三月甲戌，"尊世祖章皇帝陵曰孝陵"。康熙元年九月己丑，"礼部等衙门遵旨会议，孝陵兴工动土"。康熙二年春正月己亥，"工部题营建孝陵于二月十五日开工，照例请差督工人员，得旨"。这年的四月壬子，"福建道御史王萧疏言，迩者山陵大事次第将毕"。这一系列记载可知，孝陵开工兴建于顺治十八年，因当时灾情等情况，工程一度停止。而康熙元年三月陵名也起好了。康熙二年四月，陵墓大体完工，但主要是指地宫。

清代一般是先建陵，后定陵名，上述的记载使我们基本认定世祖孝陵始建于顺治十八年是有依据的。如果说孝陵始建于康熙二年，那么远在两年之前就设立守陵内侍还有什么意义？此外，在《钦定大清会典事例》中，说到顺治十八年六月"题准：建造（顺治陵）享殿、地宫，精选识地理人等"，同样可以证明孝陵始建于康熙二年以前。

孝陵是清东陵的第一座帝陵，其规制承袭了明朝末年的建筑法式，又吸收了关外三陵的一些长处，对后来的清陵建筑影响很大。孝陵建有石牌坊、大红门、神功圣德碑楼、石像生、龙凤门、神道碑楼、神厨库、东西朝房、宫门、东西配殿、三座门、二柱门、石五供、方城、城楼、宝城、宝顶、地宫等一系列建筑。南北贯通一条长达5500米的砖石神路，宽达11米，是陵区的中轴线。

康熙十五年二月初十日，在孝陵之东，兴建康熙的陵墓景陵，实行了子随父葬的制度。之后，乾隆裕陵、咸丰定陵、同治惠陵均建在东陵。整个东陵共有陵寝和园寝14处。其中帝陵5座，后陵4座，妃园寝5座，埋葬着5个皇帝、15个皇后、136个妃子。东陵的风水围墙之外，还分布着亲王、公主、太子等人的园寝。

清西陵由来之谜

有人说雍正杀了康熙，有人说雍正是篡改遗诏后上台的，所以不敢葬在东陵其父康熙的身旁。也有人认为，雍正开辟西陵的主要原因是他挑到了好风水的地方，所以硬搬了一些理由来证实他没有违反伦理道德。至乾隆时，也往风水好的东陵跑，又不想让自己的父亲一个人在西陵孤零零，遂为后代定出了父左子右的昭穆制度。

雍正上台七年后，命人为他寻找建陵的吉地。据《工科史书》等原始档案记载，受命勘测的人先在沿长城一线的东陵孝陵、景陵旁边的马兰关、平顶山、鲇鱼关、大安口、冷嘴头、沙坡峪、罗文峪、甘家峪、马蹄峪等处"卜择吉地"，都说没有相宜的营建之处。后来选择了遵化州之东的九凤朝阳山，离孝陵、景陵不远，和雍正帝的初意相符合。选定之后，预备了一批木料和砖瓦石料，准备动土兴建。但精通堪舆的大臣再三相度，认为九凤朝阳山规模虽大，但"形局未全，穴中之土又带砂石，实不可用"。如此一说，雍正帝当然不会用这个地方了。折腾了一段时间，在东陵并未找到理想的建陵之地。

为了保证陵墓建在一个风水好的地方，雍正又派出堪舆家在各地进行挑选。后来怡亲王允祥和大臣高其倬受命在京师西南一带翻山越岭寻找陵址，至易州境内泰宁山天平峪、兴隆庄一带，发现了这块林木茂密、地势高爽的万年吉地，遂竭力向雍正推荐。他们称那块地方西有云蒙山，北有泰宁山，东有丘陵地，南有易水河，是"乾坤聚秀之区，为阴阳和会之所，龙穴砂水，无美不收。形势理气，诸吉咸备"。雍正阅览了奏折之后，也认为"山脉水法，条理详明，洵为上吉之壤"。然而，雍正如果选择这块陵址显然违背了子随父葬的清朝制度，作为皇帝

清·雍正皇帝胤禛

是不便马上表示同意的，便故意说地方虽美，只是距父亲的景陵和祖父的孝陵"相去数百里，朕心不忍"，而内心深处他实在是舍不得那块新卜的风水宝地。他又明知故问地让大臣们为他考证另辟陵区"与古帝王规制典礼有无未合之处"。善于揣摩上意的大臣们对于雍正想违祖制又想在人前表露孝心的意图一眼就看穿了，所以他们从浩繁的史籍中引经据典，以证明历代帝王父子营建陵墓不在一起是极为正常的。他们从各种史书中找出了具体的例子，如夏禹葬在浙江的会稽，而自启以下，葬在山西的夏县，少康又在河南的太康，其间相去何止千里。又如商汤葬在河南的偃师，太甲在山东的历城，太戊在彰德府的内黄，武丁在陈州的西华，相去各有五六百里。至于汉唐诸帝，虽然都在陕西，但汉代的高帝、文帝、景帝、武帝分别葬在咸阳、长安、高陵、兴平等县；唐代的高祖、太宗、高宗、玄宗分别葬在三原、礼泉、乾县、蒲城等处，其间相去远的有四五百里，近的有二三百里。而泰宁山天平峪万年吉地虽与孝陵、景陵相去百里，但"易州及遵化州地界与京师密迩，同居畿辅，并列神州，其地实未为遥远"，与古人相比较，这算不得什么。况且"地脉之呈瑞，关乎天运之发祥，历数千百里蟠结之福区，开亿万斯年之厚泽"，陵地的选择关系到国家的命运，皇上应根据风水情况断定陵址。经过大臣们这一番陈说，雍正降旨表示："大学士、九卿等，引据史册典礼陈奏，朕心始安。"这样，泰宁山太平峪入选，成为世宗万年吉地。雍正八年，雍正特派恒亲王、内大臣常明、尚书海望和查克丹、侍郎留保和德尔敏等，后又续派侍讲学士塞尔敦、朝阳等先后总理，郎中苏尔泰、罗丹苏、住安图等监督，于八月十九日在泰宁山下动工修建泰陵，首辟西陵陵区。

泰陵经过约8年的紧张施工，在乾隆元年（1736）建成。

雍正不随父葬东陵而新辟陵区的原因，还有几种说法。有人认为雍正是篡改了康熙的遗诏，靠阴谋爬上帝位，由于心中有鬼，他担心若和康熙葬在一起，会受到康熙的报复，自己死后不会得到安宁，因而把远离东陵数百里的易州天平峪确定为自己的墓地。然而，这只不过是后人的一种传说而已，并无明确证据。也有人说雍正是杀父自立，所以他不会与康熙葬在一起。这也仅是传

说，恐怕不见得是可靠的。也有人认为雍正这个皇帝好大喜功，另辟陵区主要是想突出自己。更有人认为雍正是一位心高志大的皇帝，他不甘居于人下，哪怕这个人是他的父祖。如果在东陵内为自己建造陵寝，当然不敢公然超过祖宗，于是就另起炉灶。

还有一种说法是，关于雍正的接位，在当时的朝廷和民间有着极为不利于他的传说。宫廷中甚至有人说他是杀父篡位。这场风波，一直到雍正驾崩后，仍然未能平息。这对雍正皇权的巩固是一个极为不利的因素。为了显示自己掌握皇权的力量，从而慑服反对者，他另辟陵区，用提高自己陵寝的地位，扩大陵寝建筑规模的手段，来达到镇服反对者的目的。是否真有这层因素在内，尚待更多资料的佐证。

雍正追求好风水，违反祖宗制度开辟西陵，除了为他自己建陵之外，还想叫嗣皇帝也追随他葬入西陵。他的儿子乾隆最初并不想违背父意，在西陵选好了一处吉地，准备死后与父亲葬在一起，以示孝敬。谁也想不到，乾隆七年，乾隆帝又派王大臣及钦天监的官员相得东陵胜水峪，是"龙蟠虎踞，星拱云联，允协万年之吉"的好地方，并于次年二月初十日开始兴工营建陵寝，就是后来的裕陵。自己陵建立后，乾隆想想不妥，如果后代子孙大家都这样效法，以好风水作为选择陵寝的原则，那么就会把雍正一人孤零零地留在西陵。既要子孙在自己的周围，又不想让父亲无人围在他的身边，乾隆六十一年十二月谕旨："按清朝成例，皇帝登基后要选择万年吉地。乾隆元年时，我刚刚登上宝位，本想在雍正帝的泰陵旁挑选一块地方建陵。但想到父皇陵寝在京城的西面，我的万年吉地建在父皇陵墓的边上，这样长此以往，我的子孙也想把陵墓建在他的祖父和父亲的附近，全部在京西挑选吉地，却和京城东面的顺治孝陵和康熙景陵日渐疏远，如此不能体现后代对祖宗的孝思，申明自己对祖宗的爱慕。因此，我的万年吉地就建在东陵界内的圣水峪。如果嗣皇帝（指嘉庆）及孙子、曾孙辈因为我的吉地建在东陵将来也挑选东陵，那么就要和西陵的泰陵疏隔了，也不能体现皇位代代相继的含义。所以嗣皇帝的万年吉地应当在西陵界内挑选，让有关衙门根据这个规定去执行，在泰陵附近认真谨慎地选一块好地方。到了我的孙子继承大位时，他的吉地又应当建在东陵界内。这样我大清王朝景运庞鸿，代代相继，每个皇帝依照昭穆次序，分成东西，一脉相连，不使与自己的祖宗互相隔绝。遵化和易州两个地方，山川深邃，灵秀所钟，吉地很多，也没有必要在其他地方另外选择陵址，妨害老百姓的土地，这是个万世的好办法。我的子孙应当严格按照我的话去做，这应是我大清无疆之福。"

按照乾隆的说法，由于最初三帝已经造成了东西两陵的局面，后代的皇帝为了表明自己血统，需按昭穆分葬东西两陵，也不必再去另择地方。嘉庆死，葬到西陵去了，他的儿子道光上台，按规定要葬到东陵。事实上，这样的昭穆制度后代不断加以违反，并没有全部执行，如道光本应葬东陵，结果到西陵去了。慈禧下令将本应葬在西陵的同治追随他父亲咸丰到东陵去了。

今天我们按常理推断，清陵分成东陵和西陵的根本原因，是帝王们挑选陵址时以封建迷信为指导，一味追求好的风水而造成的。为了能葬入风景优美的地方，雍正以及后代的一些帝王将"子随父葬"的制度轻易抛弃，人伦关系和忠孝道德在他们的眼里不值一钱。当然，清陵之所以分成东西两大陵区，也不能完全排斥政治上可能存在的一些因素，但这需要历史学家用更详细的资料来证实。

清代东西陵古建筑之谜

清代东西陵的建筑雄伟壮丽，有很多特色，令人神往。各陵建筑很有规律性，排列顺序基本一致。每一座陵墓都是以中轴线贯穿南北，建筑物东西对称。陵墓建筑巧妙地利用了自然环境，使远山近殿水乳交融，形成一幅幅秀美的山水画。各单体建筑物构成一个个有机组合的建筑群体，突出了主体建筑的雄伟壮观。

清代东西陵中最有价值、最吸引人的是雄伟壮丽的古建筑。一个时代的陵寝建筑有一个时代的特色，清代皇帝陵寝建筑既吸收了前代建筑特色，又有发展创新。

清代陵寝的组成结构大致相同。从南到北的顺序，一般都是由石像生、大碑楼、大小石桥、龙凤门、小碑亭、神厨库、东西朝房、隆恩门、东西配殿、隆恩殿、琉璃门、二柱门、石五供、方城、宝城、明楼、宝顶、地宫等建筑组成。由于陵寝修建的时间有先有后，建筑的排列次序略有不同，但基本结构未变。此外，每座帝陵附近一般都建有皇后陵寝和妃园寝。

东陵和西陵的门户都是大红门。大红门和位居陵区中央的主墓及墓后的主峰，是在同一条直线之上。大红门前矗立巍峨的石牌坊，东陵有1座，西陵有3座，都是5间6柱11楼。大红门正立面南向，门前有下马碑，以显示皇陵的威严。穿过大红门就是神道，一般宽12米左右，用三层巨砖铺成。神道长短不一，最长的顺治孝陵约10里长，雍正泰陵也有5里。长长的神道上，分布着石像生、大碑楼、龙凤门和大小不一的桥梁。孝陵的石像生最多，有18对。大碑楼是神道上的主要建筑，重檐飞翘，碑楼中屹立着高大的神功圣德碑。

神道北端的宫门是隆恩门，里面就是举行祭奠仪式的主要场所隆恩殿。隆恩殿后是崇阁巍峨的明楼，楼内有石碑一通，碑上刻庙号陵名。明楼下为方城，呈长方形。方城两边有高大城墙，绕墓一周，叫宝城。宝城中间的巨大土丘就是帝后的坟墓，名叫宝顶，也称独龙阜。宝顶下边就是帝后的地宫。

历史学者俞进化、陈宝蓉等先生认为，在清代的陵墓中，每一座都是以中轴线贯穿南北。中轴线往往与陵后横列的山脉构成丁字形，而神道实际上就是陵寝的主要建筑如隆恩殿、宝城、方城和明楼等，一律坐北朝南，坐落在中轴线的北端，与中轴线关系十分密切。其余建筑沿着神道排列，对主体建筑起拱卫作用，同时也能衬托出主体建筑的高大雄伟。布局规划整齐，完全仿照宫廷建筑布局的方法，使整个陵园庄严郑重。东西陵陵寝布局以中轴线为中心，十分对称平衡，建筑物一般都是东西成双结对，而且在造型、体量和外表形式上，都是一模一样的。隆恩门内的两座殿和两座焚帛炉，门上的两座朝房和两座班房，都是以中轴线为对称的。神道两边石像生中的望柱、石兽和文士、武士，都是一式两个，对称地相向而立。这种布局，彼此呼应，左右对称，使每个陵园给人自然、稳重、和谐和平衡的感觉。

东西陵基本上都是依山筑墓，把横向的山脉作为纵向建筑群的屏障，用来衬托陵寝的雄伟，在不知不觉中充分巧妙地利用了自然环境，实现了建筑物和周围天然地理环境的有机结合。陵园中的龙须沟大都是原有水沟，建造时就势砌成，沟上架设石桥。孝陵和泰陵神道旁的影壁山都是利用了原有的小山包而不是人工堆土，每间房屋建筑还考虑到借用远景的功用。

一座陵园是一个个建筑单体有机构成的建筑群体，尽管数量上并不完全一样，各陵建筑物的组合，从中轴线的南端开始，由疏而密，直到它的北端结束。隆恩门以外的建筑是引导部分，比较分散疏朗，建筑物间隔距离较大，而隆恩门以内的建筑物组合紧凑，虽然没有连檐接壁，但间隔只有数十米或十几米不等。如隆恩殿和明楼、方城之间，仅隔一道琉璃门，宝城紧围着宝顶，宝顶下深埋着地宫。这种先疏朗后紧密的组合形式，主要是为了突出主体建筑。当然，建筑组合的规整并不排斥适当的变化，主要体现在建筑物的大小、高低对比和纵横结合等方面。如每一座高大建筑面前，必有矮小的建筑物衬托，纵向建筑物的后面，一般会安排横向的建筑物。如泰陵的龙凤门是横向的，而在它北面不远处的石桥是纵向的。高大的明楼面前安置低矮的石五供，反衬明楼更加巍峨高大。

东西陵的屋宇都是清代标准的造型，地基、屋身和屋顶都有标准的形式。如所有的隆恩殿都是规格化的建筑，几乎完全一样。各陵建筑结构十分牢固，梁柱檩椽的尺寸搭配得当，榫卯结合严实坚固，但又有活动的余地。如发生强烈地震的时候，榫卯之间具有活动性能，震后仍可恢复原位。

东西陵的色彩丰富而协调。当作屋顶用的琉璃瓦有黄、绿两色，但一次只用一种颜色。屋顶的颜色有级别之分，黄色为高，绿色为低。凡帝后陵均用黄琉璃瓦，而妃园寝和公主坟只能用绿琉璃瓦。各建筑物由于部位不同，所用的色调也不同。屋顶金黄色，辉煌无比，檐下是阴影所在，用冷色，以青蓝碧绿为主。墙壁一般是丹赤色，而基座用白色。这样鲜明的颜色对比，使建筑物的轮廓更加清晰。此外，陵园中使用彩画也很有讲究。隆恩殿、大碑楼、明楼等主要建筑大都饰旋子大点金彩画，大殿内枋额上饰素地描金的和玺彩画，省牲亭的檐下饰旋子金红玉彩画，朝房、神厨等建筑饰旋子金红玉或雅五墨彩画。

东西陵建筑群中有许多雕刻艺术品，主要有石雕、砖雕、木雕三种。石雕艺术品有石牌坊、石像生、望柱、华表、陛阶石、地宫石雕等，砖雕一般用于装饰大殿及配殿的内壁，木雕作品绝大部分已毁失，现存的主要是各陵隆恩殿用作屋身装饰的格扇门及帝后妃的棺椁。

有专家说："清代皇陵没有皇帝本人纪念碑式的雕像，但是它的一系列建筑形象和种种雕刻组群，都直接或者间接地表现了对皇帝'神功圣德'的歌颂，表现了一代的历史。"（俞进化《清东陵和清西陵》序）从东、西陵的建筑规制中，我们可以看到在历史长河中清代文化和艺术的相承，这些珍贵的建筑为我们留下了宝贵的文化财富。

清初帝陵中的宝宫之谜

女真是个游牧民族，迁徙性较大，祖先死后就不能像汉人一样进行土葬，每年进行祭祀，只能采取火化的办法，将骨灰装在罐子里，带来带去就比较方便。从努尔哈赤到皇太极、顺治帝，清初皇帝死了以后，都是沿袭这个习俗进行火化入葬。

女真人是实行火葬的，一般在死后的第二日"举之于野而焚之"。清初的几个皇帝，沿用女真族的习俗，仍然实行火葬，这对中国历史上的帝王们来说是闻所未闻的事情。清朝后来的皇帝觉得火葬是身处东北地区女真先人的事情，多少有点野蛮，便加以禁止，且对自己老祖宗火葬的事情也不好意思多说，所以各种官书上的记载就隐讳不提。

努尔哈赤死时是否火化，后代的《清实录》等官方史书含混不清，只说天命十一年（1626）八月十一日病逝后与大妃同柩出宫，浮厝在城内西北隅，至天聪三年（1629）才入土安葬。但在当时的条件下，停尸三年是不能想象的，一般是先焚化后将骨灰置于罐中再入土安葬。《清圣祖实录》说，皇太极改造富陵地宫后，"安奉太祖高皇帝宝宫"，其实是对骨灰罐进行了安葬。

皇太极是清朝第二代皇帝，于崇德八年（1643）八月九日突然死于沈阳故宫清宁宫。因为天气太热，第二天晚上尸体就放到了棺材中，梓宫停放在沈阳故宫的崇政殿内。这年的九月二十一日，又将梓宫迁到沈阳城北的昭陵。当时没有另外新建陵墓，只是在昭陵上面新建了殿宇，作为暂时安放棺材的地方，并没有入土安葬，也没有进行火化。因为清朝的丧葬习俗是在没有新造好坟墓以前，要停丧于

清·顺治皇帝福临

家，造好坟墓才能出殡。

一年以后，也即顺治元年（1644）八月九日，为皇太极举行第二次安葬祭礼。章京、尚书、内大臣等百官守护着棺舆从昭陵中间的大道走出来，和硕郑亲王济尔哈朗侍奉了小皇帝并率百官跪在地上，进献三爵酒，默哀。皇太后和所有的妃子也默哀进行悼念。这之后，大家就"恭捧宝宫安奉"。记录清朝历史的史书如《清世祖实录》《大清会典事例》都没有明确谈到尸体火化的事情，但宝宫却入土了。那么，皇太极是否被火化？

史学大师陈垣先生认为，是否火化，关键要看一年前的"梓宫"到了一年后为啥变成了"宝宫"。他认为梓宫和宝宫大有分别，放尸体的叫梓宫，而宝宫所藏的必非尸体，而是尸体焚化后的骨灰。所谓宝宫，其实就是一个灰罐，在帝王家称为宝宫。所以1644年下葬的其实是一个骨灰罐。

在康熙年间编修的《顺治实录》中也谈到皇太极的葬礼，说当时是"以国礼焚化大行皇帝梓宫"，即连棺带人一齐火化了。又说众人奉移大行皇帝梓宫敬安陵寝，"诸王等近焚椁前举哀"，所以有专家说是在"焚椁"上火化的，同时还焚化御衣及陈设等物。

顺治十八年（1661）元月，皇太极的儿子顺治帝死，四月十七日，即顺治帝死了100天，康熙皇帝到他的梓宫前，"行百日致祭礼"。一年以后的元月七日，康熙再次来到顺治的宝宫前，"行期年致祭礼"，进行周年纪念。这时的梓宫也变成了宝宫，说明已经火化。第二年的四月，康熙亲送顺治帝的宝宫到孝陵安葬。

不但顺治帝自己被火化，他最亲爱的董妃死了也是火化。外国传教士汤若望记载道："按照满洲习俗，皇后皇妃的尸体，连同棺椁，并那两座宫殿，连同其中珍贵陈设，俱都被焚烧。"董妃住在东六宫的承乾宫，这样说来，非但董妃尸体要被烧掉，就连承乾宫也同时被烧。焚烧尸体的地点，汤若望说是在故宫北面的景山，时间是在"三七"，即死后第21天。当时有个和尚为董妃写了一偈："出门须审细，不比在家时。火里翻身转，诸佛不能知。"

皇太极的弟弟摄政王多尔衮死后，也是火化后入葬的。公主死了，也要进行火葬。皇太极第四女固伦雍穆长公主卒于康熙十七年（1778），今天考古发掘仅仅发现她的骨灰而没有遗体。清初一些贝勒墓中，都没有棺椁而仅有装骨灰的瓷罐。

清初皇帝死后一般都火化，其实是女真民族的习俗。雍正皇帝曾说："本朝从关东发迹南下，靠了军事力量到处作战，迁徙无常。父母亲死了以后，弃之不忍，携之不能，所以只能用火化。"整个民族在迁来搬去，对父母亲遗体处理最好的办法是火化，带着骨灰行走就十分方便。努尔哈赤时代的老百姓死了，第二天就在野外焚化，而到皇帝自己死了，也觉得这种方式很好。

顺治皇帝比较特别，年仅24岁就死了，"以国礼焚化"。有人认为他火化的原因"半信佛教，亦循塞外风俗"，但笔者认为主要还是满族早期的丧葬习俗。康熙以前的帝后妃子除少数几人土葬外，大多采取火葬，因为帝后等一陵殡葬，葬式必须划一，不可能在一穴中有的人是骨灰，有的人是尸体。

由于是风俗习惯，清初的皇帝就只能接受，但像皇太极就对女真人的"燔化"有意见了，他曾说："我国风俗，殉葬燔化之物过多，徒为糜费，甚属无益。夫人生则资衣食以为养，及其死也，以人间有用之物为之殉化，死者安所用之乎？嗣后凡殉葬燔化之物，务遵定制，勿得奢费。"康熙以后，清朝统治稳定下来，满族人大多迁往汉地，并且受到汉人土葬的影响，火化渐渐改革了。康熙以后的皇帝不再火化，一律改用土葬，并且下令百姓死后也一律禁止火化，否则就要按违反法律处理。乾隆继位后，还曾明令全国官民人等一律不准火葬。

孝庄太后昭西陵建造之谜

孝庄太后是清太宗皇太极的妃子、清世祖顺治帝的母亲，死后其孙子清圣祖康熙皇帝为她建起了一座暂安奉殿安放梓宫。这座大殿建在东陵大红门外东侧，顺治皇帝孝陵的南面。之后雍正皇帝为她建了方城、明楼、地宫，命名为昭西陵。人们不禁要问：皇太极的昭陵远在沈阳，昭西陵为什么要建在千里之外的东陵？

在东陵大红门外东侧，有座昭西陵，葬着孝庄文皇后博尔济吉特氏。

博尔济吉特氏出身于蒙古贵族，13岁那年，在她的兄长吴克善台吉伴送下到达后金，嫁给了皇太极，并先后生育了三个公主。1636年，皇太极改号称帝，封博尔济吉特氏为永福宫庄妃。1638年，庄妃生皇九子福临，即日后的顺治帝。福临即位后，尊为皇太后。孙玄烨嗣位，尊为太皇太后。死，谥号孝庄，史称孝庄文皇后。

这位孝庄太后，人极其漂亮，又聪明能干，颇有谋略。传说1641年，清军俘获明朝蓟辽总督洪承畴，洪坚决不降，一心打算以身殉国尽忠。皇太极派庄妃穿上汉族服装前去说服，在她的一番劝说下，洪承畴再也守不住坚强意志，第二天就投降了清朝。

1643年，皇太极突然去世，年方6岁的福临即位，皇太极弟多尔衮为摄政王。福临即位后，多尔衮的权势不断扩大。1644年，他率军攻占北京，明朝百官对他三呼万岁，关内外只知有摄政王而不知有皇帝。在这种形势之下，福临的皇位岌岌可危，于是孝庄文皇后按照满族父死则妻其后母、兄死则妻其嫂的习俗，下嫁给多尔衮。她这样做的目的，主要是通过下嫁来笼络和控制多尔衮，巩固福临的地位。这个政治婚姻一定程度上起到了延缓

清·孝庄太后

与阻止多尔衮夺位称帝的作用，使多尔衮至死也没有自己登基。

在正史中，孝庄下嫁是没有明确记载的，因此许多人对下嫁之说十分怀疑。但更多的人认为，孝庄下嫁是可能的。南明鲁王大臣张煌言听说这件事后，曾讥笑清廷的悖德乱伦，有《建州宫词》说："春宫昨进新仪注，大礼恭逢太后婚。"又说："椒寝梦回云雨散，错将虾子作龙儿。"暗示顺治帝不是龙种。因为多尔衮母亲死后，哥哥皇太极收养他在宫中。孝庄进宫时，仅比多尔衮小一岁，难保两人以前没有暧昧关系。多尔衮决定立福临为帝，可能也是基于这个原因。

孝庄是顺治的生母，但她比顺治还多活了20多年，直到康熙二十六年（1687）才病逝于慈宁宫中，终年75岁。孝庄的陵墓在马兰峪清东陵大红门外东侧，称为"昭西陵"。那么昭西陵为什么会建在东陵大红门之外？

据《清圣祖实录》，孝庄在临终遗诏中对孙子康熙说："我身后之事，特以嘱汝。太宗文皇帝梓宫奉安已久，卑不动尊，此时未便合葬。若另起茔域，未免劳民动众，究非合葬之义。我心恋汝父子，不忍远去，务于孝陵近地安厝，则我心无憾矣。"太宗即皇太极，他的坟在沈阳昭陵。按常例，博尔济吉特氏应安葬在昭陵附近，方尽情理。但她为什么不葬到昭陵呢？难道仅仅是心恋顺治、康熙父子吗？恐怕也不尽然，或许还有另外的原因，而这原因又使她和清室都有难言之苦衷。顺治初年，她以国母之尊，以嫂嫁叔，又成了摄政王多尔衮的老婆。这对满洲贵族来说虽不是惊俗之举，但在中国历史上却是罕见的事情。多尔衮在世时位极人臣，飞扬跋扈，死后成为众矢之的，被削夺尊号，声名大坏，她自然不愿祔葬多尔衮。皇太极是她前夫，但她既已嫁小叔子，从伦理和宗教迷信的观点出发，她似乎也无颜葬昭陵，所以只好提出于孝陵近地安葬。

康熙遵照她的遗言，令人模仿她生前居住的地方，初步为孝庄选定了一处临时的安厝梓宫之处，这就是今天的昭西陵所在地。但对于孝庄的万年吉地，仍未能确定，所以称孝庄停灵之处为"暂安奉殿"。

孝庄文皇后生前对于康熙在慈宁宫东侧为她所建的一座宫殿十分喜爱，多次加以称赞。康熙在祖母死后，不顾隆冬严寒，命人务必于第二年四月之前将这座宫殿拆卸开来，再按原样在东陵重建，不得有丝毫损坏。从拆到装，暂安奉殿共用了三个月的时间才建成。康熙二十七年四月，孝庄文皇后暂安于孝陵大红门外东侧。新宫殿五间居中为享殿，其后另建暂安奉殿以安置梓宫。因未能最后定议孝庄是否于此永远安葬，所以未建地宫、宝顶和宝城。

康熙在世时，始终没能解决孝庄的建陵问题，因为事情的确有难度。直到雍正二年（1724），雍正才决定就地为她建陵。由于孝庄暂安于此已经30余年，没有地宫和宝城、宝顶就不成陵寝，雍正想将暂安奉殿改为陵寝，遂命诸王大臣等进行讨论。康亲王冲安议奏说："圣祖仁皇帝遵奉孝庄文皇后遗旨，奉安暂安奉殿，至今30余年，圣祖仁皇帝福寿康宁，四海生民乐育，诚稀有之吉兆，允宜定为陵寝。"雍正下旨说："著即择日兴工。"这年十一月初八日，雍正借为康熙皇帝行三周年祀典的机会，诣景陵隆恩殿，以孝庄奉安日期告祭于圣祖仁皇帝。接着他又下令为待改建的暂安奉殿定名，十一月二十七日，诸王大臣等恭拟为昭西陵。

从定名来看，陵墓还是与皇太极在沈阳的昭陵相对，所以叫昭西陵。在清陵中，顺治妃子的孝东陵，雍正皇后的泰东陵，咸丰后妃的定东陵，都在皇帝主陵的附近。唯独昭西陵与昭陵相隔千数百里，夫妻遥遥相望而又不可及，这是清陵中的一个特例。从昭西陵定名与陵址选择在孝陵近地来看，这是一个折中的方案。所以昭西陵的碑文上说："念太宗之山陵已久，卑不动尊，惟世祖之兆域非遥，母宜从子。"文中不提多尔衮一字，可以想见，这位国母在她后夫去世之后，其处境也是相当微妙的。

昭西陵于雍正三年二月初三日动土兴工，十六日将孝庄文皇后梓宫由暂安奉殿奉移于前面的享殿。陵墓规制主要是仿照孝东陵，起建地宫及方城、明楼，至十二月竣工。十二月初十，孝庄梓宫安奉于地宫内宝床上，并陈设宝册，随后关闭地宫石门。

由于孝庄在清东陵所有入葬人物中辈分最高，按雍正帝的谕旨，前朝和后寝两部分均由两层红墙环绕，还增建了神道碑亭，增设了下马碑，昭西陵的建筑规制，在清朝皇后陵中是等级最高的。

雍正泰陵之谜

泰陵是西陵诸陵中规模最大的一座，规制完整，建筑宏伟，造型优美。建陵所用的砖头来自苏州和山东临清，采办的石料来自北京的房山，使用的木材大多来自南方的福建、广东、四川、贵州诸省。这座建造了8年的陵墓，共花去了200多万两白银。

泰陵是雍正帝的陵墓，是清西陵中规模最大的一座陵墓。因为是第一座在河北易县建的皇帝陵墓，后来的皇帝陵园都是以泰陵为中心而展开的，所以泰陵是西陵陵园的核心部分。

泰陵有一条宽达10多米、长5里的神道，砖石铺墁，松林夹道，通贯陵区南北。神道上的大碑楼，高30米，内竖双碑。神道上的一座七孔石桥，造型优美，如新月悬空，似长虹饮涧。过七孔桥，两侧整齐地排列着各种石像生，计有石兽3对、文臣1对、武臣1对。泰陵石像生采用写意的手法，以浓重粗大的线条勾画出人物和动物的形象，再用细如绣花的线刻，表现细节花纹。如文臣武将的衣着纹饰、剑鞘图案和朝珠，均清晰可辨，体现了清代石雕艺术独到的雕刻技法。

神道北端是泰陵神道碑亭。碑亭内矗立着一通用满、汉、蒙三种文字镌刻的雍正皇帝谥号的石碑。碑亭北是东、西朝房，为制作和存放蔬菜、瓜果、点

清·雍正皇帝胤禛

心的膳房。东、西朝房北，过隆恩门就是泰陵的主体建筑隆恩殿。隆恩殿由东西配殿和正殿组成。东配殿是放置祝板的地方，西殿为喇嘛念经的场所。正殿在正中的月台上，巍峨高大。殿内明柱贴金包裹，顶部有旋子彩画，梁枋中心是"江山一统"和"普照乾坤"彩画，色彩协调，气氛肃穆。方城明楼为泰陵的最高建筑物。明楼上的朱砂石碑，镌刻着皇帝庙号。从明楼有马道通往宝城，宝城上面是宝顶，下面是地宫。整个泰陵共有建筑61座。

泰陵的建造共历时8年，从雍正七年开始，至乾隆元年葬入雍正才正式完成。这是一个规模罕见的清代皇陵，建造过程中用工用料之多，耗银数量之大，是常人难以想象的。

有一部《工科史书》记载，雍正十年八月，管理工部事务的和硕果亲王允礼在奏章中说，为建泰陵储放物料，曾用楠杉木、金砖、临清砖搭盖棚厂499间，用银5385两8钱。另外还有许多建筑材料没有运到，运到后还需继续搭建盖棚，所用银两"不便逐行核销，相应行令该督，将应需棚座，即动支正项钱粮，酌量敬议办理"。并说等到添造盖棚的钱全部搞清后，再造册汇总。这些堆放建材的临时性仓库就要花费这么多钱，整个陵寝的兴建可以想象是怎样一个情况了。

建造泰陵时最重要的建材是苏州烧造的金砖、山东临清的城砖、北京琉璃厂的瓦件、北京房山的石料、西南诸省的木料等。金砖是一种入窑烧制的细料方砖，因苏州土质细腻，含胶体物质多，可塑性大，制成的砖质地密实，且很容易从运河运往北京，所以明朝开始一直从苏州运砖北上。苏州金砖质量较高，慢工出细活，当时政府规定每个瓦工，一天只能制五块砖。修建泰陵时，运夫们把金砖运到工地，还要把每块约重40斤的金砖磨到30斤，使砖平滑如砥，以便砌墁时砖缝很细。整个泰陵所用苏州金砖量，史书中没有具体数字，总督高其倬在一个奏文中说，当时需要"二尺"金砖1715块，"一尺七"金砖4300块。前后共8年，估计总数量不会少于几十万块。

山东临清烧制的澄浆长形城砖，是当时用砖的主要来源。乾隆二年，有个叫史法敏的大臣上奏说："泰陵工程需用临清砖块，据布政使郑祥宝称，通共解送过砖1577070块。内除不堪用砖15469块，漂失砖320块，每块奉部准给价银1分7厘，计算共用银4379两4钱3分8厘。"临清前后共五次奉命烧砖，政府还雇民船运砖，每块运费是2分7厘。前后政府共花在临清砖上银50623两9钱6分5厘。

无论是苏州金砖还是临清城砖，当时征用的舟车数万辆艘，役使过千百万的工人。按政府的规定，搬砖上船及运输，政府都要给付银两，但又规定建材如有损失，运夫们的钱就要扣掉。清宫档案《陵寝事务》中记载，修建泰陵时拉运临清砖，因砖有碰损，运工们不但分文报酬没有，反倒赔银522两4钱5分。

泰陵所用瓦件产自北京琉璃厂。据议政大臣、工部尚书兼内务府总管来保于乾隆二年六月十七日奏章中说，泰陵共用过琉璃瓦料392902件。从京师至西陵工所，共245里，每40件装一车，共计用车9822辆半，每辆车价银1两4钱7分，共用银14439两7分5厘。整个琉璃瓦的烧造和运费、包装费等，共花银74036两3钱4分4厘7毫。

泰陵用的青白石料，由房山的大石窝开采，豆渣石由昌平采办。制造石桥、石牌坊、石碑、石像生、石祭台的石料动辄十几吨、几十吨，运输极为困难。泰陵的"圣德神功碑"石料，从采石场运到陵区工地，费时几近一年。运时加倍小心，全用人力推拉。可以想象，石料的种种费用加在一起，不会少于白银十几万两。

泰陵的殿宇楼亭使用了大量复杂而巨大的珍贵木材，如金丝楠木、柏木、杉木、梨木等，绝大部分来自南方的闽、粤、川、贵等地。为建泰陵，政府共7次到今湖北、广东、福建、四川、云南等省采运木材。楠木的采伐，甚至已进入了海南岛。泰陵工程所用木料，据乾隆二年九月议政大臣万柱等人奏称：自通州运至泰陵的巨料楠杉木，直径3尺2寸、长3丈5尺一根，共164根；圆枋楠木直径2尺2寸、长2丈1尺一根，共4886根；铁梨木9件，计折合长70234尺6寸。杉木，直径1尺7寸、长一丈九尺五寸，杉枋，宽一尺六寸、厚一尺二寸、长一丈八寸一件，共用4855根。如果这样算下来，修造泰陵共用去上万根木料。

有专家进行了统计，泰陵工程仅砖、瓦、木料三项的运费，开支了白银20多万两，而整个工程总共耗银240万两。泰陵完工后，单未用掉的香楠木就有410根，陵寝内务府征用了大批的骡马车辆，驱车600多里，拉到东陵去建其他的工程。

一座泰陵，花费了多少劳动人民的血汗。

泰东陵之谜

泰东陵是清西陵内最早兴建的皇后陵寝，规模最大，设制最为完备。乾隆为雍正修造陵寝时，根据前朝制定的规制，决定将来雍正孝圣宪皇后死时不再惊动雍正，另外建造一个陵园。乾隆二年，乾隆下令在雍正泰陵东北3里处为自己的母亲兴建一个庞大的泰东陵。

泰东陵是清西陵内最早兴建的皇后陵寝，规模最大，设置最为完备。它位于永宁山的中心，为西陵之主体，其余诸陵的规制和建筑形式，严格遵守封建等级制度，分布于泰陵东西两翼。雍正十三年（1735）八月，雍正暴病死于北京圆明园，两年后葬于泰陵。

泰陵地宫中除葬着雍正帝外，还有他的孝圣宪皇后那拉氏和敦肃皇贵妃年氏。这两个女人都死在雍正帝之前，所以雍正帝入葬时将她们祔葬地宫内。

在泰陵东北3华里处，有座泰东陵，这里葬着雍正帝的孝圣宪皇后。按清朝制度，皇后只要在皇帝梓宫尚未入葬之前死的，便与皇帝合葬在同一地宫内。皇后后薨，如果帝陵石门已闭，那么就得另建山陵。泰东陵就是属于后一种情况。

孝圣宪皇后，钮祜禄氏，满洲镶黄旗人。13岁时入侍雍和宫邸，为雍王胤禛的侧福晋。康熙五十年八月十三日，生王四子弘历。康熙帝见皇孙弘历聪颖过人，十分喜爱他，让他进皇宫读书，并亲自抚养，还说钮祜禄氏是有福之人，这使得雍王对她特别恩宠。雍王登基为雍正帝，先封钮祜禄氏为熹妃，进而晋为熹贵妃。弘历至25岁即皇位，母以子贵，封熹贵妃为皇太后。乾隆帝视其为国母，有言必遵。乾隆在位期间3次南巡、3次东巡、3次巡幸五台、1次巡幸中州，以及谒东陵、猎木兰，皆奉陪太后同行。《裕陵神功圣德碑》说，乾隆帝"事孝圣宪皇后四十二年，晨昏问侍，扶掖安辇，仍尊养之，隆祝厘让，善至于终身"。乾隆四十二年（1777）正月，86岁的太后驾崩，举国致哀，尊徽谥号为"崇庆慈宣康惠敦和裕寿纯禧恭懿安祺宁豫孝圣宪皇后"，葬于泰东陵。

孝圣宪皇后死时，泰陵地宫已闭封了39年。按清朝制度，孝圣宪皇后应另建山陵，而且与帝陵一样，在入葬者生前就要兴建完工。乾隆元年九月，雍正皇帝葬泰陵，乾隆谕王大臣等："据办理泰陵事务的恒亲王、内大臣户部尚书海望奏称：世宗宪皇帝梓宫奉安泰陵地宫，请照景陵的方式安设龙山石。将来跟随进入地宫者（指皇太后）的分位，并万年后应留之分位，相应请皇上给个说法。我遂将万年后应留分位的地方，奏请皇太后。皇太后懿旨：'世宗宪皇帝梓宫奉安地宫之后，以永远肃静为是。如果将来再行打开，以尊卑的意思揣度，于心实在不安。更何况我朝有昭西陵、孝东陵的成宪可遵，在泰陵地宫中不必预留分位。'我听从了太后的懿旨。现在见到皇太后坤德恭谨，考虑得十分周详，自今以后更加应当恪敬尊奉，仿照昭西陵、孝东陵例，另外卜选万年吉壤。"昭西陵是顺治帝的生母、清太宗皇太极的孝庄文皇后的陵寝，孝东陵是顺治帝的孝惠章皇后的陵寝，两人在太宗、世祖死后多年才薨逝，都是另外再建陵寝的。就这样，为皇太后另建陵墓的事情定了下来。

泰东陵自乾隆二年（1737）开始兴建，前后历时40年，至乾隆四十二年（1777）建成。刚开始营建时，乾隆帝曾亲临现场验看工程进度与质量。乾隆四十二年，他曾降旨更换殿宇椽、望等木材，增添修砌墙垣石料瓦件，调换布瓦式样，查看地宫内有无积水等，十分关心陵墓建设，力求做到没有遗漏，尽善尽美。康熙曾经对陵寝的名称下过规定："自古以来帝王如果有不适合葬在一起而另外建陵的，全部根据方位决定名称，不另外再起陵名。"孝圣宪皇后陵位于泰陵的东面，因而称为泰东陵。

泰东陵是清代皇后陵中规模比较大的一个，主要建筑有三孔石拱桥1座，栏板平桥3座，朝房、班房各两座，东、西配殿各1座，燎炉1对，神厨库1组，隆恩门、隆恩殿、三座门、石祭台、方城、明楼、宝顶、地宫等，样样齐备。

道光陵搬迁之谜

道光即位，按清朝的定制，在东陵界内选择陵地建造陵寝。几年后，陵寝建成，并将皇后的梓宫安放其中。不久，道光借口地宫渗水，把陵墓推倒重建，不过新建的陵寝并不在东陵，而是建到几百里外的西陵去了。道光为什么要这样做？

　　清朝的新皇帝即位后，应马上为自己的身后事着想，要选择风水好的地方建造陵寝。尽管清朝大多数帝王并没有严格按照这样来做，有的上台后很长时间才想起这件事来，但选择建造陵墓的适当地方都是十分看重的。

　　按照乾隆皇帝制定的原则，由于最初三帝已经造成了东西两陵的局面，后代的皇帝为了表明自己血统，需按昭穆分葬东西两陵，不必再去另择地方。嘉庆死后葬于西陵，他的儿子道光上台，按规定要葬到东陵。道光元年（1821）九月二日，道光下诏说："国家定制，皇帝登极后应马上选择万年吉地。根据嘉庆元年高宗皇帝的敕谕，今后吉地各依昭穆次序，在东陵、西陵地界内分别修建。我现在登位后，严格按照祖宗成法，在东陵界内选择绕斗峪建立吉地。"随即派出庄亲王绵课、大学士戴均元、尚书英和、侍郎阿克当阿等人办理此事。十月十八日，陵墓正式开工兴建。道光帝认为"绕斗峪"地名不好听，在第二年改名为宝华峪。七月份，道光召见戴均元等人，听取他们的汇报，并面授机宜，具体规定陵寝制度。道光五年三月，道光皇帝还亲自前去察看。两年后，陵寝工程正式完工。这年的九月二十二日，道光亲自护送他的孝穆皇后梓宫安放到宝华峪地宫中。当时他看到地宫坚固整齐，规模宏伟，心中十分高兴，遂晋升戴均元为太子太师，英和官复一品顶戴，庄亲王绵课原来借国家的俸银四万两全部免掉，穆彰阿、宝兴、继昌等参与建陵的官员均论功行赏，就连一些工匠也得到了赏赐。

　　皇后也葬了，具体负责的官员也得到奖赏，按说此事已经完成了。然而令人不解的是道光最后并没有葬在宝华峪，而是葬到西陵去了，这样的做法并不符合乾隆的规定。完工后的第二年，道光下令

清·道光皇帝旻宁

拆毁宝华峪陵寝，所有能用的材料全部运到数百里外的京西易县，搬不走的材料后来在修建咸丰帝的定陵时全部用上，剩下的一部分砖瓦地基材料当时认为"与风水不甚相宜"，"运出口门风水地外，择于僻静处所，妥为掩埋"。苦心经营多年的宝华峪陵寝就这样变成了废墟。至今这片道光陵墓的废墟仍可在东陵界内看到，瓦砾成堆，碎砖碎石遍地散落。这到底是怎么回事呢？

废弃的原因据道光皇帝自己讲是地宫内部出现了渗水。道光八年（1828）九月，道光帝到京郊打猎，路过东陵，顺便到自己的陵墓去视察。往地宫走了一圈，回到地面时，发现靴底潮湿，且先时曾梦见死去的孝穆皇后在海中向他呼救，便疑心地宫修建可能有问题，渗出地下水了。他当即传谕留京五大臣会同刑堂官，对选陵修陵的大臣及地宫渗水原因切实根究。他脑子里一直在转悠这个问题，没几天就谕军机大臣："朕昨亲临阅看所办工程，亦多草率，这是有关监督官员等存在着明显的偷窃侵蚀情弊。"这还不够，他派出大臣敬徵、宝兴诸人，对地宫内外"逐处履勘"，发现罩门券、明堂券、穿堂券、金券和宝床下，均有浸水现象。九月，听了敬徵等人的报告，道光觉得问题的确很大，又亲临地宫阅视，再次降谕旨："今天朕亲临阅视，金券北面石墙全行湿淋，地面间断积水。仔细看看日前积水痕迹，竟然超过宝床之上。见到孝穆皇后梓宫霉湿的痕迹，约有二寸，估计积水达一尺六七寸之多。"话锋一转，他又说："此项工程完工之时，如果加以详慎体验，难道会一点也不能发现问题？这是绵课等人堪舆相度，漫不经心，时良负恩，莫此为甚。"他勃然大怒，接连发出十三道圣谕，大骂办事的大臣是丧尽天良，指责英和等人罪大恶极，说一定要严加根究。

有关堪舆地形和修陵的官员遭到了审讯，道光一定要查出渗水的原因。他让主审官奕绍等人将修陵监督"隔别严讯"，一定要供出开工时实际的情形。同时还要对承办工头匠役"详加开导，隔别讯问"，并且对他们说这件事与他们无关，"务力据实供吐"。审讯的内容主要是"开壤土性"、"开通时有无山石夹杂泉水浸泛"和"地平以下未露明工程做法"。道光根据自己的阅视和大臣们的查勘，认为地宫浸水的原因是山水浸溢无疑，"而水势自外内注，抑从地泉涌出，总当确切究明，以便设法修治"。在审讯这些人的时候，他还审问了建陵之前堪舆吉地的宋泗、赵佩琳、茅鸿升、姚绍基、毓庆等五人，要查清当时是何人首先看定宝华峪为吉地，其他人当时是否有不同意见，是否提出此地有泉水。

经过长达一年的审讯，地宫浸水的原因大致追查出来。道光认为主要是北面墙帮间有石母石滴水，虽然修陵时做了准备，"用工拦挡，令水旁流"，但日子一长水就滴了出来。原议在陵墓的两旁安设龙须沟出水，但英和说不用安置，所以全部停了下来。英和还认为土必甚钝，没有泉石，土地十分干洁，认为龙须沟工程可以停办，并将这些话上奏道光，这分明是欺上瞒下。英和当时还保奏牛坤具体负责建陵，认为只要有牛坤在，当没必要每天都到场。而牛坤说他自己是不管工程的，实际上两人是互相推诿，致使地宫质量出现问题。

道光九年九月十日，道光下令将英和先革去顶戴，拔去花翎，革职；戴均元革去官衔，降为三品顶戴；其他官员也受到了各种处罚。两天后，道光又亲自到宝华峪地宫查看。看到地宫内汪洋一片，不由得怒火中烧，认为对官员们的处理太轻了，于是又将戴均元革职，英和的两个儿子也被革职。几天后，又将英和等七个具体负责建陵的官员查抄家产，其他官员要罚赔白银25万两。至十月初四，他对这件事作了最后处理，认为本要将英和拟斩，但经查实在建筑工程中他并没有贪污行为，所以从轻发落，让他到黑龙江充当苦工，他的两个儿子也到黑龙江去。其他一些官员也发配到伊犁、乌鲁木齐等边境去赎罪。戴均元因为年纪太大了，免其死罪，也不发配到边疆，但要驱逐出京回到原籍，子孙俱免职。

当代一些专家认为，其实地宫漏水是正常现象，就那个时代的工程技术和建筑材料来看，出现渗水并不奇怪。如乾隆皇帝的裕陵地宫，里面也有积水。不过当时在地宫建造时，宝华峪地宫的确有技术问题，没有设计龙须沟、漏眼之类的排水孔，以便能及时把渗水排泄出去。但一旦发现有问题，再设法补救并不是不可能，说到底，渗水问题在当时是可以解决的。即使认为宝华峪土质不佳，不宜建陵，那么道光的陵墓当在东陵界内另外再选一个地方重建。然而，道光在惩办了修陵不力的官员后，将这座征用了数十万工匠和数百万夫役，历时7年才修好的陵寝，无论地面建筑还是地下工程，全行废掉拆除。他违反乾隆的昭穆规定，将陵墓建到西陵去了。

道光十一年二月二十二日，道光亲临易县新选的万年吉地阅视，并赐名"龙泉峪"。这年五月，陵寝正式开工，承修大臣是工部尚书穆彰阿。道光曾对穆彰阿等人说："造陵中的一切都务必俭约，不许弄得太好，现在重新选择这里实在是不容易啊。"的确，我们也想知道推倒一个陵墓再建一个，道光的真实想法是什么？为什么他自己也感叹不容易？

新建造的陵墓叫慕陵，在隆恩殿前的月台左侧有一石幢，上面镌刻着道光的两首诗，主要是为自己从东陵迁到西陵作辩护。第一首云："毋谓重劳宜改卜，龙泉想是待于吾。人情可叹流虚伪，天命难谌懔典谟。郁郁山川通王气，哀哀考妣近陵区。因时损益无非教，驭世污隆漫道迂。岂敢上沿诸制度，或成后有一规模。心犹自慊增惭惧，慎俭平生其庶乎。"第二首云："吉卜龙泉工始成，永安二后合佳城。山川惬意时光遇，新故堪伤岁月更。世事看花悲既往，人情寄梦叹平生。东望珠阜瞻依近，罔极恩慈恋慕萦。"从这两首诗中，有关专家发现，道光的辩护是欲盖弥彰，迁陵的真正原因是因为他找到了比宝华峪更理想的上吉佳壤龙泉峪。怪不得他对渗水问题一惊一乍的，原来是另有所图！只可怜了当年那些承办的官员们，既罚赔钱财，又降职充军。

道光认为龙泉峪"郁郁山川通王气"，而且与他父母亲的昌陵相近，至于浪费了多少钱财他就不管了。他在两首诗的注释中说："我因为宝华峪办理得不好，规制又违反了我的本意，不得不另外找一块好地方。特地命令禧恩等人到处寻找，经历了好几年，终于找到了这块宝地。"又说："我亲自到这里来视察，眺望四周冈峦环拱，川溆潆回，建陵的规制与我的本意十分符合。我的皇考仁宗睿皇帝（指嘉庆），皇妣孝淑睿皇后安奉在昌陵，山川王气，毓瑞钟祥。这个龙泉峪在昌陵的西面，相去八里左右，五云在望，一脉相承，是我特别向往的地方，也完全符合我平素的意愿。"讲到这里，我们对道光的迁陵目的就一清二楚了。在他刚上台初期，迫于乾隆的规矩，匆忙在宝华峪建陵，后来他嫌宝华峪风水不够好，多少有点不满意，恰好碰上渗水事件，他就小题大做，干脆把陵毁了，再去找一块好地方。这样，大臣们也不便说反对的意见，他自己也顺心顺意了。

道光慕陵之谜

道光拆毁在东陵刚建不久的陵墓后，就在西陵选定了一块万年吉地重修一陵，最后这座墓中葬入了道光和三个皇后。这座陵墓称为慕陵，它是怎样得名的？ 道光皇帝一再声称建陵时要"俭约"，果真修得十分俭约吗？ 慕陵的隆恩殿全部用金丝楠木构成，雕刻了上千条昂首空中的龙头，这又是为什么？

道光慕陵在嘉庆昌陵西南的龙泉峪，地宫中葬着道光皇帝与孝穆成皇后钮祜禄氏、孝慎成皇后佟佳氏和孝全成皇后钮祜禄氏，后者是咸丰的生母。

关于道光慕陵，有多个问题需要了解清楚。

道光陵为什么叫慕陵？ 清代制度，帝后陵寝的名称一般由嗣皇帝选定，匾额与碑铭也由嗣皇帝书写。道光十一年（1831）二月，道光帝在西陵为自己选定了万年吉地，赐名龙泉峪。道光十五年，他又到西陵拜谒泰陵与昌陵，再次阅视了行将竣工的龙泉峪陵寝。见到万年吉地工程坚固整齐，晋监工大臣穆彰阿为太子太保，并将孝穆、孝慎两皇后梓宫奉移至龙泉峪大殿，等陵寝竣工后奉安地宫。据说道光帝挥泪奠酒，在大殿月台之上提笔写下了"敬瞻东北，永慕无穷，云山密迹，呜呼！ 其慕欤慕也。"写毕，招呼年仅4岁的皇四子奕詝和皇六子奕䜣至御座旁，教读朱谕，后来藏于殿内东暖阁。

道光三十年（1850）正月，道光皇帝因肺病死于圆明园慎德堂，时年69岁。咸丰皇帝即位，重读当年道光的遗旨，见"其慕欤慕也"一句，特别有所感触，认为道光当年瞻望东北方向的泰、昌诸陵，仰慕列祖列宗的功德，其实是要将"慕"字传给自己，他

清·道光皇帝旻宁

已经寓意深远地默定龙泉峪万年吉地工程为"慕陵"。道光死后不到一月，咸丰帝就说："仰见皇考，感念松楸，孝恩不匮，用垂遗训，昭示来兹。所有龙泉峪陵名，应敬称慕陵。朕当和泪濡墨，敬谨书写，命武英殿选工镌刻。"于是在石牌坊上亲笔写下了"慕陵"二字。为了进一步说明自己为什么题名为"慕陵"，咸丰二年（1852）二月，他又写了一篇碑文，刻于大殿前石幢上。文中说："当年皇上恭谒诸陵，至龙泉峪大殿，召我同恭亲王奕䜣至御座旁，命读朱谕，藏于殿内东楹。这是圣意深远，默定陵名。现在已经恭敬地镌刻在牌坊上，这是为了遵守遗训啊。"慕陵的名字就这样定了下来。

慕陵是清陵中规模最小的帝陵，无大碑亭、石华表、石像生，无方城明楼，地宫之上唯有石圈。道光帝一直提倡要俭约行事，在建造慕陵的过程中，他也是不断提到要俭约。那么事实上慕陵的修筑真的俭约了吗？

早在东陵宝华峪修陵时，道光就一再说要俭约。在挑选地方时，他对大学士戴均元等说选择陵地"只要择坤灵钟毓、干脉延长之处，是为了以定福基。其四至之广狭不必过分拘泥。如果地点选择得很好，即使比以前的陵墓规制俭约点，朕认为也是可以的"。之后，他反复说修陵"不在宫殿壮丽，以侈观瞻"，自己要"永守淳朴家风"。当时的宝华峪工程的确是裁减了宝城头、宝城内月牙碑亭、地宫内起脊黄琉璃砖头、金券内的经文佛像、二柱门、井上栏杆，并且落矮了大殿举架，收小了石像生。

新建的慕陵工程，在外观上也保持了俭约的风格，比清代其他帝陵少了很多东西，但慕陵在形式上的俭约无法掩盖实质上的不俭约，人们发现慕陵在建筑形式、材质结构上却是最为精致的一座陵墓，造价惊人，毫无俭约可言。

如隆恩殿和东、西配殿，在西陵其他陵寝中均施以油漆彩画，大殿外围是汉白玉石栏杆。慕陵的三殿完全不同，全部是用金丝楠木建成，不施彩画，天花、隔扇、藻井等处刻有楠木雕龙上千条，其雕刻技艺可谓巧夺天工，是其他隆恩殿根本不可企及的。慕陵隆恩殿后有御带河一条，石平桥三座，过桥是三路石阶踏跺和三间四柱三楼顶的石牌坊，不同于其他陵墓琉璃瓦结构的三座门建筑。整座牌坊用汉白玉雕成，柱下有夹柱石。牌坊两侧有红墙向上伸展，与围墙相接，把慕陵分成了前宫后寝两个部分。穿过石牌坊是砖石墁地的广场，中间设祭台。迎面是三路石阶踏跺，旁护汉白玉石栏杆，顶级栏杆向左右伸展至外围墙。圆形宝顶矗立于石阶对面的月台上，宝顶外有龙须沟环绕。慕陵的女儿墙、宇墙、方城、明楼等建筑，位置醒目，气势不凡，与众不同。

龙泉峪慕陵形制虽简而造价惊人，共耗银240多万两，超过了工艺壮美的乾隆裕陵203万两，比后来豪华无度的慈禧定东陵227万两还要多13万两。如果加上宝华峪的陵墓200多万两以及后来的拆毁搬运费用，道光的耗费是惊人的，用作修建陵墓的经费竟达五六百万两之多，哪里还像他口口声声说的"俭约"？可想而知，大清帝国在这样的帝王手中，怎不快速衰败！

今日慕陵的隆恩殿是一座全部由金丝楠木构成的建筑。它的天花藻井与通常各帝陵采用彩绘不同，而是全部采用香楠木用高浮雕的手法，刻成一条条向下俯视的龙头，有的地方采用凸出平面半尺多高的透雕手法。如果从底下向上看，只见龙头济济，张口鼓腮，喷云吐雾，栩栩如生。加上浓郁的楠木香气阵阵袭来，恰如龙口喷香。梁柱檩枋上又以高浮雕加浅浮雕的手法，刻出各式姿态的犹如翻腾于波涛大海之内的群龙矫健之身。有人粗略计算了一下，大小龙头计有一千多个。那么，当时为什么要雕出这么多龙头来呢？

有一种说法认为，宝华峪地宫建成后，孝穆皇后的梓宫奉安地宫，有一天道光梦中遇见皇后在海中向他呼救，醒来后心里十分郁闷，有一种不祥的预感，担心皇后的尸身遭受不幸。第二天，他派人到宝华峪地宫勘视，发现地宫浸水，十分潮湿。愤怒中的道光重重地处罚了修陵大臣，并决定将陵墓修到西陵。道光认为，宝华峪地宫浸水是群龙钻穴、龙口喷水所致，因而命令在新建的陵寝殿内用楠木雕龙，嵌刻在天花雀替、门窗隔扇上，为的是不使群龙去地宫吐水而聚至殿内吐香。

明眼人一看就知道，这样的说法基本上是一种演义传说而已。如果这种说法真是从皇帝口中传出，那也无非是为他在西陵新建慕陵做点掩盖。依笔者的猜测，用珍贵的金丝楠木建造大殿，并且雕刻上千条游龙蟠龙，其实就是道光精致修建慕陵的证明。道光修陵不注重形式，而是追求实质的完美和超越前人。在波涛云际飞腾、跳跃的群龙，是道光帝表面俭约而实质穷奢极欲的最好证据。

咸丰定陵选定之谜

定陵的选定是十分复杂的。咸丰帝上台伊始，就派人在东、西陵陵区选择陵址，之后确定了东陵三个地方作为重点。咸丰九年，在多次反复后终于决定将灵光凝聚的平安峪作为陵址。咸丰帝前后用了八九年的时间才把陵址确定下来，时间之长在历代帝王中是不多见的。定陵是一座既遵祖宗成宪，又有自己创新的陵墓，建筑布局十分独特。

定陵是咸丰的陵墓，位于裕陵之西的平安峪。

定陵的位置是咸丰钦定的。刚继位不久，咸丰就开始在东西陵区为自己选择陵址。早在咸丰元年（1851）九月二十八日，他就派遣定郡王载铨、工部右侍郎彭蕴章、内务府大臣基溥相度万年吉地。当时有个江西巡抚叫陆应谷，自称对地理之学十分精通，所以咸丰命他协同办理选择陵地，并且还让他带江西百姓精通堪舆者一至二人一起进京，以便互相有个商量。经过他们几人的详细勘察，先后在东陵和西陵初步选出吉壤数处，供咸丰挑选。咸丰二年（1852）二月，他又派出载铨及文华殿大学士裕诚、礼部尚书奕湘、总管内务府大臣陆应谷等人，各带了精通堪舆者重新察看这几个地方，并且绘好图呈给咸丰过目。二月二十五日，咸丰到西陵为他的父亲道光皇帝进行大葬礼，顺便到大臣们为他选定的魏家沟亲自进行勘察。

经过反复比较，听取了大臣们的意见，最终咸丰在东陵陵区选出了最中意的平安峪、成子峪和辅君山三个地方。这年九月十五和十六日，咸丰拜谒东陵，他又乘机对三处山势进行了认真的阅视。两天后，他降谕说："朕于十五、十六日，亲自到平安峪阅看。陆应谷所立标记在上，奕湘另立标记在其南十五丈平坦之处，而堪舆甘熙等六人又说穴在中间，北距陆应谷标记九丈余，南距奕湘标记五丈余。我亲自加以诘问，下令三人与奕湘所带的堪舆郑锡申等人，各抒己见，呈递说帖，各执一词。"三人大地方是一致的，但具体穴位有差异，而且各有道理，咸丰不知所从，只得命令陆应谷平心体察。他说平安峪真龙真穴究在何处，一定要考核精详，"勿涉游移两可之见"。此后，他又数次派官员到平安峪、成子峪等三个地方互相比较，还对平安峪和成子峪两个地方刨看土色，但最后并没有决定下哪个地方。

咸丰四年，文宗又派出陆应谷等人到平安峪重新进行勘察。陆应谷把这次勘察的过程写成说帖呈奏给了咸丰，他的结论是平安峪"洵属上上吉地"。这样经过了数年反复，到咸丰八年，平安峪终于被选为万年吉地。这年，咸丰派出怡亲王载垣等人前去勘查平安峪，回来后他们把具体情况向咸丰做了详细的报告。但咸丰还不放心，让载垣派人复勘。八月初四、初五日，守护陵寝贝子载华、公端秀等人，遵旨率内务府司员等赴平安峪吉穴打桩之处，再行详细察看。结果发现距吉穴后山二十五六丈之处以及吉穴东西山各约十三四丈外之处，露出石砌墙根痕迹，上面覆盖苔藓，因恐怕伤害风水，不敢刨开验看。又发现正对吉穴的后山一里处山顶，有一条随山石叠月牙泊岸，东西长约10丈，高约5尺。起初大家怀疑是庙宇遗址，又疑是长城墙基。经过调查守陵旗人，答曰当地人称后山为高庙子，经详细询问并查验之后，终于确定自东陵开始建陵后200多年间，这里从未建过庙宇。八月九日，载华等回来后，自然都异口同声地吹嘘平安峪风水如何好，说什么这里从来未被人挖动过，"本土毫无挑挖堆砌情形，可见天生大地实属有待，不许常人伤损也"。咸丰这才下旨："承修吉地工程王大臣覆勘具奏。"

咸丰九年四月十三日，平安峪万年吉地正式破土兴建。七月十七日，咸丰降谕旨，指派怡亲王载垣、郑亲王端华、大学士彭蕴章等人具体负责。其时太平天国运动轰轰烈烈，清政府财政困难，工程就只能一会儿停一会儿又开工。咸丰十一年（1861），咸丰死，慈禧发动政变，载垣等人获罪。从此，定陵事宜又由大学士周祖培等人办理，直到同治四年（1865）工程才大体完成，咸丰的梓宫方葬入定陵。此后又经过一年多的零星整修，到同治五年十二月，

清·咸丰皇帝奕𬤝

定陵终于全部完工，前后历时长达七年半之久，耗银313万余两。

定陵的规制对清后期的帝陵影响极大。咸丰死后，定陵工程已进行了很长时间了，工部侍郎宋晋就定陵陵寝的规制问题，向皇太后和皇帝上了一道奏折，主张按慕陵规制建造定陵，但由于大臣中意见不统一未能实行。所以一般认为，定陵主要是仿照了祖陵的规制，但在许多建筑物中，也有许多地方采用了慕陵的做法。如定陵隆恩殿只在殿前月台设置栏板，而不像昌陵以前那种以栏板、栏柱全包围形式；延用慕陵的做法，裁撤了圣德神功碑亭，撤去了陵寝门内的二柱门。定陵根据平安峪地势，将宝城平面建成长圆式，从而改变了自景陵以来将宝城建成圆式的格局。定陵在规制上的这些变化，为以后诸帝陵所采用，成为承前启后的新规制。

慈安、慈禧定东陵之谜

咸丰的皇后陵有两处，一处是普祥峪定东陵，另一处是菩陀峪定东陵，都在定陵以东二里左右的地方。两座定东陵同时挑选陵址，同时开工，工程历8年同时完成，建筑规模和建筑物的数量完全相同。但在内装修上，两座皇后陵却有着较为明显的区别。这是为什么？原来甲午战争后，慈禧认为自己的陵墓还不够气派，将一些建筑拆毁重建，还有一些建筑重新进行了装修，陵殿豪华惊人。

定东陵是两座陵墓的合称，其中一座是咸丰帝孝贞显皇后（即后来的慈安皇太后）的普祥峪定东陵，另一座是孝钦显皇后（即后来的慈禧皇太后）的菩陀峪定东陵。

清·慈安太后

咸丰帝生前曾先后两次册立皇后，其中一位就是孝贞显皇后。咸丰死后，同治即位，他的母亲叶赫那拉氏被追尊为皇太后。两位皇后垂帘听政后，于同治元年（1862）开始选择陵址并加以设计，当时就有人献上画样和说帖，但两宫太后看了未发表什么意见，画样和说帖就留在宫中，估计对画样并不满意。

同治五年（1866），朝廷又命周祖培、英元等大臣以及一批熟悉堪舆的官员相度地势，决定穴基。经过一番工作，他们就看过的这两个万年吉地写出两分说帖。说帖上指出，两穴都是与定陵一脉。菩陀山山势尊严，来龙由昌瑞山至凤台山过峡，左右护砂环绕，界水分明，"前面平安岭为玉几案，案外金水大山为芙蓉帐"，是上吉之地。平顶山在菩陀山之西，山势秀丽，是菩陀山的分支，也是上吉之地。

同治六年二月，有几位官员奏请在同治皇帝亲政展谒东陵之后，再到两处亲自覆勘，钦定方位，然后再议兴修。于是朝廷派出恭亲王奕訢与大臣们再次前往，会同相度，之后绘图说帖，恭呈御览。同治十二年（1873），同治将平顶山改名为普祥峪，改菩陀山为菩陀峪。随后打桩立记，准备在普祥峪修建慈安太后陵，在菩陀峪修建慈禧太后陵。

陵址基本确定后，朝廷又选派官员分别负责两陵承修。正式开工之前，又派出通晓风水的人员，对两处志桩再次勘测。同治十二年八月二十日，两陵同时动土兴工。当时为了垫平低洼之处，从陵区红墙南口子门外的南新城西旁的土地里挖取黄土运至工地，单这就花费了大量人工，支出3791两银子。

两陵的规制，曾有过讨论。最初有人提出按照景陵皇贵妃园寝布局，在同一陵园之中，分别建置两座地宫、两座宝城、两座方城、明楼，东西排列，方城前各设五供，双方共用隆恩殿。隆恩殿两翼设红墙，东西各辟一座琉璃花陵寝门，各与方城、明楼相对。前面则是隆恩门、神道碑亭、下马牌等，两陵统一配置。但后来有人提出这样不好，主张两宫皇太后各建一座陵寝，中间只以一道马槽沟相隔。其他各建筑则在两陵上分别配置。慈禧认为这种计划比较好，所以倾向于这种方案。经多次反复之后，最后决定还是分建。当时还决定建筑物的具体规模，采取慕陵和定陵的样子。

有专家指出，定东陵仿照昭西陵的规制，建下马牌和神道碑亭，这是逾越祖制的行为。为什么这样讲？因为清初所建的孝东陵就没有下马牌和神道碑亭，而后来在清西陵建造的泰东陵、昌西陵和慕东陵等皇后陵，也只建下马牌，不建神道碑亭。昭西陵与皇太极的昭陵相隔上千里，建下马牌和神道碑就有必要了，因为这些都是礼制性的建筑物。而定东陵与咸丰定陵近在咫尺，却盲目仿效昭西陵，其实是慈禧奢靡之风在陵寝建筑上的反映。而笔者认为，这也可能与慈禧生前的权力欲望有关。两宫听政，慈禧掌握朝政大权，她要仿照孝庄的处事，在建陵寝上无论如何是不会居孝庄陵寝礼仪之下的。

两座定东陵同时选定陵址，同时开工，于光绪五年（1879）六月二十二日同时竣工。普祥峪定东陵用银266万多两，菩陀峪定东陵用银227万多两。两陵占地面积一样，建筑物数量相同。

光绪七年，慈安太后暴死于钟粹宫，梓宫葬入普祥峪定东陵地宫。

光绪二十一年（1895），甲午战争惨败后的中国国力疲惫，但慈禧却要开始重修她的定东陵了。这年八月，东陵守护大臣溥龄、麟嘉等向皇帝奏报说，菩陀峪万年吉地各建筑"均有渗漏、糟朽、吊落、爆裂、酥碱情形"。这几位大臣很会找机会拍马屁，说："此项工程属于万年吉地中的最重要工程，不是别的工程可以相比的，必须赶紧奏请查勘修理，方足以昭慎重而壮观瞻。"于是慈禧前后三次派出自己的心腹刚毅、徐桐等前去勘估。这些勘估大臣回来后，故意夸大陵寝被破坏的情况，如刚毅说"各情节实系严重"，"应择其方向所宜及早兴修，庶不致糜费巨款"。徐桐回来后还说了刚毅等人没有提到的一

清·慈禧太后

些情况，如部分海墁砖破碎酥碱，墙头瓦钉帽间有脱落。最后慈禧决定从方城、明楼、宝城、大殿到配殿，全部拆除重建，其他的都进行大整修。慈禧任命的承修大臣是她的两个心腹奕劻和荣禄，两人接到命令后马上着手筹备工程，组建工程处，选派监督、监修、办事官员，联系厂商，备工备料，知会钦天监选择吉期。重修从光绪二十一年十一月动土，到光绪三十四(1908)十月，全部工程才正式完成。重病在床死期临近的慈禧这时更为关心自己的陵寝工程。十月十四日，她派奕劻去菩陀峪验收工程。四天后奕劻验收完毕，把维修一新的慈禧陵移交给东陵守护大臣载泽、寿金和总兵恩霖看管。重修工程历时13年之久，是陵墓修建时间的两倍，有清一代，这座陵从建到修的时间是最长的。

至此，大家都会明白这就是为什么今天的定东陵在建筑装修上，两座皇后陵存在着比较大区别的原因。

重修后的三大殿梁枋，全部改用名贵的黄花梨木，描上了新颖独特的彩画，梁枋间所绘金龙3177条。殿内64根明柱，全部为半立体浮雕鎏金盘龙。三殿的内壁砖雕和斗拱、梁枋、天花板一律用赤金叶子贴饰。大殿内金碧辉煌，光彩夺目。据说重修工程中仅贴金一项就耗费黄金4592两。隆恩殿四周的汉白玉石栏杆和望柱上，雕刻着精致的龙凤呈祥、水浪浮云图案。殿前丹墀以透雕手法，构成一幅龙在下、凤在上的龙凤戏珠画面，为石雕精品。重修后的慈禧陵，建筑之精美，花费之巨大，慈安陵是无法与其相比的，甚至连乾隆裕陵等都只能自叹弗如了。

重修工程花掉了多少钱子？光绪二十二年十二月初，当查勘大臣、勘估大臣和承修大臣联合进行查勘、估算后，承修大臣奏请皇帝拨款。当时的户部尚书敬信就是查勘大臣之一，他从户部库筹备了59万两，又从其他项下筹集了40万两，两者合计100万两。光绪二十五年，户部又拨给50万两，前后合计拨银150万两。但工程要9年以后才正式结束，这9年中不再拨钱是不可能的，所以整个工程究竟用了多少银子，除了记载的150万两，尚有许多是我们不知道的。

在清代，为皇家修陵都是采用最先进的施工方法，召用的是全国一流的名师匠役，任命的承修大臣是皇帝或太后最亲信的王公大臣，所以修建的陵寝一定十分坚固耐久。花了16年建成的皇陵，一般来说不会残破到要拆修的程度。一些学者指出，即使出现一些砖块酥碱、油饰爆裂甚至有些糟朽的现象，完全可以用简单的方法维修好，根本没有必要如此大规模地拆除重建。当年慈禧陵是咸丰的七弟醇亲王奕谖督修的，他是慈禧的亲妹夫，以效忠慈禧著称，因此慈禧陵的质量是绝对没有问题的。同时建的慈安陵从建成到今天已120多年，其间并未进行过大规模拆修，仍安然无恙，为什么慈禧陵要拆修重建？

一些专家认为，慈禧重修陵寝其实是慈禧后事安排中的一个组成部分。在这之前，在慈禧的授意下，同治曾下令修复圆明园。光绪时，慈禧耗费巨资兴修三海和清漪园，作为自己归政后颐养天年之所。此外，她还需要有一个称心如意的万年吉地，修建一座遂心的陵寝。慈禧对修陵一向是十分重视的。清朝太后一般都是当了数十年后才为自己兴建陵寝，而慈禧当上皇太后的第五年就为自己操办陵寝，开工后先后两次到实地阅视，竣工后又把许多珍宝首饰分期分批放入地宫金井之中。由于两座定东陵在规制和质量上是相埒的，所以慈禧并不知足，决心为自己修建一座称心如意的陵寝。

光绪三十四年（1908），穷奢极欲、祸国殃民的慈禧太后死了，葬于菩陀峪定东陵的地宫中。

同治惠陵之谜

同治即位，慈禧太后掌权。同治活着的时候，手中没有任何权力，娶了皇后，却被慈禧活生生地分开。他没有像其他清帝一样可以为自己死后选定万年吉地，所以今日的惠陵是慈禧在他死后一手操办的，没有按照祖先的制度葬到西陵去。慈禧对同治和皇后有气，因而决定把惠陵规模缩小。

惠陵是慈禧太后的独生子同治皇帝和皇后阿鲁特氏的合葬陵，位于清东陵境内景陵东南3公里处的双山峪山沟里。惠陵远离昌瑞山墓葬群，陵前既无神道，又没有石人石马，与东陵的其他帝陵相比，显得十分寒酸。为什么会出现这样的情况？

咸丰帝死后，慈禧的儿子载淳继位，他就是清朝入关后的第八位皇帝同治帝，即位那年仅6岁，由肃顺等八位顾命大臣辅政。三个月后，慈禧发动了宫廷政变，将八大臣诛杀、充军、革职，自己垂帘听政，掌握了朝政大权。

同治是个坐在皇帝位子上的傀儡，虽是慈禧所生，但与慈安皇后关系较为密切，这使慈禧心中十分不快。同治18岁了，到了当政的年龄，慈禧表面上同意归政，实际上仍专权不放。当同治皇帝大婚之时，慈禧与同治、慈安发生了分歧。慈禧坚决要把凤秀的女儿选为慧妃，慈安却要把尚书崇绮的女儿阿鲁特氏定为皇后，而同治采纳了慈安的意见，选择了阿鲁特氏为皇后。慈禧心中十分不高兴，当她看到同治与阿鲁特氏情投意合，亲密无间时，就更加嫉恨，

清·同治皇帝载淳

曾多次派人监视帝后的言行。后来竟下达谕旨，不准同治与阿鲁特氏往来，使同治皇帝独居乾清宫。同治由此郁郁寡欢，身体渐渐垮了，到19岁那年，染病夭折。有人认为同治帝是得了性病死的，因为同治帝被慈禧所迫，没有情爱之乐，只能微服外出纵情淫乐，寻花问柳。得病以后，又被慈禧让御医当作天花来治，不久就不治身亡。也有的人认为的确是因"心肾不交、元阳气血俱亏"而得了天花，但得病的原因与他平时微服冶游、纵欲过度有关。还有人认为同治是被慈禧间接害死的。阿鲁特氏来到东暖阁看望同治，慈禧马上派亲信小太监在边上偷听两人的谈话。当皇后向皇帝哭诉备受慈禧刁难的痛苦，同治劝她先忍耐一段时间时，慈禧太后已悄悄地进来了。她一把揪住皇后的头发用力猛拖，可怜的皇后一大把头发连同头皮被拉了下来。慈禧又叫几个太监将皇后按倒在地，让他们死命地打皇后屁股。同治大惊，从床上跌倒在地，从此昏迷不醒，第二天晚上就死了。不管同治的死因如何，但都与慈禧有一定的关系。

同治当上皇帝后，一直处在两宫皇太后特别是慈禧太后的专权之下，自己不能亲掌权柄，即使亲政以后，也没有什么实权，因此连自己身后的万年吉地都未曾选定。同治死后，两宫皇太后降旨，在东陵和西陵两处地方为他选择万年吉地。一群官员转了一圈，反复对比，最后选出了东陵的双山峪、成子峪、松树沟、侯家山和宝椅山，西陵的金龙峪等地。这几处提供给朝廷后，王大臣们和两宫皇太后进行了讨论。两宫皇太后详细询问了各处吉地的情况，有关官员进行了解说，众人比较一致的意见是选用西陵的金龙峪和东陵的双山峪两个地方。最后，当征询群臣两处地方究竟用哪一处时，恭亲王奕訢说："按道理来说，金龙峪特别好。按亲情来说，臣下不敢说了。"因为按乾隆皇帝制定的昭穆制度来安排陵寝位置，父子要在东西陵中轮换。也就是说，咸丰葬到了东陵，同治应该陪伴他的祖父道光葬到西陵去。按照母子、父子情谊关系，同治跟随其父咸丰一块儿葬到东陵，但这意味着违反了乾隆制定的成规。慈禧在这两者之间进行了斗争，最后还是选择了父子亲情，置祖宗成规于不顾，决定将同治的陵墓建到东陵的双山峪，并派醇亲王奕譞、左都御史魁龄、礼部侍郎荣禄等承修惠陵工程。

同治死后，皇后阿鲁特氏成天哭泣，曾想吞金自寻短见，经抢救未遂。为了摆脱慈禧的虐待，后来她又绝食反抗，以致在同治死后不到两个月的时间里郁郁而亡，年仅22岁。皇后死后，慈禧心头之恨仍然未解，在修建陵寝的问题上，她有所表示了。

建陵之初，有大臣提出以慕陵为标准。承修大臣在正式动工之前，于光绪元年（1875）二月二十七日，向两宫皇太后请示惠陵兴筑的尺寸是仿照慕陵，还是仿照定陵，"开具尺寸清单并绘图，恭呈御览，伏候皇太后圣裁钦定，以便遵照灰线、烫样"。当天，皇太后懿旨令照定陵规制。然而惠陵的规制究竟是严格按照定陵还是有所增减，大臣们希望要给一个明示。四月初七日，两宫皇太后又明降懿旨："惠陵现在择吉兴工，除神路、石像生毋庸修建外，其余均照定陵规制。"一些学者推测，慈禧对同治和皇后心头有气，所以故意缩小惠陵的建筑规模，删减陵区的附属设施，使惠陵显出可怜巴巴的样子，离群独居，有人形容像只受排挤的孤雁。

惠陵及惠陵妃园寝于光绪元年三月十二日举行破土大礼，八月初三日正式动工，到光绪四年（1878）九月，惠陵基本建成，历时三年零一个月，耗银435万多两。

建成后的惠陵无大碑楼和二柱门，还裁撤了石像生和通往孝陵的神道，在清东陵中规制最低，规模最小。

光绪帝崇陵建造之谜

光绪皇帝的崇陵实际上是中国最后一座帝陵，开始建造于清末，完工于中华民国时期。崇陵规模虽不见得有多么宏大，装饰雕刻也没有多少豪华，然它的空间之阔、工料之精、造艺之高、耗银之多，十分可观。

崇陵位于梁各庄西部偏北的一块平坦谷地。这里丛山环抱，背阴朝阳，约5里见方。当时名叫魏家沟，也叫绝龙峪，但王大臣们认为这两个名字都不好，前者太土，根本不像天子吉地，后者更糟，一点也不吉祥，于是大家商量后改称为九龙峪。有人提出光绪是清朝入关后的第九代真龙天子，九龙之后，当然希望传下去，所以这个名字也不够好，带有绝后无续的意思。如此一说，大家点头称是，反复商量后，最终定名为金龙峪。

清·光绪皇帝载湉

光绪死后，梓宫从北京奉移到西陵梁各庄行宫正殿内停灵。尽管那时国敝民贫，内忧外患，这次丧礼仍然豪华铺张，总计耗银438400多两。虽然北京至西陵已通火车，但光绪棺椁仍用人抬，前有卫兵，后有皇亲国戚和王公大臣，再后面是跟了1400多辆轿车。棺椁抬至阜成门，才走了10里，就撒掉纸钱90万个，重1000斤，用银260两。北京至西陵240里，共走了4天3夜。

几乎同时，陵墓正式开始修建。光绪三十四年（1908）十二月，小皇帝宣统谕旨内阁："著照惠陵规制，敬谨兴修。"也就是说，从一开始，崇陵是模仿了惠陵兴建的。第二年正月，宣统再次重申了这句话，并且派人到金龙峪相度形势，察看规模。二月初一，钦天监挑选了二月初八日这个好日子，认为在卯时动工最吉。不久，朝廷改为闰二月十七日动工。

闰二月十七日崇陵正式开工，以后因为天气太热，当年五月就停工了，这时仅大体上平整了土地。八月秋高气爽后复工，直到冬季来临，天太冷了，再次停工。宣统二年三月，崇陵工程又一次开工，这时由于工程全面铺开，进入紧张阶段，参加的人数增多，工程进度大大加快。但令人遗憾的事情发生了，施工过程中发现了大量的石头。贝勒载洵上奏说，在地宫方位，工人们在深挖吉穴处，有多处露出巨石，开凿十分费力。而且这里土性潮湿，其下是否有砂石，很难预料。至于方城地基，下面有很多砂石，将来筑城时打桩恐怕也有影响。隆恩殿地基的西北角因为靠近山脚，沿着山脚南行，下面的石头深浅不一，经过打桩试验，无法施工。三大殿基座之下也发现砂石，碑亭、牌楼门以南地下也有很多砂石。

载洵发现这些问题后，下令让各承修的厂商想办法克服困难，同时紧急向朝廷汇报。朝廷随即下旨说，让承修大臣想出妥善好办法，尽快解决问题。由于当时载洵一个人忙不过来，这年七月清廷又派出奎俊承修崇陵第四段工程。

当时承建的厂号有许多，如兴隆木厂、斌兴木厂、广丰木厂、德源木厂、广和木厂、二合公柜、三合公柜等20余家。工程开始时，规模不是很大，仅有工人数百名。不久工程紧张，每日上工总人数达6000人左右。具体管理设施和运输事宜的是工程处，下面有监工、走工等组织。为防止火灾，还从北京调来一个消防中队驻扎在这里。工地较大，治安复杂，且革命党人到处在起事，中央禁卫军设立了弹压处，并附设稽查班，每班由2名宪兵和10名禁卫军士兵组成，每天按规定的线路不分白天黑夜巡查。表面上看，这样的高压政策和有力措施之下，建筑工地的社会治安是十分好的，但料想不到的是，为了要求改善施工条件，工匠们曾联合举行过两次罢工，迫使管理部门增加了工匠们的工资。

宣统二年九月，因时近冬季，崇陵工程再一次停工。第二年春季，原定的重新开工也不见了踪影，原因是武昌起义胜利，清帝被迫退位，工程一拖就是一年多。

1912年，南京临时政府与清政府议和代表商定了《关于大清皇帝辞位之后优待之条件》，其中的第五条是关于光绪陵寝的："光绪帝陵寝未完工程，如制妥修，其奉安典礼仍如旧制。所用实际经费，均由中华民国政府支出。"意谓修陵工程继续进行，经费由民国政府提供。但当时的民国政府拨不出经费，所以此后一年修陵工程停止了。1913年春，大总统袁世凯派出国务总理赵秉钧与清室内务府大臣绍英等协商，从逊清皇室经费中拨款，重新开始赶修崇陵工程。

地宫的建造，主要是在金井吉穴处挖下3丈有余的深沟，用1丈多的柏木桩下插，其中用黏土、沙土、白灰掺和的三合土分15层夯实，厚达2丈。隆恩殿的地基也夯筑了15层。所用木料十分上乘，三殿的梁架均用紫檀木制作，十分坚硬，因此崇陵主体工程基本上是按照清朝制定的规制在施工，不过也有偷工改料的事情发生。如崇陵地宫的龙山石，没有像以前各帝的形制在汉白玉石上雕刻龙纹，而仅以彩色在龙山石上画出龙纹。

1915年，工程全部完工，葬入光绪皇帝与隆裕皇后。

崇陵比其他清朝帝陵规模要小，无碑楼、石像生等建筑，但有比较完备的排水系统，三座门前和明楼前各有一条玉带河通向围墙之外。明楼前的玉带河，沟通地宫的14个泄水孔。如果向泄水孔倒入带颜色的水，经半个小时就会流入宝城外的玉带河里。月牙城内有渗水孔，宫殿基部还有2米宽、青砖砌成斜坡的"散水"。木结构建筑，选用桐木、铁料，故有"桐梁铁柱"之称。隆恩殿内彩绘色调鲜艳，底部有江水海洋图案，上部为一条金龙盘绕向上，殿前龙凤石雕剔透晶莹。

崇陵地宫是依照同治帝的惠陵地宫建造的，规模虽不见得有多么宏大，装饰雕刻也没有多少豪华，然它的空间之阔、工料之精、造艺之高、耗银之多，十分可观。

崇陵地宫有石门4道，隧道1条，月牙石影壁、隧道券、闪当券、罩门券、明堂券、穿堂券、金券各1座，门洞券3座，金井1眼，龙须沟2条，漏眼14个。墓道全长约63米。

地宫内券券相连，高低参差，嵌接巧妙，各券的平水墙下肩均为青白石角柱，券顶磨砖对缝，青白石料砌制而成。金券是地宫9券中最大的一个，高9米，长12米，进深7米。金券内有由5张青白石铺成的宝床，长12米。正中一张宽2.5米，中部凿有一眼透眼金井，光绪皇帝的梓宫放置于金井之上。隆裕皇后的梓宫在光绪帝左侧，并排安放。宝床前各有2座石制的安放宝、册宝箱的须弥形石座。

地宫内共有4道8扇石门，每扇高3.5米，宽1.5米。石门顶上各有铜铸管扇一根，既能撑住门上的巨石，又能管住门扇，使巨大沉重的石门开关自如。地宫4道石门的门楼，各用一块巨大的青白石制成。门跤为马蹄柱形，底部雕有佛轮，上部雕有高山、浮云和净瓶，工艺精巧，繁简得当。8扇石门上各有一尊长约2米的浮雕菩萨立像，造型十分生动，象征着葬者亡灵进入佛界天国的极乐世界。

崇陵建筑工巧，这是人们公认的。但在仪树中，崇陵使用了罗汉松和银松，帝王陵墓的建筑装饰已经融合进了新气息，这是人们想不到的。为什么会出现这样的情况？原来崇陵建造时，因经费不足，建陵计划中没有栽树的条文。当时有个清朝遗老叫梁鼎芬，他募捐到一些钱款，遂在崇陵外的山野上栽满了青松翠柏，在陵内栽植了数百棵银松，在明楼前祭台左右栽种了18棵罗汉松，寓意"十八罗汉"守护在先帝陵前，从而形成了区别其他帝陵的独特情景。

末代皇帝溥仪葬地之谜

末代皇帝溥仪，皇帝做了没几年就下台了。有人说他在任期间曾经兴建过陵墓，还没建好就下台了。这听起来也挺滑稽的，一个几岁的小孩在为万年之后的事情作打算了。清朝被推翻，溥仪下台，他的生活就颇不寻中国末代皇帝溥仪一生充满传奇色彩，他的身份在历史沧桑中不断变化，许多人都略知一二。溥仪是慈禧太后临终前册立的一个小皇帝，当时年仅 3 岁，其父载沣是光绪帝的弟弟，以摄政王监国。武昌起义后，溥仪于 1912 年 2 月被迫颁布退位诏书，立国 267 年的清王朝宣告灭亡。

作为末代皇帝，溥仪在活着的时候就有人为他选择陵地了。但大家在什么时候选择陵地的问题上还没有达到统一。

一种意见认为，早在溥仪登极称帝之时，清王室就在西陵的泰陵之北 2 公里旺隆村，为其选择了万年吉地，与光绪崇陵相守相望。破土施工一年有余，基础工程接近完成之际，辛亥革命爆发，清王朝倒台，宣统陵寝工程被迫停止，从此荒废。

另一种意见认为，选择陵地是在 1915 年溥仪 10 岁时。当时帝室决定为溥仪选择"万年吉地"，具体任务落实在精通风水的原广东廉州知府李青身上。李青等人踏遍了河北省易县西陵的山山水水，经过勘测与计算，认为泰陵旺隆村北是一处上吉佳壤，陵穴定在西北的山坡上，与崇陵遥遥相对。清皇室经过讨论，并派人实地验证后，认为可以选用，马上将此地圈禁起来。但据徐广源《清朝皇陵探奇》记载，当时溥仪小朝廷没有自己的经济来源，更何况时局不稳，小朝廷自身难保，所以陵址虽已选定，但一直未能兴工。

到底是哪一年选择陵地的，笔者比较倾向前一种观点，因为只有清王室未倒台时，还能随意圈土筑陵。如果是辛亥革命后，蜗居在故宫里的小朝廷似乎不太可能像以前那样择陵、圈地，搞得热热闹闹。据说溥仪选定的万年吉地俗名叫狐仙楼，四面环山，中间是一块方圆 3 里的平坦盆地。墓室选在盆地西北角的半山坡上，对面 5 里处是两山相间的山口，与崇陵遥遥相对。山口这边是易水河，河水清澈透明。墓地周围绿柳青禾，满山的槐树郁郁葱葱，枝繁叶茂，四处飘溢着使人陶醉的清香，令后人赞叹不绝。

至于这个寝宫当时是否破土动工，上面两种意见是相互对立的。据在西陵文物保管处工作过的陈宝蓉先生编写的《清西陵纵横》一书，陵寝于宣统二年破土修建，采取了先地下后地上，由后向前逐步施工的办法。施工一年有余，完成了地宫开槽奠基和明楼宝城等基础工程。辛亥革命爆发，清王朝便倒台了。至此宣统陵寝工程被迫停止，再也没有恢复兴建。两种不同说法，孰是孰非，有待进一步考证。

光绪皇帝是清朝入关后的第九个皇帝，宣统帝溥仪是第十个。按照乾隆帝开创的东陵西陵丧葬制度，皇陵按昭穆在东西陵中轮流安放。由于光绪帝的皇陵在西陵，溥仪的陵寝按制度应该放到东陵，但结果是在西陵建陵寝，这是什么原因？ 专家认为，同治与光绪是兄弟辈，同治帝按乾隆皇帝制定的昭穆制度应该陪伴他的祖父道光葬到西陵去，但慈禧太后置祖宗成规不顾，决定将同

中国帝王后妃陵墓之谜

治的陵墓紧随其父葬到东陵的双山峪。光绪总不能一直错下去，所以按昭穆将崇陵建在清西陵。宣统与光绪是叔侄，与同治也是父子辈，从继承关系上讲溥仪是承嗣同治、兼祧光绪而继统的，这样溥仪的陵寝选择在西陵是绝对没有问题的。

溥仪于1912年2月下台后，仍然居住在北京皇宫内，享受民国临时政府议定的清室退位优待条件。1917年张勋复辟，曾拥立溥仪当了12天皇帝。1924年，冯玉祥等发动北京政变，溥仪被废除大清皇帝称号，迁出皇宫。1931年"九一八"事变后，日本人策划在东北成立满洲国，溥仪先是任执政，后就任傀儡皇帝。1945年日本投降，溥仪被苏联红军俘虏，1950年移交中国政府，1959年大赦被释放，回到北京。1963年开始，在全国政协文史资料研究委员会任职，1967年10月，溥仪因患肾癌在北京逝世。

溥仪死后葬于何处？是土葬还是火化？据溥仪的夫人李淑贤说，溥仪病逝后，爱新觉罗家族聚会商定，将溥仪的遗体火化，时间是1967年10月19日。对于骨灰如何处理，周恩来总理当时作了明确指示：一是可由爱新觉罗家族决定；二是可由家属选择在八宝山公墓、万安公墓和其他任何地方安葬或寄存骨灰。10月20日，家属聚会进行讨论，经家族一致商定，将溥仪的骨灰寄存在八宝山，后移至安放国家领导人的第一副室。

北京西郊的八宝山革命公墓，原为明朝永乐初年皇帝敕建的"褒忠护国祠"，20世纪50年代初改为国家公墓，是中国规格建制最高的园林式公墓。中国历史上最后一位皇帝死后骨灰就安放在公墓骨灰堂西副一室东侧26号位。

今天溥仪的骨灰在哪里？

溥仪之弟溥杰曾撰文说，周恩来总理等国家领导人"对溥仪的后事非常关心，曾对我说，是否要建立一座漂亮的陵墓？作为一个市民，我明确拒绝了"。由于溥仪在"文革"中遭受了不公正的待遇，为了祭奠他，1980年5月29日，在政协礼堂为溥仪举行了隆重的追悼会。会后根据中央指示，将溥仪的骨灰重新安放在八宝山革命公墓第一副室。

至1994年，溥仪葬地发生了变化。据《清室皇陵探奇》一书记载：1994年，旅居海外的张世义在易县崇陵西北兴建了一座华龙皇家陵园。为了提高陵园知名度，张世义经过不懈努力，劝动了李淑贤，将溥仪的骨灰迁葬西陵。安放仪式于1995年1月26日举行，由李淑贤把骨灰盒捧至墓穴前，陵园工作人员将骨灰盒放入水泥筑的"椁"内。面南朝北，盖上"椁"盖，最后浇上混凝土。

末代皇帝终于魂归西陵。